Ulrike Herrmann

# DAS ENDE DES KAPITALISMUS

Ulrike Herrmann

# DAS ENDE DES KAPITALISMUS

Warum Wachstum und Klimaschutz nicht vereinbar sind – und wie wir in Zukunft leben werden

Kiepenheuer & Witsch

FSC
www.fsc.org
MIX
Papier | Fördert gute Waldnutzung
FSC® C083411

10. Auflage 2024


Covergestaltung: Miriam Bloching
Covermotiv: © Getty Images
Gesetzt aus der Minion Pro und der Obviously
Satz: Buch-Werkstatt GmbH, Bad Aibling
Druck und Bindung: CPI books GmbH, Leck
ISBN 978-3-462-00255-3

*Für Xicu, Finn, Annika,*
*Dorothea, Caroline und Johannes –*
*die nächste Generation*

# INHALT

## II. »GRÜNES WACHSTUM« GIBT ES NICHT



## III. DAS ENDE DES KAPITALISMUS

# Einleitung:
# Das Ende des Kapitalismus

Viele Jugendliche verzweifeln an den Erwachsenen. Die Klimakrise gefährdet ihre Zukunft, doch unablässig werden neue Treibhausgase produziert. »Wir fragen uns: Was macht unsere Eltern nur so ratlos?«, schreibt etwa Klimaaktivistin Luisa Neubauer. Genauso wenig kann sie begreifen, warum die Kanzlerin 16 Jahre lang weitgehend untätig blieb. »Merkel ist Physikerin. Müsste sie da nicht verstehen, was es bedeutet, wenn Klimagrafen in die Höhe rasen?«[1]

Mit ihrer Fassungslosigkeit sind die Jugendlichen nicht allein. Berühmt sind die Worte der Affenforscherin Jane Goodall: »Wie kann es sein, dass das klügste Wesen, das die Erde jemals betreten hat, sein einziges Zuhause zerstört?« Wissenschaftlich besteht kein Zweifel mehr, dass die Klimakatastrophe extrem bedrohlich ist und die Menschheit sogar auslöschen könnte. Der Klimaforscher Hans Joachim Schellnhuber wählt das drastische Bild, »dass wir unsere Kinder in einen globalen Schulbus hineinschieben, der mit 98 Prozent Wahrscheinlichkeit tödlich verunglückt«.[2]

Die Jugendlichen sind auch deshalb so enttäuscht, weil viele Wissenschaftler suggerieren, dass Klimaschutz eigentlich einfach wäre. So schreibt der Solaringenieur Volker Quaschning: »Die nötigen Technologien und Konzepte sind schon lange entwickelt. Leisten können wir uns den nötigen Wandel auch. Es gibt also keine unüberwindlichen technischen und ökonomischen Hürden.«[3] Und der Meteorologe Mojib Latif unterstellt, dass allein »korrupte Politiker« und »skrupellose Konzerne« verhindern würden, dass das Klima gerettet wird.[4]

Da Klimaschutz angeblich mühelos möglich ist, folgern viele Jugendliche völlig logisch, dass offenbar die Parteien versagen. Sonst wäre der Planet ja längst gerettet. Also soll die Politik nichts mehr zu entscheiden haben, sondern nur noch auf die Wissenschaft hören. »Follow the science« lautet der zentrale Slogan. Er stammt von der schwedischen Klimaaktivistin Greta Thunberg und ist nun das Motto von »Fridays for Future«.

Die jungen Klimaschützer vermuten, dass allein das nötige Geld fehlt, um die Klimakatastrophe abzuwenden. Populär ist der Spruch: »Wenn die Erde eine Bank wäre, hättet ihr sie längst gerettet.«[5] Die Klimakatastrophe wird also betrachtet, als wäre sie eine normale Krise wie etwa ein Finanzcrash. Sie ist zwar existenziell, aber angeblich schnell zu beheben – wenn nur die nötigen Milliarden fließen.

Leider ist es nicht so einfach. Der Klimaschutz scheitert nicht, weil die Politik korrupt wäre oder nicht genug Geld bewilligen möchte. Der Wille ist vorhanden, den Planeten zu retten. So bilanziert SPD-Gesundheitsminister Karl Lauterbach erschüttert: »Niemand würde sein Eigenheim so sehr heizen, dass es mit einer Wahrscheinlichkeit von 30 Prozent in dreißig Jahren abbrennen würde. Genau das tun wir derzeit aber mit dem Eigenheim Erde.«[6]

Die Menschheit fackelt ihr Zuhause ab, weil es nicht genügt, allein die wissenschaftlichen Fakten zu kennen. Das Problem reicht tiefer. Klimaschutz ist nur möglich, wenn wir den Kapitalismus abschaffen.

Anders, als Kapitalismuskritiker glauben, ist dies keine frohe Botschaft. Der Kapitalismus war außerordentlich segensreich. Mit ihm entstand das erste Sozialsystem in der Geschichte, das kontinuierlich Wohlstand erzeugt hat. Vorher gab es kein nennenswertes Wachstum. Die Menschen betrieben eine eher kümmerliche Landwirtschaft, litten oft unter Hungerkatastrophen und starben im Durchschnitt mit 35 Jahren.

Der Kapitalismus war ein Fortschritt, hat aber leider eine fundamentale Schwäche: Er erzeugt nicht nur Wachstum, sondern muss auch wachsen, um stabil zu sein. Ohne ständige Expansion bricht der Kapitalismus zusammen. In einer endlichen Welt kann man aber nicht unendlich wachsen. Momentan tun die Industriestaaten so, als könnten sie mehrere Planeten verbrauchen. Bekanntlich gibt es aber nur eine Erde.

Bisher setzen die Regierungen darauf, dass sie Wirtschaft und Klimaschutz irgendwie versöhnen könnten. Die typischen Stichworte heißen »Green New Deal« oder »Entkopplung« von Wachstum und Energie. Die große Hoffnung ist, dass sich die gesamte Wirtschaft auf Ökostrom umstellen ließe – ob Verkehr, Industrie oder Heizung.

Dieses »grüne Wachstum« ist jedoch eine Illusion, denn der Ökostrom wird nicht ausreichen. Diese Aussage mag zunächst überraschen, schließlich schickt die Sonne 5.000-mal mehr Energie zur Erde, als die acht Milliarden Menschen benötigen würden, wenn sie alle den Lebensstandard der Europäer genießen könnten.

An physikalischer Energie fehlt es also nicht, aber bekanntlich muss die Sonnenenergie erst einmal eingefangen werden. Solarpaneele und Windräder liefern jedoch nur Strom, wenn die Sonne scheint und der Wind weht. Um für Flauten und Dunkelheit vorzusorgen, muss Energie gespeichert werden – und dieser Zwischenschritt ist so aufwendig, dass Ökostrom knapp bleiben wird. Wenn die grüne Energie reichen soll, bleibt nur »grünes Schrumpfen«.

Es ist kein neuer Gedanke, dass permanentes Wachstum keine Zukunft hat. Viele Klimaaktivisten sind längst überzeugt, dass die Natur nur überleben kann, wenn der Kapitalismus endet. Also haben sie den eingängigen Slogan geprägt: »system change, not climate change«.

Auch mangelt es nicht an Visionen, wie eine ökologische Kreislaufwirtschaft aussehen könnte, in der nur noch so viel verbraucht wird, wie sich recyceln lässt. Stichworte sind unter anderem Tauschwirtschaft, Gemeinwohlökonomie, Konsumverzicht, Arbeitszeitverkürzung oder bedingungsloses Grundeinkommen.

Doch wie lässt sich eine ökologische Kreislaufwirtschaft erreichen? Das bleibt unklar, denn die Vision wird meist mit dem Weg verwechselt. Das Ziel soll zugleich der Übergang sein. Nur selten wird gefragt, wie man eigentlich aus einem ständig wachsenden Kapitalismus aussteigen soll, ohne eine schwere Wirtschaftskrise zu erzeugen und Millionen Menschen in die Arbeitslosigkeit zu schicken. Es fehlt die Brücke aus der dynamischen Gegenwart in eine statische Zukunft.

Viele Klimaaktivisten spüren, dass der Abschied vom Kapitalismus schwierig wird. Greta Thunberg wurde kürzlich von einem Anhänger gefragt, wie denn das künftige System aussehen soll. »Ich weiß es nicht«, antwortete sie. »Es wurde bisher noch nicht erfunden.«[7]

Um sich das »grüne Schrumpfen« vorzustellen, hilft es, vom Ende her zu denken. Wenn Ökostrom knapp bleibt, sind Flugreisen und private Autos nicht mehr möglich. Banken werden ebenfalls weitgehend überflüssig, denn Kredite lassen sich nur zurückzahlen, wenn die Wirtschaft wächst.

In einer klimaneutralen Wirtschaft würde niemand hungern – aber Millionen von Arbeitnehmern müssten sich umorientieren. Zum Beispiel würden sehr viel mehr Arbeitskräfte in der Landwirtschaft und auch in den Wäldern benötigt, um die Folgen des Klimawandels zu lindern.

Diese Sicht auf die Zukunft mag radikal erscheinen, aber sie ist im wahrsten Sinne des Wortes »alternativlos«. Wenn wir die emittierten Treibhausgase nicht auf netto null reduzieren, geraten wir in eine »Heißzeit«, die ganz von selbst dafür sorgt, dass die Wirtschaft schrumpft. In diesem Klimachaos käme es wahrscheinlich zu einem Kampf aller gegen alle, den unsere Demokratie nicht überleben würde.

Der Rückbau des Kapitalismus muss geordnet vonstattengehen. Zum Glück gibt es bereits ein historisches Modell, das als Vorbild taugen könnte: die britische Kriegswirtschaft ab 1939. Damals standen die Briten vor einer monströsen Herausforderung. Sie hatten den Zweiten Weltkrieg nicht kommen sehen und mussten nun in kürzester Zeit ihre Wirtschaft auf das Militär ausrichten, ohne dass die Bevölkerung hungerte.

Fast über Nacht entstand eine Planwirtschaft, die bemerkenswert gut funktionierte. Die Fabriken blieben in privater Hand, aber der Staat steuerte die Produktion – und organisierte die Verteilung der knappen Güter. Es wurde rationiert, aber es gab keinen Mangel. Die Briten erfanden also eine private und demokratische Planwirtschaft, die mit dem dysfunktionalen Sozialismus in der Sowjetunion nichts zu tun hatte.

Um Missverständnisse zu vermeiden: Nicht jede Kriegswirtschaft eignet sich als Vorbild. Das gilt für Hitlers Plünderungspolitik genauso wie für Putins Angriff auf die Ukraine. Die Briten haben jedoch ein Modell entwickelt, von dem sich lernen lässt.

Klimaschutz kann nur global gelingen, denn die Treibhausgase kennen keine Grenzen. Trotzdem beschreibt dieses Buch zunächst einmal nur ein Konzept für Deutschland. Dies soll nicht den nationalen Tunnelblick befördern, sondern das Verständnis erleichtern. Die Ökonomie des Klimaschutzes ist schon schwierig genug. Da hilft es, wenn wenigstens der Rahmen überschaubar und bekannt bleibt. Also werden die Tücken der Ökoenergie am deutschen Beispiel erläutert.

Manche Deutsche fragen sich allerdings auch, ob es überhaupt sinnvoll ist, auf nationaler Ebene über den Klimaschutz nachzudenken. Sie fürchten, dass andere Länder es sogar ausnutzen könnten, wenn wir unsere Treibhausgase reduzieren. So schreibt der Ökonom Hans Werner Sinn: »Ob man nun an Kohle, Erdöl oder Erdgas denkt: Wenn Deutschland weniger kauft und verbrennt, dann können die Chinesen halt mehr kaufen und verbrennen.«[8]

Dieses Misstrauen ist verständlich, verkennt aber, dass fast alle anderen Staaten unter der Klimakatastrophe noch weit stärker leiden als Deutschland. Es liegt in ihrem Eigeninteresse, die Treibhausgase ebenfalls zu reduzieren. In der

Klimadebatte wird stets suggeriert, dass wir die Lösung schon hätten und allein der politische Wille fehlt. Doch tatsächlich gibt es bisher kein Konzept, wie sich der Kapitalismus friedlich beenden ließe. Es wird nur über Nichtlösungen gestritten.

Wer das Ende des Kapitalismus verstehen will, muss seine Geschichte kennen. Das Buch beschreibt also zunächst, wie das heutige Wirtschaftssystem entstanden ist und wie es funktioniert. Dabei zeigt sich, dass das Ende unausweichlich ist. Der Kapitalismus ist faszinierend, hat aber keine Zukunft. Die nächste Epoche wird eine »Überlebenswirtschaft« sein.

# I.

# DER AUFSTIEG DES KAPITALS

# I. Ein Segen:
# Wachstum schafft Wohlstand

Der Kapitalismus hat keinen guten Ruf. Weltweit geben die Menschen in Umfragen an, dass er dringend reformiert werden muss. In Deutschland glauben nur noch zwölf Prozent, dass ihnen das jetzige Wirtschaftssystem nützt und sie vom Wachstum ausreichend profitieren. 55 Prozent hingegen sind der Meinung, dass der Kapitalismus in seiner derzeitigen Form mehr schadet als hilft.[1]

Dieser Unmut ist verständlich, und dennoch ist der Kapitalismus besser als sein Image. Bevor die Industrialisierung einsetzte, waren Hungersnöte weit verbreitet. Auch in Deutschland starben regelmäßig Menschen, weil die Nahrung nicht für alle reichte. 1846/47 kam es zur letzten europaweiten Hungersnot, als schlechtes Wetter einen großen Teil der Getreideernte vernichtete und gleichzeitig die Kartoffelfäule grassierte.[2]

Seither war Nahrung in Westeuropa nie mehr knapp, solange keine Weltkriege angezettelt wurden. Nur in Finnland brach 1867 eine allerletzte Hungerkrise aus; durch eine Missernte starben 100.000 der 1,6 Millionen Einwohner.[3] Der Kapitalismus hat den Hunger überwunden und stattdessen

Überfluss produziert, hat »Butterberge« aufgetürmt und »Milchseen« gefüllt.

In den Industrieländern lebt heute jeder gesünder und komfortabler als einst die Könige. Adelige residierten zwar in Schlössern und hatten stets reichlich zu essen, aber auch sie starben oft jung und wurden von den grassierenden Seuchen dahingerafft – ob es Pest, Typhus, Scharlach, Diphtherie, Tuberkulose oder Pocken waren. Gleiches ließ sich auch bei Mönchen beobachten: Die Klöster waren meist bestens versorgt, aber die wohlgenährten Kleriker wurden im Durchschnitt nicht älter als die Laienschar.[4]

Selbst harmlose Krankheiten konnten tödlich enden: Der bedeutende Ökonom David Ricardo starb 1823 an einer schlichten Mittelohrentzündung; und der damals reichste Mann der Welt, der Bankier Nathan Mayer Rothschild, erlag 1836 einem Furunkel am Gesäß.

Heute hingegen können neugeborene Mädchen in Deutschland erwarten, dass sie im Durchschnitt mehr als 83 Jahre alt werden, bei Jungen sind es fast 79 Jahre. Die maximal mögliche Lebenszeit des Menschen ist zumindest in den reichen Industriestaaten schon weitgehend ausgereizt: Selbst wenn es gelingen würde, alle Krebsarten zu besiegen, würden wir im Durchschnitt nur vier bis fünf Jahre länger leben.[5]

Doch nicht nur die schiere Lebenszeit hat sich mehr als verdoppelt; auch die Lebensqualität ist weitaus besser: Verschlissene Knie und Hüften werden routinemäßig ausgetauscht und befreien die Patienten von quälenden Schmerzen, während früher schon ein normaler Knochenbruch bedeuten konnte, dass man hinterher lebenslang schwerbehindert war.[6]

Auch der Alltag wurde viel angenehmer. Selbst Arme leben heute bequemer als Könige im 18. Jahrhundert. Um nur ein paar Annehmlichkeiten aufzuzählen, die früher gänzlich undenkbar gewesen wären: Fast alle Haushalte verfügen heute über Autos, Handys, Computer, fließendes Wasser, Heizungen, Waschmaschinen, Kühlschränke, Fernseher, Fahrräder und künstliches Licht.[7]

Zudem ist immer weniger Arbeit nötig, um sich diese Annehmlichkeiten leisten zu können. 1919 musste ein Beschäftigter in den USA rund 1.800 Stunden arbeiten, damit er sich einen Kühlschrank kaufen konnte. Ein Jahrhundert später reichen dafür weniger als 24 Stunden.[8]

Zugleich werden die Geräte ständig leistungsfähiger: Ein normales Smartphone ist derzeit ab etwa 200 Euro zu haben, aber dafür erhält man nicht nur ein Telefon, sondern zusätzlich einen Computer, eine Kamera, einen Taschenrechner, ein GPS-Gerät, einen Wecker, eine Taschenlampe, ein Fernsehgerät und einen Videorekorder. Die Rechenleistungen eines Smartphones sind heute 160.000-mal höher als die Computerkapazitäten der Apollo 11, mit der 1969 die erste Mondladung gelang.[9]

Vor allem Frauen haben vom Siegeszug der Konsumgüter profitiert, denn die Hausarbeit verschlingt deutlich weniger Zeit. Vor 100 Jahren war es weit mehr als ein Vollzeitjob, eine Familie zu versorgen: Es fielen ungefähr 58 Stunden Arbeit pro Woche an. Heute sind es im Durchschnitt noch 11,5 Stunden. Allein das Waschen der Kleider erforderte früher knapp zwölf Stunden in der Woche und beansprucht jetzt nur noch 1,5 Stunden.[10] Der südkoreanische Ökonom Ha-Joon Chang übertreibt kaum, wenn er pointiert behauptet: »Die Waschmaschine hat die Welt stärker verändert als das Internet.«[11]

Allerdings sind Hausarbeit und Kinderbetreuung noch immer sehr ungleich verteilt zwischen den Geschlechtern: 2016 erledigten Männer in Paarbeziehungen etwa 37 Prozent der Hausarbeiten.[12] Aber gerade weil Familienarbeit überwiegend weiblich ist, hätten Frauen keine Chance gehabt, am Erwerbsleben teilzunehmen, wenn ihnen nicht Haushaltsgeräte zur Hilfe kämen.

Es ist keine neue Erkenntnis, dass der Kapitalismus ein Segen ist. Die schönste Hymne stammt ausgerechnet von Karl Marx. Wortgewaltig beschrieb er im *Kommunistischen Manifest,* wie die neue Bourgeoisie die Welt verändert hat: »Erst sie hat bewiesen, was die Tätigkeit des Menschen zustande bringen kann. Sie hat ganz andere Wunderwerke vollbracht als ägyptische Pyramiden, römische Wasserleitungen und gotische Kathedralen.«

Marx und Engels waren lebenslang fasziniert von den technischen Erfindungen ihrer Zeit, und penibel wurden die »Wunderwerke« aufgezählt: »Unterjochung der Naturkräfte, Maschinerie, Anwendung der Chemie auf Industrie und Ackerbau, Dampfschifffahrt, Eisenbahnen, elektrische Telegrafen, Urbarmachung ganzer Weltteile, Schiffbarmachung der Flüsse, ganze aus dem Boden hervorgestampfte Bevölkerungen – welches frühere Jahrhundert ahnte, dass solche Produktionskräfte im Schoß der gesellschaftlichen Arbeit schlummerten.«

Es wäre also ein Missverständnis zu glauben, dass Marx und Engels den Kapitalismus abgelehnt hätten. Sie begrüßten das entfesselte Wachstum. Der Wohlstand sollte kräftig zunehmen, damit es danach bei der kommunistischen Revolution möglichst viel zu verteilen gäbe.[13]

Der Kapitalismus ist aber weit mehr als nur ein Wirtschaftssystem, das Wachstum und Wohlstand ermöglicht. Er prägt uns von der Wiege bis zur Bahre und ist längst in unser intimstes Privatleben vorgedrungen. Wen wir heiraten, wie wir unsere Kinder erziehen oder unsere Freizeit verbringen – wir leben völlig anders als unsere Vorfahren vor 250 Jahren, die noch nicht im Kapitalismus aufgewachsen sind.

Menschen haben immer geliebt, aber meist konnten sie diese Liebe nicht leben. Früher dienten Heiraten vor allem dazu, die Besitztümer der eigenen Großfamilie zu erhalten und zu mehren. Ob bei Bauern, Handwerkern oder Adligen: Ehen waren eine Art Lebensversicherung und oft arrangiert. Die Väter suchten sorgfältig aus, wen ihre Töchter und Söhne zu erwählen hatten. Liebesheiraten konnten erst zur Norm werden, als der steigende Wohlstand dafür sorgte, dass die jungen Familien nicht mehr materiell von ihren Eltern abhängig waren, sondern eigenes Geld verdienten.

Der Kapitalismus ist also ein totales System. Er durchdringt nicht nur die Wirtschaft, sondern das gesamte Leben. Deswegen ist es auch so schwer, gedankliche Alternativen zu entwickeln. Dieses Dilemma wurde auf den legendären Spruch gebracht: »Es ist einfacher, sich das Ende der Welt vorzustellen als das Ende des Kapitalismus.«[14]

Zudem sind viele Errungenschaften des Kapitalismus so segensreich, dass niemand sie missen möchte. Der materielle Wohlstand hat immaterielle Folgen. Nicht nur die Lebenserwartung hat sich verdoppelt; auch allgemeine Bildung, Gleichberechtigung und Demokratie werden erst möglich, wenn eine Gesellschaft reicher wird.

Um noch einmal auf Marx zurückzukommen: Als er 1835 in Trier sein Abitur ablegte, ging in Preußen nur etwa ein Prozent der Jungen aufs Gymnasium.[15] Bildung erhielten nur die Söhne der oberen Stände, zu denen auch Marx gehörte. Sein Vater war ein bedeutender Anwalt und zählte zu den Honoratioren der Stadt. Die restlichen Jungen besuchten, wenn überhaupt, für wenige Jahre die Volksschule, um in völlig überfüllten Klassen ein bisschen Lesen, Schreiben und Rechnen zu lernen. Mädchen erhielten oft gar keinen Unterricht. Kinder wurden als Arbeitskräfte auf den Feldern oder im Handwerk gebraucht; Eltern konnten es sich deshalb nicht leisten, dass ihre Söhne und Töchter zur Schule gingen.

Doch obwohl Akademiker damals so rar waren, gab es immer noch zu viele: Theologen und Juristen mussten oft zwölf Jahre warten, bis sie endlich eine Pastoren- oder Richterstelle erhielten – und durften vorher nicht heiraten und eine Familie gründen. Arme Agrarstaaten benötigen fast keine Akademiker und können sie auch nicht ernähren.

Bildung ist ein Menschenrecht, aber erst der Kapitalismus hat zahllose Stellen geschaffen, die gut geschultes Personal erfordern. Heute machen in Deutschland über 50 Prozent eines Jahrgangs Abitur, wobei die Mädchen sogar leicht überwiegen.[16] Die Bildungsrevolution hat jedoch nicht nur die Gymnasiasten erfasst: Alle Kinder werden deutlich besser und länger ausgebildet, als es vor 100 Jahren vorstellbar gewesen wäre.

Allerdings gehört zur Wahrheit auch, dass nicht alle Kinder die gleichen Chancen haben. Ihre Herkunft entscheidet maßgeblich, welchen Abschluss sie machen. Noch immer ist es sehr unwahrscheinlich, dass Arbeiterkinder zur Universität gehen, während der Nachwuchs von Akademikern fast immer studiert.[17]

Der Kapitalismus ist kein Paradies und hat längst nicht alle Ungleichheiten beseitigt. Neu ist aber, dass gegen Benachteiligungen zumindest protestiert werden kann. Das Thema Gleichberechtigung kommt erst auf, wenn Gesellschaften wohlhabender sind. Ob es um die Gleichstellung von Arbeiterkindern, Frauen, Homosexuellen, Menschen mit Behinderung oder Zuwanderern geht – diese Forderungen haben nur eine Chance, wenn Wohlstand herrscht.

Solange eine Gesellschaft arm ist, können die Herrschenden nur reich sein, indem sie ihre Untertanen ausbeuten. Es läuft auf ein brutales Nullsummenspiel hinaus: Die Mächtigen eignen sich die knappen Güter an, sodass der große Rest fast völlig leer ausgeht. Wenn die Wirtschaft jedoch wächst, ist dieser brachiale Kampf nicht mehr zwingend. Die Zugewinne sind groß genug, um alle zu beteiligen. Die Ungleichheit bleibt zwar bestehen, und die Reichen werden noch reicher – aber auch die gemeinen Bürger profitieren. Für die Eliten ist es nicht mehr nötig, das Volk gewaltsam zu unterjochen.[18]

Die Demokratie konnte sich daher erst durchsetzen, als die Industrialisierung schon ziemlich weit gediehen war. In Deutschland und Österreich wurde das allgemeine Wahlrecht 1918 eingeführt, Gleiches galt für die Männer in Großbritannien, während alle[19] Britinnen erst ab 1928 wählen durften. Ein Sonderfall ist die Schweiz: Dort genießen die Männer bereits seit 1848 das allgemeine Wahlrecht, aber für die Frauen wurde es formell erst 1971 eingeführt.[20]

Der Umkehrschluss wäre allerdings falsch. Demokratien florieren zwar nur, wenn sie wohlhabend sind, doch folgt daraus noch lange nicht, dass ein Industrieland zwingend demokratisch sein muss. Ein spannender Fall ist China: Das Pro-Kopf-Einkommen liegt dort fast so hoch wie 1990 in Australien[21] – trotzdem ist bisher nicht zu erkennen, dass die Kommunistische Partei an Macht verlieren würde.

Das Beispiel China zeigt zudem, dass der Kapitalismus den globalen Süden erreicht hat und nicht auf die traditionellen Industrieländer beschränkt bleibt. Selbst in armen Staaten steigt die Lebenserwartung deutlich: Neugeborene im südlichen Afrika haben heute mehr Chancen, ihren fünften Geburtstag zu erreichen, als Kinder, die 1918 in England zur Welt kamen. Inder werden jetzt im Durchschnitt älter als Schotten im Jahr 1945 – obwohl sie längst nicht so reich sind wie die Briten damals.[22]

Der globale Fortschritt ist beeindruckend: In den vergangenen 20 Jahren hat sich die extreme Armut weltweit halbiert, 80 Prozent der Kinder sind heute geimpft, und 80 Prozent der Familien haben Zugang zur Elektrizität. »Das sind großartige Errungenschaften«, konzediert auch die Klimaaktivistin Luisa Neubauer.[23]

Diese Erfolgsmeldungen können jedoch nicht verdecken, dass die Ungleichheit in der Welt immer noch extrem groß ist und nicht alle Menschen gleichermaßen vom Kapitalismus profitieren. Um in Deutschland zu beginnen: Hier besitzt das reichste Hundertstel, also das oberste eine Prozent, bereits 33 Prozent des Volksvermögens. Das reichste Zehntel kommt gemeinsam auf beachtliche 64 Prozent. Da bleibt für die ärmeren Schichten nicht mehr viel übrig; die untere Hälfte besitzt ganze 2,3 Prozent des Volksvermögens.[24] Deutschland ist eine Klassengesellschaft, obwohl viele Bundesbürger glauben, sie würden in einer »nivellierten Mittelstandsgesellschaft« leben.

Noch größer sind die Unterschiede zwischen den Staaten. Weltweit steigt die Lebenserwartung zwar deutlich, aber einige Länder werden abgehängt. Noch immer gibt es Staaten, in denen über zehn Prozent der Neugeborenen vor ihrem fünften Geburtstag sterben. Dazu gehören etwa Nigeria, der Tschad oder Sierra Leone. Dabei fallen die Kleinkinder meist keinen exotischen Erregern zum Opfer, sondern so banalen Krankheiten wie Durchfall oder Malaria, die sich eigentlich gut behandeln lassen.[25]

Auf den ersten Blick erscheint es seltsam, dass es dem globalen Süden so schwerfällt, die traditionellen Industrieländer einzuholen. Ein naheliegender Gedanke wäre doch, die Technik schlicht zu kopieren: Deutschland verdient bekanntlich sehr viel Geld mit Luxusautos – warum also baut Bangladesch nicht einfach eigene Fertigungsstraßen und exportiert ebenfalls Fahrzeuge des gehobenen Segments?

Der moderne Kapitalismus ist komplex. Am besten lässt er sich verstehen, wenn man von vorn anfängt und an den Ort seiner Entstehung zurückkehrt: England, ab etwa 1760.

## 2. England, ab 1760: wie das Wachstum erfunden wurde

Der Wohlstand ist ein Wunder: Jeder Westeuropäer ist heute im Durchschnitt 20-mal so reich wie seine Vorfahren, die vor 200 Jahren lebten.[1] Zudem hat der Kapitalismus nicht nur ein Mehr vom Vorhandenen produziert, sondern eine völlig neue Welt erschaffen. Ein Auto mit 50 »Pferdestärken« (PS) ist nicht einfach eine Kutsche, die von 50 Pferden gezogen wird – sondern ein gänzlich anderes Produkt. Auch die heutigen Lampen bestehen nicht aus Millionen von Kerzen, die erst einmal angezündet werden müssen.[2] Der Kapitalismus war eine Revolution.

Diese »industrielle Revolution«[3] war allerdings kein plötzliches Ereignis. Die Verwandlung der Welt hat sich über mehrere Jahrhunderte hingezogen und begann ganz bescheiden: Anfangs wurde in England nur ein einziger Produktionszweig mechanisiert, die Textilindustrie, und auch dort dauerte es Jahrzehnte, bis der letzte Handwebstuhl verschwunden war.[4]

Es gibt keine eindeutige Antwort, warum die industrielle Revolution ab 1760 ausgerechnet in England einsetzte. »Obwohl tausende von Büchern über dieses erstaunliche Phänomen geschrieben wurden, bleibt es ein gewisses Rätsel«, urteilt die US-amerikanische Wirtschaftshistorikerin Joyce Appleby.[5] Vor allem neoliberale Ökonomen sind irritiert, weil ihre Standardmodelle hier nicht weiterführen. Angeblich sind Privateigentum, Arbeitsteilung, Märkte, Banken und Bildung besonders wichtig, um Wachstum zu generieren. Doch keines dieser Phänomene kann erklären, warum der Kapitalismus gerade in England begann.

Die englischen Textilfabriken gehörten zwar privaten Eigentümern, aber auch im restlichen Westeuropa war Privateigentum stark geschützt – ohne dass es zu Wachstum gekommen wäre.[6] Zudem war es nicht neu, Besitz rundum abzusichern: Bereits die antiken Römer hatten Firmenkonstrukte ersonnen, die die Haftung von Eigentümern beschränkten.[7] Privateigentum allein schafft offenbar keinen Reichtum, sonst hätte bereits in Rom stürmisches Wachstum einsetzen müssen.

Auch die Arbeitsteilung entstand nicht erst im 18. Jahrhundert.[8] Schon die Antike kannte den Trick, die Produktion in kleine Schritte aufzuteilen, damit jeder Beschäftigte schneller vorankam. Bereits die griechischen Philosophen Aristoteles, Platon und Xenophon erwähnten die Arbeitsteilung, und die Römer trieben sie zur Perfektion: Das Lateinische verzeichnet über 500 Ausdrücke für verschiedene Gewerbe.[9] Auch außerhalb Europas hatte man die Vorteile der Arbeitsteilung längst entdeckt. Die Chinesen produzierten ihr berühmtes Porzellan in mehr als 70 verschiedenen Schritten, wobei es für jede einzelne Tätigkeit eigens ausgebildete Handwerker gab.[10] Aber eine Industrie entstand daraus nicht. Wie die antiken Römer blieben auch die Chinesen bei der Handarbeit stehen.[11]

Märkte können ebenfalls nicht erklären, warum die englische Wirtschaft ab dem 18. Jahrhundert expandierte. Der Kapitalismus wird zwar gern als »Marktwirtschaft« tituliert, doch diese Bezeichnung führt in die Irre, weil es in der Geschichte fast überall Märkte und Fernhandel gab.[12] Die Türken hatten ihre Bazare und die Araber ihre Souks, ohne dass sich daraus ein industrieller Kapitalismus entwickelt hätte. Zudem war ausgerechnet Europa in viele Kleinstaaten zersplittert, die sich durch hohe Zölle voneinander abgeschottet hatten.[13] Handel war hier schwierig, nicht einfach.

Wenn es wahr wäre, dass große Märkte zu Reichtum führen, dann hätten vor allem die gewaltigen Imperien florieren müssen. Die russischen Zaren, die türkischen Osmanen, die indischen Mogule und die chinesische Qing-Dynastie herrschten über gigantische Reiche, die intern kaum Zölle kannten.[14] Trotzdem stagnierten diese Imperien ökonomisch und wurden immer wieder von Hungersnöten heimgesucht. China zählte im 18. Jahrhundert etwa 300 Millionen Einwohner, während das Vereinigte Königreich nur auf sieben Millionen Menschen kam. Dennoch war es diese kleine Insel, die die ersten Maschinen entwickelte.

Oft wird betont, dass die Briten schon früh leistungsfähige Banken hatten. Das stimmt. Nur waren diese Banken nicht daran beteiligt, die ersten Fabriken zu finanzieren.[15] So erstaunlich es klingt: Der moderne Kapitalismus benötigte anfangs kaum Kapital. Die frühen Maschinen waren so klein und billig, dass sich die Textilunternehmer das nötige Geld in der Familie und bei Freunden leihen konnten. Der spätere Sozialist Robert Owen zum Beispiel startete seine Fabrik in Manchester mit 100 Pfund, die er sich im Bekanntenkreis geborgt hatte.[16] Am Geld ist es also nicht gescheitert, dass sich andere Völker nicht ähnlich früh industrialisierten wie die Engländer.

Über besonderes Wissen verfügten die Briten übrigens auch nicht. Zwar kam es in Europa ab dem 17. Jahrhundert zu bahnbrechenden Entdeckungen in der Astronomie, Mechanik oder Optik. Aber diese »wissenschaftliche Revolution« beschränkte sich nicht auf England, sondern wurde von Forschern auf dem ganzen Kontinent getragen – ob Galileo Galilei in Italien oder Otto von Guericke in Magdeburg. Zudem spielten diese neuen Erkenntnisse gar keine Rolle, als die ersten Fabriken gegründet wurden. Die frühen Textilmaschinen wurden nicht etwa von Wissenschaftlern gebaut, sondern meist von Handwerkern, die kaum lesen und schreiben konnten. Sie bastelten so lange an ihren Apparaten herum, bis sie endlich funktionierten.

Um die Stationen kurz nachzuzeichnen: 1733 ließ der Tüftler John Kay seinen »Flying Shuttle« patentieren, der auf Deutsch etwas umständlich »Schnellschusswebstuhl« heißt. Dies war noch ein Handwebstuhl, der aber viel breiter war als das bisherige Modell und nur noch von einem Weber bedient wurde. Das Weben ging jetzt so schnell, dass die Spinner nicht mehr hinterherkamen – was dann zur »Spinning Jenny« führte, die 1764 von dem Handweber James Hargreaves erfunden wurde. Sie hatte anfangs acht Spindeln und war schon dreimal so produktiv wie das herkömmliche Spinnrad.[17] Wenig später folgte der eigentliche Durchbruch. Der Perückenmacher Richard Arkwright konstruierte 1769 den »Water Frame«, der mit Wasserkraft angetrieben wurde. Jetzt reichte ein Hilfsarbeiter, um Hunderte von Spindeln zu überwachen. Der Weber Samuel Crompton vereinigte 1779 beide Maschinen zu seiner

»Spinning Mule«, die nun perfektes, ultrafeines Baumwollgarn herstellte.[18]

Diese Erfindungen waren den Tüftlern nicht in die Wiege gelegt: Nur John Kay kam als Sohn eines Wollfabrikanten zur Welt und führte schon früh das väterliche Unternehmen, aber alle anderen Maschinenbauer stammten aus kümmerlichen Verhältnissen. Der Handweber James Hargreaves hatte vermutlich nie eine Schule besucht und war Analphabet, musste aber 13 Kinder ernähren. Seine erste »Spinning Jenny« stellte er mit einem Taschenmesser her.[19] Samuel Crompton war Halbwaise und musste schon als Fünfjähriger Baumwolle spinnen. Allerdings ist er wohl gelegentlich zur Schule gegangen, wo er vor allem im Fach Mathematik brilliert haben soll.[20] Bei Richard Arkwright ist ungeklärt, ob er lesen konnte. Jedenfalls war er das jüngste von sieben Kindern, und seine Eltern hatten nicht die Mittel, um ihn zur Schule zu schicken. Trotzdem gelang es Arkwright später, ein Textilimperium zu errichten, und seine Nachfahren wurden zu den reichsten Bürgerlichen im britischen Königreich.[21]

Theoretisch hätte man diese Textilmaschinen bereits in der Antike entwickeln können, denn die frühen Erfindungen »benötigten nicht viel mehr Wissen, als bereits Archimedes besaß«[22]. Daher waren die Engländer auch gar nicht die Ersten, die Spinnmaschinen bauten. Schon 1313 hatte der Chinese Wang Zhen eine »Maschine zum Spinnen von Hanffäden« beschrieben, die Hargreaves »Spinning Jenny« und Arkwrights »Water Frame« erstaunlich ähnelte.[23] Doch in China verpuffte dieses Wissen, und es blieb bei der Handarbeit.

Warum also waren es ausgerechnet englische Handwerker, die die ersten Maschinen bauten? Denkbar wäre doch gewesen, dass auch österreichische oder italienische Weber ihre Taschenmesser zückten, um neue Spinnmaschinen zu entwickeln, denn das nötige Wissen hätten sie gehabt. Die überzeugendste Antwort lautet: Die Industrialisierung begann in England, weil dort die höchsten Löhne der Welt gezahlt wurden. Im 18. Jahrhundert verdienten englische Arbeiter mindestens dreimal so viel wie ihre Kollegen auf dem europäischen Kontinent.[24] Nur weil Tagelöhner teuer waren, hat es sich erstmals gelohnt, Maschinen einzusetzen, um Arbeitskräfte einzusparen.

Die ersten Textilmaschinen waren zwar klein, unscheinbar und noch aus Holz, aber auch sie kosteten Geld: Hargreaves' »Spinning Jenny« war 70-mal so teuer wie ein herkömmliches Spinnrad. Diese Kosten rentierten sich nur, weil sie hohe Löhne einsparten.[25] In anderen Ländern, wo Arbeitskräfte billig waren, ging diese Kalkulation nicht auf, wie der Wirtschaftshistoriker Robert C. Allen vorgerechnet hat: »In den 1780er Jahren lag die Rentabilität einer Arkwright-Spinnerei in England bei 40 Prozent, in Frankreich bei neun Prozent und in Indien bei einem Prozent. Da Investoren jedoch mindestens eine Rendite von 15 Prozent auf ihr fixes Kapital erwarteten, ist es kein Wunder, dass in dieser Zeit rund 150 Arkwright-Spinnereien in Großbritannien, vier in Frankreich und keine einzige in Indien errichtet wurde.«[26]

Die hohen Löhne spiegelten einen generellen Wohlstand wider, der in England schon vor der Industrialisierung eingesetzt hatte und kontinentale Besucher zutiefst erstaunte. 1737 reiste der Franzose Abbé Le Blanc auf die Insel und berichtete in seinen Briefen an die Heimat, dass die englischen Bauern alle Annehmlichkeiten des Lebens genießen würden. Selbst der Knecht würde erst einmal Tee trinken, bevor er mit dem Pflügen beginne – und Tee galt damals als Luxusprodukt. Le Blanc war auch beeindruckt, wie elegant die Landbewohner gekleidet waren. Im Winter würden sie Mäntel tragen, und ihre Frauen und Töchter sähen aus wie echte Damen.[27] Ein spanischer Botschafter soll 1778 gestaunt haben, dass in den Markthallen von London »in einem Monat mehr Fleisch verkauft wird, als ganz Spanien in einem Jahr isst«[28].

Neben diesen persönlichen Eindrücken sind auch handfeste Statistiken überliefert, die den damaligen Wohlstand bezeugen, denn die Briten erstellten bereits Übersichten, wie hoch das Einkommen in den einzelnen Regionen ihres Landes war. Bekannt ist unter anderem der Verdienst eines 40-jährigen Gärtners, der mit Frau und vier kleinen Kindern in der Nähe von London lebte. Er erhielt 1797 etwa 30 Pennys pro Tag,[29] und mit diesem Durchschnittslohn konnte sich die Familie recht üppig ernähren: Täglich gab es Weizenbrot, Käse, ein halbes Pfund Fleisch, Tee, Zucker und einen Krug Bier. Man konnte sich neue Schuhe und Kleider leisten sowie das Schulgeld für die beiden ältesten Kinder aufbringen. Die Familie lebte in einem Haus mit Garten und heizte im Winter mit Kohle.[30]

Wie später berechnet wurde, verzehrten Londoner Arbeiter damals 2.500 Kalorien pro Tag und kamen auf eine Proteinzufuhr von 112 Gramm. So viel Eiweiß war schon gar nicht mehr gesund: Ein Drittel hätte ausgereicht, wenn man die heutigen Empfehlungen der Weltgesundheitsorganisation (WHO) zugrunde legt.[31]

Nirgendwo sonst lebten Arbeiter so gut. In Italien oder Indien standen nur etwa 1.900 Kalorien pro Kopf zur Verfügung, was nicht ausreichte, um einen ganzen Tag körperlicher Arbeit durchzustehen. Auch in Frankreich waren viele Menschen unterernährt und aßen tagein, tagaus Getreidebrei. Schätzungsweise 20 Prozent der Franzosen waren so geschwächt, dass sie eigentlich gar nicht mehr arbeiten konnten und nur noch zu maximal drei Stunden leichter Tätigkeit fähig waren.[32]

Der relative Reichtum der Engländer ließ sich auch an ihrer Körpergröße erkennen: Ende des 18. Jahrhunderts waren britische Soldaten im Durchschnitt etwa 172 Zentimeter groß. Franzosen brachten es nur auf 165 Zentimeter, Italiener und Österreicher kamen auf kümmerliche 162 Zentimeter.[33]

Aber warum waren die Engländer so wohlhabend, noch bevor die Industrialisierung einsetzte? Dies ist eine lange Geschichte, in der unter anderem die Pest, Schafe, der internationale Handel, eine Revolution und die Kohle vorkommen.

Mit dem »Schwarzen Tod« fing alles an: Die Pest erreichte Europa 1347 und tötete innerhalb von vier Jahren etwa ein Drittel der Bevölkerung. Damit war die Pandemie jedoch nicht beendet, denn die Pest kehrte mehrmals zurück. Allein in England kam es in den Jahren 1361/62, 1369, 1471 und 1479/80 zu weiteren schweren Ausbrüchen, denen jeweils bis zu 20 Prozent der Bevölkerung zum Opfer fielen. Ein letztes Mal schlug die Seuche 1665/66 in London zu und traf vor allem die ärmeren Schichten, wie schon die Zeitgenossen bemerkten. Der Kaufmann und Autor Daniel Defoe schrieb über diese »große Pest von London« frohgemut, dass sie eine »Erlösung« sei, denn sie hätte gerade »jene Menschen dahingerafft, die, wenn sie am Leben geblieben wären, durch ihre Armut eine unerträgliche Last gewesen wären«[34].

Doch hatte es seinen Preis, dass die unteren Schichten durch immer neue Pestwellen dezimiert wurden: Plötzlich fehlten die Arbeitskräfte, sodass die Löhne stark stiegen und die Hörigkeit faktisch endete. Ab etwa 1400 waren die englischen Bauern nicht mehr rechtlos an ihre adligen Herren gekettet, sondern erhielten langfristige Verträge für ihr Land, die fixe Raten vorsahen. Wenn also Pächter in ihre Felder investierten, um die Ernten zu steigern, dann blieb ihnen dieser Zusatzertrag und konnte nicht mehr vom Grundbesitzer abgeschöpft werden. Diese Rechtssicherheit war einzigartig in Europa. Die Pächter wurden zu Agrarunternehmern, die ihre Gewinne zu maximieren versuchten.[35]

Jede neue Erkenntnis wurde genutzt. Die Pächter schafften die Dreifelderwirtschaft aus dem Mittelalter sofort ab, als sich im 18. Jahrhundert herausstellte, dass eine andere Fruchtfolge günstiger ist. Früher hatte man das Land jedes dritte Jahr brachliegen lassen, damit es sich nach einer Runde Winter- und Sommergetreide wieder erholte. Doch jetzt erkannten die Landwirte, dass diese Brache gar nicht nötig war, wenn man zwischendurch Klee oder Rüben pflanzte.

Diese veränderte Fruchtfolge wirkt im Rückblick simpel, aber sie stellte einen epochalen Durchbruch dar in einer Welt, die bis dahin gegen zwei absolute Grenzen gekämpft hatte: Es gab nicht genug Getreide, um alle Menschen ausreichend zu ernähren, und es gab nicht genug Futter, um die eigentlich nötigen Last- und Zugtiere durchzubringen. Diese Probleme waren plötzlich gelöst. Dank Klee und Rüben ließen sich erstmals genug Pferde unterhalten, um sie flächendeckend beim Pflügen einzusetzen. Die Bodenkrume konnte nun viel tiefer umgegraben werden, was die Getreideernten deutlich steigerte. Die Kühe wiederum lieferten nicht nur Fleisch und Milch – sondern auch Mist, womit die Getreidefelder gedüngt werden konnten, sodass deren Ertrag nochmals zunahm.

Auch neue Produkte kamen hinzu – zum Beispiel Wolle. Da die Pest das Land entvölkert hatte, wurden nicht mehr alle Flächen benötigt, um Nahrungsmittel anzubauen. Wo einst Felder gewesen waren, konnten nun Schafe grasen. Englische Wollstoffe wurden zu einem begehrten Luxusgut und machten Ende des 17. Jahrhunderts knapp 70 Prozent der britischen Exporte aus.[36] Die Engländer hatten also schon eine florierende Textilbranche, bevor sie begannen, Maschinen einzusetzen und diese Betriebe noch rentabler zu machen.

Der britische Sonderweg war anfangs nicht klar zu erkennen. Auch im restlichen Europa stiegen die Löhne, nachdem die Pest die Arbeitskräfte dezimiert hatte. Doch in den meisten Ländern blieb es nicht lange bei den hohen Einkommen: Sobald die Bevölkerung wieder zunahm, sanken die Reallöhne erneut, weil die knappen Güter für mehr Menschen reichen mussten, sodass jeder Einzelne ärmer wurde. Nur England entging dieser demografischen Falle. Die Zahl der Einwohner stieg zwar – aber der Durchschnittslohn auch.

Dieses erstaunliche Phänomen war sehr wesentlich dem europäischen Seehandel zu verdanken, der sich auf London konzentrierte. England war zwar klein, aber London die größte Stadt Europas. Im Jahr 1700 lebten dort schon 500.000 Einwohner, und ein Jahrhundert später waren es knapp eine Million.[37] Londons Aufstieg war kein Zufall, sondern militärisch erkämpft. Allein gegen die Niederlande führten die Briten vier Kriege, um den europäischen Binnenhandel zu monopolisieren. Auch gegen die Franzosen zogen sie immer wieder zu Felde und erbeuteten dabei unter anderem fast alle französischen Kolonien in Nordamerika.

Das Vereinigte Königreich war ein höchst erfolgreicher Militärstaat – gerade weil das Parlament regierte. Die »Glorious Revolution« von 1688 hatte die Willkür des Königs beschnitten, und fortan war es das Recht der Abgeordneten, über Steuern abzustimmen und die Finanzierung von Kriegen zu verweigern. Diese Zugeständnisse sind oft so gedeutet worden, als sei der Einfluss von Staat und Krone zurückgedrängt worden, doch faktisch geschah genau das Gegenteil. Eben weil es nun eine parlamentarische Kontrolle gab, wurde der Staat in England immer wichtiger.

Nach 1688 war es nie wieder ein Problem, die Steuern zu erhöhen, um Armee und Marine auszustatten. Denn ein Wahlrecht besaßen nur die obersten drei bis fünf Prozent der männlichen Bevölkerung, sodass im Parlament allein der Adel und wichtige Kaufleute vertreten waren. Sie wussten genau, dass es ihren Interessen diente, die permanenten Kriege in Europa zu gewinnen. Wer die Weltmeere beherrschte, beherrschte den Weltmarkt.[38]

Englands Steuereinnahmen stiegen daher rasant: Zwischen 1665 und 1800 nahmen sie von 3,4 auf mindestens 12,9 Prozent der Wirtschaftsleistung zu. In Frankreich hingegen betrugen sie 1788 nur 6,8 Prozent des Bruttoinlandsprodukts.[39] Das Ergebnis ist bekannt. Das kleine England gewann alle Kriege gegen das viel größere Frankreich, das damals doppelt so viele Einwohner zählte.

Vor allem die unteren Schichten brachten die Steuern auf, denn die britische Armee und Marine wurden vorrangig durch indirekte Konsumabgaben auf Bier, Zucker und Tabak finanziert. Es machte sich also bemerkbar, dass vor allem die Aristokraten im Parlament vertreten waren und sich die restliche Bevölkerung nicht wehren konnte. Doch obwohl die britischen Arbeiter Konsumsteuern zahlen mussten, lebten sie weitaus besser als ihre europäischen Nachbarn – eben weil ihre Löhne deutlich höher waren.

Auch auswärtige Besucher wunderten sich, dass die Briten europaweit konkurrenzfähig waren, obwohl ihre Tagelöhner so teuer waren. Im späten 18. Jahrhundert war der Chef der französischen Glasfabrik Saint-Gobain in England unterwegs und befand, dass die Briten niemals in der Lage sein würden, so günstiges Tafelglas herzustellen wie seine eigene Firma. »Unsere Franzosen essen nur Suppe mit ein bisschen Butter und Gemüse [...] Eure Engländer essen Fleisch, und viel davon, und sie trinken ständig Bier, so dass ein Engländer drei Mal mehr ausgibt als ein Franzose.«

Doch der Saint-Gobin-Chef hatte sich verrechnet. Die Briten konnten sich ihre hohen Löhne leisten, weil sie über billige Kohle verfügten, während die Franzosen Holz verfeuern mussten. Die Energiekosten lagen in den englischen Glashütten bei einem Sechstel der französischen Firmen.[40]

Kohle war damals selten in Europa, weil viele Flöze noch gar nicht entdeckt worden waren. Zu diesen unbekannten Vorkommen gehörte auch das Ruhrgebiet: Die Preußen dachten bis 1851, dass sie in einem rohstoffarmen Land lebten. Erst als es gelang, die Mergelschichten zu durchstoßen und in die Tiefe vorzudringen, wurden die ergiebigen Steinkohleflöze entdeckt.[41] In Nordengland hingegen lag die Kohle direkt an der Oberfläche und zudem ganz nah am Meer, sodass sie sich billig verschiffen ließ. Bereits ab 1600 erlebte England eine »Kohlerevolution«, die das Holz ersetzte. Weit vor der eigentlichen Industrialisierung wurde Kohle in den energieintensiven Gewerken genutzt. Mit ihr wurde Salz aus Meerwasser gewonnen, Zucker raffiniert, Bier gebraut, Brot gebacken, Glas geblasen, wurden Backsteine gehärtet, Fliesen hergestellt und Häuser beheizt.[42]

Die Engländer erkannten klar, dass ihre Kohlegruben rund um Newcastle eine Form des Reichtums darstellten, die sich mit den Silberschätzen im spanischen Kolonialreich vergleichen ließen. Der Dichter John Cleveland reimte 1650 leicht ironisch:

> England's a perfect world, hath Indies too,
> Correct your maps, Newcastle is Peru.[43]

England hatte also die teuersten Arbeitskräfte und die billigste Energie. Diese Kombination war weltweit einmalig, und sie erklärt, warum die Industrialisierung in England begann. Nur in England war es profitabel, Menschen durch Maschinen zu ersetzen.[44]

1796 hatte Großbritannien erst 20 Millionen Yards an bedruckten Baumwollstoffen hergestellt, 1830 waren es schon 350 Millionen Yards. Damit hätte man den Äquator siebenmal umwickeln können. Selbst Geschirrtücher wurden nun aus Baumwolle hergestellt, denn diese Faser war einzigartig vielseitig: Strapazierfähige Arbeitshosen ließen sich damit genauso produzieren wie hauchdünne Ballkleider. Zudem ließ sich Baumwolle mühelos und farbenfroh bedrucken, während Wolle immer ein bisschen schmutzig ausgesehen hatte. Vor allem aber war Baumwolle vergleichsweise billig, sodass sich jetzt viele Menschen mehr als nur ein Hemd leisten konnten. Im Jahr 1800 gab es in England bereits 14 Frauenmagazine, die ausführlich über die neueste Mode berichteten.[45]

Trotzdem profitierte zunächst nur eine kleine Minderheit vom neuen Aufschwung, während es vielen Briten sogar schlechter ging. Hohe Löhne hatten die Industrialisierung zwar ausgelöst, aber im 19. Jahrhundert sank der Lebensstandard der Massen wieder. Dieses seltsame Phänomen ist als »early growth paradox« in die Wirtschaftsgeschichte eingegangen: Die britische Wirtschaft wuchs, aber die Arbeiter verarmten. Weben und Spinnen waren spezialisierte Handwerksberufe gewesen, doch in den Fabriken brauchte man die Männer nicht unbedingt. Die monotone Tätigkeit an den Maschinen konnten auch ungelernte Frauen und Kinder verrichten, die nur Hungerlöhne erhielten.

In den neuen Fabriken waren die Arbeitsbedingungen oft entsetzlich, wie selbst die konservative Presse monierte. In den bürgerlichen Quellen fanden sich so viele Klagen, dass Marx damit Seite um Seite in seinem Hauptwerk *Das Kapital* füllen konnte. Einen schauerlichen Fall entnahm Marx zum Beispiel dem *Daily Telegraph* vom 17. Januar 1860: »Herr Broughton, ein County Magistrate, erklärte [...], dass in dem mit der Spitzenfabrikation beschäftigten Teile der städtischen Bevölkerung ein der übrigen zivilisierten Welt unbekannter Grad von Leid und Entbehrung vorherrscht [...] Um zwei, drei, vier Uhr des Morgens werden Kinder von neun bis zehn Jahren ihren schmutzigen Betten entrissen und gezwungen, für die nackte Subsistenz bis zehn, elf, zwölf Uhr nachts zu arbeiten, während ihre Glieder verschwinden, ihre Gestalt zusammenschrumpft, ihre Gesichtszüge abstumpfen und ihr menschliches Wesen ganz und gar in einem steinähnlichen Torpor erstarrt, dessen bloßer Anblick schauderhaft ist.«[46]

Viele Kinder erreichten noch nicht einmal das Erwachsenenalter, was selbst liberale Politiker als Skandal empfanden.

Genüsslich zitiert Marx eine Rede von Joseph Chamberlain, der damals Bürgermeister von Birmingham war und später zu einem der bedeutendsten britischen Politiker aufsteigen sollte: »Dr. Lee, der Gesundheitsbeamte von Manchester, hat festgestellt, dass in jeder Stadt die mittlere Lebensdauer der wohlhabenden Klasse 38, die der Arbeiterklasse nur 17 Jahre ist. In Liverpool beträgt sie 35 Jahre für die erstere, 15 für die zweite. Es folgt also, dass die privilegierte Klasse eine Anweisung aufs Leben hat (have a lease of life) mehr als doppelt so groß als die ihrer weniger begünstigten Mitglieder.«[47] An diesem Zitat aus dem Jahr 1875 ist jedoch nicht nur die Gesellschaftskritik interessant. Im Rückblick fällt auch auf, wie selbstverständlich es für Marx oder Chamberlain noch war, dass auch die Privilegierten im Durchschnitt nicht älter als 35 oder 38 Jahre wurden.[48]

Die Industrialisierung begann in den Textilfabriken, dennoch war ihre Bedeutung bescheiden. 1830 machten Baumwollstoffe nur etwa acht Prozent der britischen Wirtschaftsleistung aus,[49] und meist wurden diese ersten Maschinen noch mit Wasserkraft betrieben. Der Rest der Branchen war vom technischen Wandel noch gar nicht erfasst worden, und vielleicht wäre die »industrielle Revolution« schon bald wieder zu Ende gewesen, wenn sie sich nur auf Textilien konzentriert hätte. Doch parallel fand eine zweite bahnbrechende Entwicklung statt: Großbritannien entdeckte die Dampfkraft.

## 3. Ohne Energie geht es nicht: Der Kapitalismus wird fossil

Seit dem 16. Jahrhundert hatten die Briten ständig mehr Kohle verbrannt, um Salz zu sieden, Bier zu brauen, Häuser zu heizen und Backsteine herzustellen. Doch diese »Kohlerevolution« hatte die Rolle der Kohle nicht verändert. Sie wurde weiterhin nur genutzt, um Wärme zu erzeugen. Erst die Dampfkraft setzte die Kohle ein, um Bewegungsenergie zu gewinnen und Maschinen anzutreiben. Dieser technische Sprung hat die Welt radikal verändert.

Zunächst diente die Dampfkraft nur dazu, Kohlegruben zu entwässern. Je tiefer die Schächte wurden, desto mehr Grundwasser drang ein, sodass Pferdegöpel nicht mehr ausreichten, um die lästigen Fluten an die Oberfläche zu schaffen. Wieder war es ein Handwerker, der die erste funktionstüchtige[1] Maschine konstruierte: der Schmied und Eisenhändler Thomas Newcomen. Er lebte im beschaulichen Dartmouth und amtierte nebenher als Laienprediger in einer Baptistengemeinde. Zehn Jahre lang bastelte Newcomen an seiner Dampfmaschine, bis er ein erstes Exemplar 1712 in einem Bergwerk in Dudley installieren konnte.

Diese Maschine war ein technisches Wunder, denn sie

machte Luft zu Geld. Sie nutzte das Gewicht der Atmosphäre, um Wasser aus dem Boden zu befördern.[2] Newcomens Erfindung bestand im Kern aus einem offenen Metallzylinder, in dem Wasser zu Dampf erhitzt wurde, um einen Kolben nach oben zu drücken. Anschließend wurde kaltes Wasser zugeführt, damit der Dampf kondensierte und ein Vakuum entstand. Durch den Luftdruck wurde der Kolben wieder nach unten gepresst, in das Vakuum hinein, weswegen die Dampfmaschinen anfangs »atmosphärische Maschinen« hießen. Am Kolben waren Holzbalken befestigt, deren Auf und Ab dann die Pumpen bewegte.

Das Meisterwerk hatte nur einen einzigen entscheidenden Nachteil: Newcomens Maschine verschlang Unmengen an Energie, um erst Dampf zu erzeugen und ihn dann wieder zu kondensieren. Für eine einzige Pferdestärke (PS) wurden pro Stunde 20 Kilo Kohle benötigt.[3] Daher rentierte sich die Maschine nur in Kohlegruben, wo es sowieso genug Bruchkohle gab, die nicht verkäuflich war.

Außerhalb der Kohlegruben war Newcomens Dampfmaschine aber viel zu teuer, was vor allem die Zinn- und Kupferminen in Cornwall schmerzlich spürten. Auch dort mussten Schächte entwässert werden, aber die nächsten Kohlevorkommen lagen in Wales. Der Transport der Kohle war so mühsam und kostspielig, dass sofort Versuche einsetzten, die Dampfkraft effizienter zu nutzen.

Die Erfolge waren erstaunlich: In den nächsten 150 Jahren gelang es den Ingenieuren, den Kohleverbrauch auf nur noch ein Pfund pro Pferdestärke zu drücken.[4] »Energiesparen« ist also keine neue Idee, die erst jetzt aufkommt, um dem Klimawandel zu begegnen. Stattdessen wurde im Kapitalismus schon immer auf technischen Fortschritt gesetzt, um die Effizienz zu steigern. Das Resultat war jedoch nicht, dass dann weniger Energie verbraucht worden wäre. Ganz im Gegenteil. Da die Maschinen immer effektiver wurden, verbreiteten sie sich rasant – sodass am Ende mehr Energie benötigt wurde, obwohl jedes einzelne Gerät sparsamer war. Dieses Paradox, auch »Rebound-Effekt« genannt, zeigte sich schon bei der Dampfkraft: Ab 1830 war sie so billig, dass sie sich auch in der Textilindustrie lohnte, die bis dahin vor allem mit Wasserkraft gearbeitet hatte.

Zur gleichen Zeit entstand ein gänzlich neuer Kohlefresser: die Eisenbahn. Auch sie war eine technische Revolution. Immer wieder haben Zeitgenossen und Historiker versucht, die Wirkung dieser Erfindung zu beschreiben, und die wohl beste Zusammenfassung stammt von dem französischen Dichter und Philosophen Paul Valéry, der dafür nur einen einzigen Satz benötigte: »Napoleon kam ebenso langsam voran wie Julius Cäsar.« Nun aber rasten die Europäer durch ihren Kontinent; kurz vor dem Ersten Weltkrieg brachten es die Eisenbahnen im Durchschnitt auf 90 Stundenkilometer.

Auch die Geschichte der Eisenbahn beginnt in der Kohlegrube. Dort kämpfte man seit alters her mit dem Problem, wie man die Kohle bis zum nächsten Fluss oder Kanal schaffen sollte. Schon früh wurden Loren eingesetzt, die auf Schienen rollten und von Pferden gezogen wurden. Am Anfang waren diese Schienen aus Holz, im 18. Jahrhundert schon aus Eisen. Aber der Durchbruch kam erst mit der Dampfkraft: Als sie erfunden wurde, lag der Gedanke nahe, dass sie doch auch die Kohleloren ziehen könnte.

Die erste richtige Eisenbahnstrecke wurde 1825 eröffnet – und verband das Kohlerevier von Durham mit dem Meer. Diese Stockton-Darlington-Linie sollte eigentlich nur

Kohle und Getreide transportieren, doch zeigte sich bald, dass auch mit Passagieren Geld zu verdienen war. Es setzte eine »Railway Mania« ein; Eisenbahnen wurden zum Spekulationsobjekt. Bis 1850 investierten Anleger 240 Millionen Pfund in immer neue Strecken, was eine enorme Summe war, denn die gesamte britische Wirtschaftsleistung lag 1850 bei 572 Millionen Pfund.[5] Dennoch war es nie ein Problem, die nötigen Mittel zu beschaffen, denn Geld entsteht »aus dem Nichts« (dazu mehr in Kapitel 7).

Mit den Eisenbahnen wandelte sich der Kapitalismus: Anders als in der Textilindustrie wurde jetzt Kapital benötigt, und zwar in ungekannten Mengen. Denn es wurden ja nicht nur Eisenbahnen gebaut, sondern Maschinenfabriken hochgezogen, weitere Kohlengruben erschlossen und Großstädte errichtet.

Mit der Dampfkraft wurde der Kapitalismus fossil, und ohne Kohle gäbe es den heutigen Kapitalismus nicht. Denn die Wälder hätten niemals ausgereicht, um die Maschinen und das permanente Wachstum zu befeuern. Eine hypothetische Rechnung macht dies deutlich: Bereits 1850 verbrannten die Briten so viel Energie, wie Bäume nur hätten liefern können, wenn sie 150 Prozent der britischen Landesfläche bedeckt hätten – eine physische Unmöglichkeit. Inzwischen verbraucht Europa mehr als 20-mal so viel Energie, wie Wälder bereitstellen könnten, wenn sie den ganzen Kontinent einnehmen würden.[6]

Die Dampfkraft wurde erfunden, ohne dass genau bekannt war, wie sie eigentlich funktionierte. »Eine *echte* Theorie über Dampfmaschinen wurde erst *ex post facto* durch den Franzosen Carnot in den 1820er Jahren entwickelt«, stellt der britische Historiker Eric Hobsbawm fest.[7] Auch ihre Bedeutung wurde lange nicht erkannt. Der berühmte Ökonom Adam Smith fand die ersten Dampfmaschinen so läppisch, dass er glaubte, eine wesentliche Erfindung sei Kindern zu verdanken. In seinem Hauptwerk *Wohlstand der Nationen* schrieb er 1776: »So war bei den ersten Dampfmaschinen ein Junge dauernd damit beschäftigt, den Durchlass von Kessel zum Zylinder abwechselnd zu öffnen und zu schließen, wenn der Kolben heraus- und herunterging. Einer dieser Jungen, der lieber mit den anderen spielen wollte, beobachtete dabei folgendes: Verbindet er den Griff des Ventils, das die Verbindung öffnet, durch eine Schnur mit einem anderen Teil der Maschine, so öffnet und schließt sich das Ventil von selbst, und es bleibt ihm dadurch Zeit, mit seinen Freunden zu spielen.« Diese trickreiche Verbindung der Ventile ist bis heute das berühmteste Beispiel, wie Automatisierung funktioniert – und Smith machte daraus ein Kinderspiel.[8]

Dabei hätte Smith eigentlich wissen können, welche Potenziale in der Dampfkraft steckten, denn er kannte den Erfinder James Watt persönlich. Smith war ab 1751 Philosophieprofessor in Glasgow, musste sich aber nebenher auch um die Verwaltung der Universität kümmern. Unter anderem beschaffte er eine Werkstatt für Watt, der damals 21 Jahre alt war und die wissenschaftlichen Geräte der Universität warten sollte.[9] In diesem Labor hat Watt dann mit seinen Versuchen begonnen, die Dampfmaschinen von Newcomen zu optimieren.

Watt und Smith hatten zudem einen gemeinsamen engen Freund, den Chemiker Joseph Black[10], der unter anderem in die Wissenschaftsgeschichte einging, weil er das Kohlendioxid entdeckte – ohne natürlich zu ahnen, dass dieses Gas später einen Klimawandel auslösen würde. Im Rückblick ist es geradezu symbolhaft, dass sich Watt, Smith und Black so gut kannten, denn sie wurden nicht nur zu Gründungsvätern ihrer Disziplinen, sondern beschäftigten sich schon damals mit genau jenen Phänomenen, die bis heute den Kern des Kapitalismus ausmachen: fossile Technik, wirtschaftliches Wachstum und die Emission von Treibhausgasen.

Aus diesen persönlichen Begegnungen wurde aber kein Gesamtbild: Technik spielte bei Adam Smith überhaupt keine Rolle, als er versuchte, den Wohlstand der Nationen zu erklären. Damit war er nicht allein. Die Anfänge der Industrialisierung waren so bescheiden, dass sie von Zeitgenossen glatt ignoriert oder falsch eingeschätzt wurden. 1828 sah der französische Ökonom Jean-Baptiste Say die ersten Dampfloks und prognostizierte daraufhin, dass »keine Maschine jemals vermag, was selbst ein Pferd kann – nämlich Menschen und Waren durch das Gedränge einer großen Stadt zu transportieren«[11].

Den Kapitalismus hat also niemand geplant oder vorhergesehen. Stattdessen nahm er seinen Anfang, weil einige Textilfabrikanten und Grubenbesitzer effizienter und konkurrenzfähiger werden wollten. Sie hatten nicht vor, eine »industrielle Revolution« auszulösen, sondern kümmerten sich nur um ihren individuellen Gewinn.

Im 18. Jahrhundert gab es noch keine Vorstellung von einer technischen Moderne, stattdessen war die Antike weiterhin das große Vorbild. Nicht die Zukunft interessierte, sondern die Vergangenheit, wie der damalige Lehrplan des Eliteinternats Eton illustriert. Von den 27 Unterrichtsstunden pro Woche waren ganze drei dem Schreiben und Rechnen gewidmet, drei weitere dienten der religiösen Unterweisung, und die restlichen 21 Stunden befassten sich mit Latein, Altgriechisch und der antiken Geschichte.[12]

Der Kapitalismus ist in Großbritannien ungewollt entstanden. Maschinen wurden nur entwickelt und eingesetzt, weil die Arbeitskraft so teuer war. Aber die Folgen waren gewaltig, weil die fossilen Brennstoffe von nun an breit erschlossen wurden. Zunächst wurde nur Kohle verbrannt, später auch Gas und Öl. Die Menschheit stellte fest, dass ihr eine Art natürlicher Batterie zur Verfügung stand – in Millionen von Jahren gespeicherte Sonnenenergie. Man zapfte die Pflanzenreste der Vergangenheit an und konnte damit die Schranken der Gegenwart sprengen. Seit Urzeiten war die Menschheit gezwungen gewesen, nur so viel zu verbrauchen, wie die lebende Natur liefern konnte. Diese »organische« Ära endete nun und wurde durch ein fossiles Zeitalter abgelöst.

Die fossilen Brennstoffe sind ungeheuer praktisch, denn sie sind in großen Mengen vorhanden, leicht zu fördern, bequem zu transportieren, rund um die Uhr verfügbar und einfach zu nutzen. Zum ersten Mal in der menschlichen Geschichte kam es zu einem Überschuss an Energie, was Wohlstand und Freiheit möglich machte.[13] Die Kehrseite schien lange unerheblich: Ein Kilogramm Kohlenstoff verbrennt zu 3,7 Kilogramm $CO_2$, und dieses Naturgesetz der Chemie lässt sich leider nicht ändern.[14]

Die Briten profitierten als Erste von dieser fossilen Energie: Zwischen 1770 und 1870 verdoppelte sich ihr Einkommen pro Kopf. Allerdings verteilte sich der neue Wohlstand höchst ungleich, denn die Reallöhne der Arbeiter blieben weit hinter den Gewinnen der Fabrikbesitzer zurück und stiegen nur um 30 Prozent.[15] Trotzdem machte es einen enormen Unterschied, dass sich auch die unteren Schichten mehr als das Nötigste leisten konnten. Diese Massenkaufkraft veränderte den Kapitalismus für immer, denn es entstand die moderne Konsumgesellschaft.

Ohne den Massenkonsum wäre der heutige Kapitalismus nicht denkbar, denn inzwischen machen Konsumgüter fast 80 Prozent der Wirtschaftsleistung aus. Wären die Reallöhne nicht gestiegen, hätte sich der Kapitalismus schon im 19. Jahrhundert erledigt und wäre wahrscheinlich nicht über die Eisenbahn hinausgekommen. Erst die enorme Nachfrage der Arbeitnehmer hat neue Produkte und neue Wachstumsschübe ermöglicht, die durch den Lebensstil der Wohlhabenden allein niemals ausgelöst worden wären. Wie es der Historiker Eric Hobsbawm zusammenfasst: »Es war nicht der Rolls-Royce, sondern das T-Modell von Ford, das die Automobilindustrie revolutioniert hat.«[16]

Der Kapitalismus ist in Großbritannien entstanden, hatte aber sofort globale Konsequenzen. Weltweit gab es Gewinner – und Verlierer.

## 4. Jedes Land war plötzlich ein »Entwicklungsland« – auch Deutschland

Als Erste traf es die Inder. Ihre Baumwolltücher waren bald nicht mehr konkurrenzfähig, weil die britischen Spinnmaschinen immer besser wurden und im Jahr 1825 bereits 16-mal schneller produzierten als noch 1780. Englische Stoffe wurden so billig, dass es sich nicht einmal mehr für die allerärmste Inderin lohnte, Baumwollgarn zu spinnen.[1] Seit der Antike war Indien für seine weichen und leichten Stoffe berühmt gewesen, doch nun blieb von dieser traditionsreichen Branche nichts mehr übrig. Innerhalb weniger Jahre verwandelte sich das hoch entwickelte Indien in einen reinen Agrarstaat, der nur noch rohe Baumwolle oder Reis nach England liefern konnte.

Indien war in einem Paradox gefangen: Die Löhne waren niedrig, und genau deswegen wurde es noch ärmer. Bei den geringen Arbeitskosten lohnte es sich einfach nicht, teure Maschinen zu beschaffen. Mit diesem Teufelskreis hatten auch die europäischen Staaten zu kämpfen, da die Löhne dort ebenfalls gering waren. Die britische Industrialisierung machte plötzlich alle anderen zu »Entwicklungsländern«, die automatisch abgehängt wurden, weil sich bei ihnen die kostspielige Technik nicht rentierte.

Jedenfalls fehlte es nicht an Wissen oder am Willen aufzuholen: Die europäischen Konkurrenzmächte sahen durchaus, dass sich in Großbritannien eine beispiellose Entwicklung vollzog, und versuchten, dieses »englische Wunder« nachzuahmen. Die deutschen Fürsten schickten sofort Industriespione auf die Insel und subventionierten Unternehmer, die bereit waren, die englischen Maschinen zu kopieren.

Hemmungslos setzte man auf das Prinzip Plagiat, was die deutschen Frühkapitalisten auch offen zugaben: Die erste mechanische Baumwollspinnerei in Preußen wurde 1783 in Ratingen errichtet und sinnigerweise »Cromford« getauft – so hieß nämlich das englische Dorf, in dem Richard Arkwright seine erste Fabrik errichtet hatte. In der neuen Fabrik hatte man Arkwrights »Water Frames« originalgetreu nachgebaut, obwohl die Briten mit allen Mitteln versucht hatten, den Ideenklau der Europäer zu unterbinden.[2]

Aber das preußische Cromford war nicht profitabel, eben weil es sich bei den niedrigen Löhnen in Deutschland nicht lohnte, Maschinen einzusetzen.[3] Stattdessen galt für weite Teile Deutschlands, dass es lukrativer war, das boomende England mit Agrargütern zu beliefern – und ansonsten unverändert auf Handarbeit zu setzen, statt eine eigene Industrie aufzubauen. Bis weit ins 19. Jahrhundert hatten die Deutschen eine ähnliche Rolle wie die Inder: Man lieferte vor allem Rohstoffe an die Briten.[4]

Auch die Schweizer industrialisierten sich zunächst nicht, obwohl ihr Baumwollgewerbe sogar älter als die britischen Fabriken war. Aber nach längeren Diskussionen kamen die Eidgenossen zu dem Schluss, dass es sich nicht rechnen würde, Maschinen anzuschaffen – und es billiger wäre, bei der Handarbeit zu bleiben.[5]

Weltweit gab es nur ein einziges Land, das schon bald mit den Briten mithalten konnte: die USA. In den »Fabrikstaaten« des Nordens rentierte es sich auf Anhieb, die britischen Maschinen zu kopieren und einzusetzen, da Arbeitskräfte dort sehr teuer waren. Anders als in den Südstaaten gab es fast keine Sklaven, sondern die Beschäftigten waren freie Einwanderer aus Europa, die man gut bezahlen musste, um sie überhaupt anzuwerben. Statt in den Betrieben zu schuften, konnten die Arbeiter auch jederzeit aufs Land ziehen und eine eigene Farm gründen. Bis weit ins 19. Jahrhundert waren Agrarflächen reichlich vorhanden, was die Löhne in den Städten nach oben trieb.[6]

Bei diesen Kalkulationen störte es fast niemanden, dass die Ländereien nur scheinbar herrenlos waren. Sie standen den europäischen Einwanderern allein deswegen zur Verfügung, weil man zuvor die indigenen Ureinwohner vertrieben und vernichtet hatte (dazu mehr in Kapitel 6).

Obwohl sich die Nordstaaten sofort industrialisierten, waren sie zunächst nur Nachahmer und hinkten hinterher. Sie mussten einen Weg finden, um sich gegen die überlegene britische Konkurrenz zu behaupten. Also schotteten sie sich rigoros nach außen ab. Hohe Importzölle von 35 bis 50 Prozent sorgten dafür, dass britische Waren nur überteuert auf den amerikanischen Markt gelangen konnten. Das Motto hieß: Protektionismus, nicht Freihandel.[7] Diese hohen US-Zölle galten bis zum Zweiten Weltkrieg und sanken erst ab 1950 kontinuierlich. Es ist also etwas unehrlich, wenn sich die USA heute als die obersten Advokaten des Freihandels aufspielen. Die Amerikaner bauten ihre Zölle erst ab, nachdem sie sich zur unangefochtenen ökonomischen Supermacht entwickelt hatten.

Dieses Muster lässt sich übrigens stets beobachten: Freihandel ist ein Anliegen der Mächtigen. Importzölle werden erst dann freiwillig abgeschafft, wenn die eigene Industrie zu den Weltmarktführern gehört und die ausländische Konkurrenz nicht mehr fürchten muss.[8]

Die USA wurden zum Vorbild für alle anderen Länder, die den technischen Vorsprung der Briten einholen wollten. Auch die Deutschen ließen sich inspirieren, die damals in 38 Kleinstaaten lebten. 22 dieser Länder gründeten im Jahr 1834 den Deutschen Zollverein, um ebenfalls einen einheitlichen Markt zu schaffen und nach außen abzuschotten. Der Erfolg war allerdings mäßig: Zwar wurde der Warenfluss erleichtert, aber die Produktion legte nicht zu.[9] Wieder zeigte sich, dass ein Markt allein nicht ausreicht, um das Wachstum anzukurbeln. Es muss sich lohnen, Technik einzusetzen. Doch die Dampfkraft rentierte sich in Deutschland anfangs überhaupt nicht, wie die Zeitgenossen akribisch kalkulierten: In den meisten deutschen Gegenden waren die Maschinen fast doppelt so teuer wie der Einsatz von Pferden, was auch daran lag, dass die Kohle mühsam über Land herangekarrt werden musste.[10]

Aufwärts ging es mit Deutschland erst, als die Eisenbahn erfunden wurde. Die erste Strecke wurde 1835 gebaut, war sechs Kilometer lang und führte von Nürnberg nach Fürth. Die Franken hatten also nur wenige Jahre gebraucht, um die Engländer zu kopieren – allerdings stammte die erste Lok aus Großbritannien, und auch der erste Zugführer war Brite.

Die Eisenbahn revolutionierte die Stahlindustrie und den Maschinenbau, denn bis dahin war die deutsche Eisenindustrie noch immer auf dem technischen Stand des späten Mittelalters gewesen. 1835 wurde das Roheisen zu 95 Prozent aus Holzkohle hergestellt; nur ganze 4,5 Prozent stammten aus modernen Kokshochöfen. Anfangs drohte daher jedes einzelne Eisenbahnprojekt die deutsche Wirtschaft an ihre Kapazitätsgrenzen zu bringen: 1837 wurde die Linie zwischen Dresden und Leipzig gebaut, für deren Schienen 5.650 Tonnen an Koksroheisen gebraucht wurden – das waren mehr als 90 Prozent der jährlichen Produktion in Preußen. Keine einzige deutsche Fabrik konnte dieses Material liefern oder wäre fähig gewesen, daraus gut gewalzte Eisenbahnschienen herzustellen.[11]

Zunächst musste alles aus England importiert werden: Roheisen, Schienen und Lokomotiven. Allerdings gelang es den Deutschen mit erstaunlicher Geschwindigkeit, diese Importe durch eigene Produkte zu ersetzen. 1843 kamen erst zehn Prozent der Schienen aus Deutschland, 1854 waren es schon 58 Prozent und 1863 sogar 85 Prozent. Genauso schnell setzte die heimische Herstellung von Lokomotiven ein. Im Jahr 1853 erwarben die preußischen Eisenbahnen 105 neue Loks – von denen bereits 99 aus Deutschland stammten.[12] Schon bald wurden Loks auch exportiert.[13] Nicht jedem Zeitgenossen war diese neue Welt geheuer. So murrte der preußische König Friedrich Wilhelm III., als 1838 die Strecke Berlin-Potsdam eröffnet wurde: »Alles soll Karriere gehen, die Ruhe und Gemütlichkeit aber leidet darunter. Kann mir keine große Seligkeit davon versprechen, ein paar Stunden früher in Berlin und Potsdam zu sein.«[14]

Wie in England startete auch der deutsche Kapitalismus fast ohne Kapital. Spinnereien, Webereien oder Färbereien konnten mit 15.000 bis 50.000 preußischen Talern gegründet werden. Selbst Eisen- und Maschinenfabriken benötigten anfangs nicht mehr als 50.000 bis 70.000 Taler. Wenn das eigene Geld nicht reichte, wurde die erweiterte Familie herangezogen.[15] Die später so berühmte Elektrofirma Siemens & Halske war typisch: Das Startkapital stammte von einem Cousin, und der erste Angestellte war ein Bruder.[16]

Das Finanzmodell namens Familie funktionierte jedoch nicht bei den Eisenbahnen, die Millionen verschlangen. Wie in England war es aber kein Problem, das nötige Kapital aufzutreiben, sondern die Eisenbahngesellschaften wurden mit Kapital geradezu überschüttet.[17] Wieder zeigte sich, dass Geld nie knapp ist, sondern stets im Überfluss vorhanden. Schon bald klagten Anleger, dass sie keine rentablen Investitionsmöglichkeiten mehr fanden. So stellte die Bielefelder Handelskammer 1851 fest: »Unsere Banken seufzen unter der Last der Gelder, die ihnen zur zinsbaren Belegung zu 2 Prozent angeboten werden.«[18]

Durch den Eisenbahnbau expandierte auch die Stahlindustrie, bei der es zu sensationellen Effizienzsprüngen kam, als der Brite Henry Bessemer 1856 ein neues Verfahren patentieren ließ. Ohne in die Details zu gehen: Mit dem Bessemer-Verfahren ließ sich in 20 Minuten die gleiche Menge Stahl herstellen wie vorher in 24 Stunden.[19] Diese enorme Produktivität veränderte nicht nur die Stahlwirtschaft – sondern den gesamten Kapitalismus. Es begann die Epoche der Konzerne. Denn durch das Bessemer-Verfahren stiegen die Investitionskosten so rasant, dass nur noch große Unternehmen diese Mittel aufbringen konnten. Zudem wurde pro Hochofen deutlich mehr Stahl produziert, weswegen auch die Walzwerke erweitert werden mussten.[20] Es entstanden riesige Konglomerate, die alle Konkurrenten vom Markt verdrängten, die nicht in gleicher Geschwindigkeit expandieren konnten.

Die wenigen Großkonzerne, die noch übrig blieben, schlossen sich zudem zu Kartellen zusammen. Allein zwischen 1879 und 1886 dürften rund 90 Kartelle in Deutschland entstanden sein, meist waren es Preiskartelle.[21] Aus der Sicht der Firmen waren diese engen Absprachen rational und sogar zwingend: Da die Investitionskosten so immens waren, mussten die Unternehmen sicherstellen, dass Absatz und Erlöse hinterher stimmten. Schrankenloser Wettbewerb hätte die Preise ruiniert und die Firmen in den Konkurs getrieben. Damals zeigte sich erstmals ein Paradox, das den Kapitalismus bis heute prägt: Nur wenn das Risiko weitgehend ausgeschlossen ist, werden Investitionen gewagt.

Die Stahlindustrie war keineswegs die einzige Branche, in der sich Kartelle bildeten. Berühmt-berüchtigt wurde etwa das »Rheinisch-Westfälische Kohlesyndikat«, das 90 Prozent der gesamten Ruhrkohle zu einheitlichen Preisen in Deutschland und auf den Weltmärkten absetzte. Diese Absprachen geschahen nicht heimlich und wurden 1897 vom Reichsgericht sogar unter rechtlichen Schutz gestellt.[22] Bald gab es in Deutschland weltweit die meisten Kartelle; vor dem Zweiten Weltkrieg waren es geschätzt 3.000.[23] Zudem hatten die Unternehmen eine weitere Strategie entdeckt, wie sie ihre Marktmacht steigern konnten: Sie fusionierten einfach.

Um kurz in die Gegenwart zu springen: Bis heute setzt sich der Trend fort, dass Unternehmen immer größer werden und Konkurrenz möglichst vermeiden. Zwar sind Kartelle inzwischen verboten, dennoch ist die bundesdeutsche Wirtschaft extrem konzentriert, wie sich an einer einzigen trockenen Zahl erkennen lässt, die sich im neuesten

*Statistischen Jahrbuch* findet: Großkonzerne machen nur 0,7 Prozent aller Firmen in Deutschland aus – kontrollieren aber 66,2 Prozent des Umsatzes.[24]

Doch zurück zu den Anfängen: Etwa 1880 endete die Ära der Plagiate, in der Deutschland vor allem die Erfindungen aus anderen Ländern kopiert hatte. Jetzt vermarkteten die deutschen Firmen ihre eigenen Entwicklungen. Besonders erfolgreich war die Chemieindustrie, der es gelang, »aus Dreck Geld zu machen« und Teer in leuchtende Anilinfarben zu verwandeln. Zunächst war Teer nur ein lästiger Abfall in den Kokereien gewesen, doch dann entdeckte man ihn als wertvollen Rohstoff.[25] Recycling und industrielle Resteverwertung sind also keine neuen Ideen, sondern so alt wie der Kapitalismus.

Kohle war fortan kein bloßer Brennstoff, sondern wurde zur Grundlage der organischen Chemie, die ganz neue Produkte und Branchen hervorbrachte. Dazu gehörte auch die Pharmazie, die zunächst Medikamente entwickelte, die den Teerfarben chemisch sehr ähnlich waren – wie das bald weltberühmte Schmerzmittel Aspirin.[26]

Die begeisterten Patienten glaubten, dass die Pharmakonzerne akribisch forschten und rein wissenschaftlich vorgingen. Denn in der Reklame waren oft Chemiker in weißen Laborkitteln zu sehen. Die Wahrheit war profaner: Die Medikamente entstanden, indem mehr oder minder zufällig herumprobiert wurde, was wohl funktionieren könnte. Die theoretische Analyse folgte sehr viel später. Gleiches galt für die Textilindustrie. Es war gänzlich unbekannt, warum die Farben eigentlich an den Stoffen haften blieben – aber färben konnte man trotzdem. Auch die Stahlproduzenten wussten bis in die 1920er-Jahre nicht genau, was sich in ihren Hochöfen und Walzwerken chemisch abspielte.[27]

Ähnlich hemdsärmelig ging es in der Elektroindustrie zu: Die Brüder Siemens betrieben »Erfindungsspekulationen«, wie sie es nannten.[28] Ein Labor wurde erst 1873 eingerichtet, als die Firma längst zu einem Großkonzern herangereift war. Trotzdem gehörte Siemens zu den Pionieren, denn Labore besaßen damals nur noch die Stahlfirma Krupp und der Optikhersteller Carl Zeiß.[29] Viele Unternehmen hatten nämlich festgestellt, dass sich systematische Wissenschaft gar nicht rentierte. So hatte die Farbenfabrik Bayer in Elberfeld in den 1860er-Jahren einige Chemiker eingestellt, sie jedoch bald wieder entlassen, da »sie nichts Neues erfanden«[30]. Es blieb vorerst beim Tüfteln und Ausprobieren.[31]

Bis zum Ersten Weltkrieg überholten die deutschen Betriebe ihre britische Konkurrenz und lagen weltweit auf Platz zwei, während die USA unangefochten führten. Diese Superlative verdecken allerdings, dass die Industriekonzerne noch bei Weitem nicht die gesamte Wirtschaft dominierten. Die deutschen Exporte waren eher rustikal und bestanden vor allem aus Bier, Strümpfen, Eisen- und Schneidwaren, Musikinstrumenten, Salz, Zucker, Spielwaren, Wollwaren sowie Pharmazieprodukten.[32] Auch die deutsche Weihnacht gehörte zu den erfolgreichen Exportgütern: Als sich das Ausland erst einmal für die Idee erwärmt hatte, dass eine Tanne im Wohnzimmer leuchten muss, wurde auch der handgeschnitzte Baumschmuck aus dem Erzgebirge benötigt.[33]

Deutschland war damals ein Schwellenland, wie man es heute nennen würde. Zwar gab es Weltkonzerne wie Siemens, Krupp oder Bayer – doch daneben existierten Millionen von Bauern, die meist traditionell wirtschafteten.[34] Wie der britische Wirtschaftshistoriker Adam Tooze berechnet hat, lebten 1933 noch rund zwölf Millionen Deutsche auf

Bauernhöfen, die eigentlich zu klein waren, um einen angemessenen Lebensstandard zu sichern. Das waren 18 Prozent der Gesamtbevölkerung.[35]

Das deutsche Pro-Kopf-Einkommen lag vor dem Zweiten Weltkrieg in etwa so hoch, wie es heute in Südafrika, im Iran oder in Tunesien zu verzeichnen ist. Allerdings sind dort die Lebensumstände insofern besser, als auch der globale Süden von der technologischen Entwicklung profitiert, die seither stattgefunden hat. Bei Bedarf kann Südafrika Computer, Krebsmedikamente oder moderne Flugzeuge importieren, was in Deutschland damals nicht möglich war. Tooze kommt daher zu dem Schluss: Der Vergleich mit Südafrika sei sogar noch »schmeichelhaft für die deutsche Situation« vor dem Zweiten Weltkrieg.[36]

Breiter Wohlstand entstand in Europa erst ab 1950, als der ganze Kontinent ein »Wirtschaftswunder« erlebte. Deutsche glauben gern, dass nur die Bundesrepublik einen gewaltigen Aufschwung erlebt hätte, doch tatsächlich konnten alle Länder in Europa enorme Wachstumsraten verbuchen. Bis 1973 wuchs die westdeutsche Wirtschaft um fünf Prozent pro Jahr und Kopf; Gleiches galt aber auch für Österreich und Italien, während Spanien sogar 5,8 Prozent erreichte.[37]

Ein »Wunder« war dieser Boom nicht: Man holte nur den technischen Rückstand gegenüber den USA wieder auf, der sich durch zwei Weltkriege und die anschließenden Inflationen aufgetan hatte.[38] Zwischen 1914 und 1950 hatte es in Europa kaum Wachstum pro Kopf gegeben, doch als endlich politische Stabilität einkehrte, konnte sich die Wirtschaft entfalten. Die Europäer erfüllten sich lang gehegte Träume und gönnten sich nun ebenfalls Waschmaschinen, Kühlschränke, Fernseher, Autos und Reisen.

Wie groß die Kluft war, lässt sich an der Zahl der Autos ablesen: In den USA gab es 1928 bereits 204 Pkw auf 1.000 Einwohner, während die gesamte Großstadt München nur auf 5.474 Autos kam.[39] Es sollte noch mehr als 40 Jahre dauern, bis die Bundesrepublik diesen Rückstand aufgeholt hatte.[40] Als die Lücken dann geschlossen waren, endete auch das »Wirtschaftswunder«.

Erst nach dem Zweiten Weltkrieg verwandelte sich Deutschland in ein echtes Industrieland, sodass 1965 die Hälfte aller Arbeitnehmer in Fabriken beschäftigt war. Doch wäre es falsch, nur auf die Fertigung zu blicken. Auch alle anderen Branchen wurden technisiert, die Dienstleistungen genauso wie die Landwirtschaft. In den Banken wurden beispielsweise die Kassierer durch Geldautomaten ersetzt, und Computer erledigen jetzt den Zahlungsverkehr. Auf den Bauernhöfen ist der Wandel sogar noch krasser: Dort werden heute mehr Maschinen pro Arbeitskraft eingesetzt als in der Industrie. Traktoren verdrängten Ackergäule, und Mähdrescher machten Hilfskräfte überflüssig. Nun reicht eine Kleinfamilie, um einen großen Hof zu betreiben.[41] Waren früher Millionen in der Landwirtschaft tätig, sind dort heute nur noch 287.000 Vollzeitkräfte beschäftigt.[42]

Zwischen 1830 und 1970 ist es den Westeuropäern also gelungen, eine eigene Industrie aufzubauen und die Briten einzuholen. Aber andere Länder blieben weiterhin zurück. Peru, Malawi oder Pakistan haben es bis heute nicht geschafft, in den Kreis der wohlhabenden Staaten vorzustoßen. Warum? Oft wird vermutet, der reiche Norden sei schuld daran, dass sich der globale Süden nicht entwickeln kann. Das ist zwar nicht ganz falsch, reicht aber als Erklärung nicht aus.

## 5. Auf ewig abgehängt? warum der globale Süden kaum aufholt

Die Länder im globalen Süden befinden sich heute in einer Situation, die an Deutschland oder Frankreich zu Beginn des 19. Jahrhunderts erinnert. Sie müssen versuchen, den technologischen Abstand zu verringern, der sie von den Industrieländern trennt.

Doch die Barriere scheint unüberwindlich. Ob Autos oder hochwertige Medikamente – die westlichen Maschinen erfordern einen enormen Kapitaleinsatz, den arme Länder nicht aufbringen können. Der globale Süden ist in einem Teufelskreis gefangen: Die Löhne sind so niedrig, dass es sich nicht lohnt, in Technik zu investieren. Aber weil die Produktivität nicht steigt, bleiben die Länder arm und die Löhne niedrig.[1]

Bangladesch ist ein gutes Beispiel: Dort sind rund vier Millionen NäherInnen damit beschäftigt, Kleidung für den Westen herzustellen. Sie alle sitzen an elektrischen Nähmaschinen – nutzen also im 21. Jahrhundert eine Technik, die im 19. Jahrhundert in Europa erfunden wurde. Theoretisch könnte man auch automatisierte Textilmaschinen aufstellen. Es ist kein Naturgesetz, dass Jeans per Hand geschneidert werden müssen. Aber diese Maschinen wären zu teuer, weil Arbeitskräfte in Bangladesch billig sind und der Mindestlohn nur 61 Dollar im Monat beträgt.[2] Manche Ökonomen meinen irrtümlichweise, dass die Textilindustrie notwendig eine »arbeitsintensive Branche« sei, die in Länder des globalen Südens ausgelagert worden wäre.[3] Tatsächlich ist es genau andersherum: Die Kleiderindustrie nutzt nur deswegen keine Maschinen, weil die Löhne in den armen Ländern so niedrig sind.

Dieser Teufelskreis lässt sich nur durchbrechen, wenn der Staat einsteigt und die Industrialisierung zentral steuert. Ob Japan, Taiwan, Südkorea oder China: Sie alle haben den westlichen Technikvorsprung innerhalb eines halben Jahrhunderts aufgeholt, weil ihre Regierungen die enormen Anfangsinvestitionen finanziert und geplant haben. Es war der Staat, der die Elektrizitätswerke, Hochöfen und Autofabriken in Auftrag gegeben hat. Gleichzeitig wurden oft Zollschranken errichtet, um die eigene Industrie vor den westlichen Produkten zu schützen. Die Asiaten sind im 20. Jahrhundert reich geworden, weil sie den westlichen Protektionismus des 19. Jahrhunderts kopiert haben.

Das Verhältnis von privaten Firmen und staatlicher Planung hat sich also gewandelt: Anfangs ist der Kapitalismus rein privat entstanden. Die ersten Textilfabrikanten in England wollten nur ihre Gewinne erhöhen, als sie Maschinen einsetzten, um Arbeitskräfte einzusparen. Aber je länger es den Kapitalismus gab und je weiter sich die Technik entwickelte, desto nötiger wurde staatliche Steuerung, wenn es Nachzüglern gelingen sollte, den Abstand aufzuholen. Die Japaner schufen daher das Planungsministerium MITI, das schon bald zum Mythos wurde, weil das japanische Pro-

Kopf-Einkommen zwischen 1950 und 1990 jährlich um 5,9 Prozent wuchs.[4] Andere Staaten kopierten dieses Konzept: In Taiwan plant das Industrial Technology Research Institute, in Israel das Office of the Chief Scientist und in Singapur die Agency for Science, Technology and Research.[5]

Allerdings wird es für den globalen Süden zunehmend schwer, die Industriestaaten einzuholen. Die heutigen Nachzügler sind mit einem Problem konfrontiert, das die Deutschen oder Franzosen vor 150 Jahren noch nicht hatten: Durch den technologischen Fortschritt müssen Fabriken immer größer werden, um rentabel zu arbeiten.

Die Automobilindustrie ist dafür ein gutes Beispiel. Die Pkw-Produktion ist so teuer, dass sie sich nur lohnt, wenn sehr viele Wagen gleichzeitig hergestellt und auf einem riesigen Markt abgesetzt werden können.[6] Die Chinesen sind also klar im Vorteil, weil sie über eine Bevölkerung von rund 1,4 Milliarden Menschen verfügen. Da ist es noch möglich, das eigene Land abzuschotten, um die heimischen Betriebe gegen die ausländische Konkurrenz zu schützen. Also erheben die Chinesen hohe Zölle, kontrollieren den Devisenhandel und verbieten manche Importe gänzlich.

Kleinere Länder können sich nicht abschotten, um ihre Fabriken zu schützen, weil ihre internen Märkte nicht groß genug sind. Also sitzen sie in der Falle. Sie sind auf den weltweiten Freihandel angewiesen, damit ihre Produkte die nötigen Abnehmer finden. Gleichzeitig begünstigt aber genau dieser Freihandel die etablierten Industrieländer, die technologisch überlegen sind und daher Konkurrenz nicht fürchten müssen.

Als Problem kommt hinzu, dass der technische Abstand immer größer wird, der die Industrieländer vom globalen

Süden trennt. Als die Europäer im 19. Jahrhundert versuchten, den ökonomischen Fortschritt der Briten aufzuholen, betrug die technologische Kluft zwischen den reichsten und den ärmsten Ländern höchstens vier zu eins, wie Ha-Joon Chang vorrechnet. Inzwischen hat sich der Abstand zwischen reichen Staaten wie den USA und den ärmsten Ländern wie Malawi oder Niger auf etwa 60 zu eins erhöht. Wenn es um die Produktivität ihrer Wirtschaft geht, hinken selbst Schwellenländer wie Brasilien fünf zu eins hinterher.[7]

Im 19. Jahrhundert war der technische Abstand noch so gering, dass die Europäer nur warten mussten, bis die britischen Maschinen billiger wurden. Zudem profitierten die Nachahmer davon, dass sie sich viele technische Umwege sparen konnten, die die Pioniere in England mühsam ausprobiert hatten. Amerikaner, Franzosen und Deutsche nutzten gleich die besten Maschinen und übersprangen diverse Entwicklungsstufen, wenn sie britische Erfindungen kopierten.[8] Doch dieser bequeme Weg ist jetzt versperrt, weil der technische Abstand viel zu groß ist, als dass der globale Süden aufholen könnte, indem er einfach auf dem westlichen Niveau einsteigt.

Daraus folgt nicht, dass der globale Süden in einer vorindustriellen Zeit verharren würde. Der Kapitalismus prägt die gesamte Welt, und oft sind auch in den ärmeren Ländern positive Folgen zu beobachten. Fast überall gehen jetzt auch Mädchen zur Schule,[9] fast alle Kinder sind gegen Polio oder Pocken geimpft, und mehr als 90 Prozent der Menschheit sind an eine Wasserversorgung angeschlossen.[10] Die meisten Erdbewohner besitzen ein Handy und haben damit Zugang zum Wissen der gesamten Welt. Der US-amerikanische Fortschrittsoptimist Andrew McAfee schreibt begeistert: »Ein

Massai-Kämpfer mitten in Kenia verfügt heute über besseren Mobilfunk als der US-Präsident vor 25 Jahren. Wenn er auf einem Smartphone googelt, hat er sogar Zugang zu mehr Informationen als der US-Präsident vor nur 15 Jahren.«[11]

Auch arme Länder können sich entwickeln und beeindruckende Fortschritte erzielen, wie etwa Bangladesch zeigt, das nach einem Bürgerkrieg gegen Pakistan 1971 unabhängig wurde. Damals gebar jede Frau im Durchschnitt sieben Kinder, die Lebenserwartung lag bei nur 52 Jahren, und die meisten Einwohner waren Analphabeten. Heute absolvieren fast alle Kinder die Grundschule, 60 Prozent der Mädchen und Jungen besuchen zudem die Sekundarschule. Die Lebenserwartung ist auf 74 Jahre gestiegen – und pro Frau kommen nur noch zwei Kinder zur Welt.[12]

Erstaunlich ist auch das Wirtschaftswachstum in Bangladesch: Seit 1994 liegt es kontinuierlich bei mehr als vier Prozent im Jahr und erreicht häufig sogar über sechs Prozent. Selbst zu Coronazeiten kam das Land auf ein Plus von 3,8 Prozent. Die Bangladescher sind inzwischen reicher als ihre Nachbarn in Indien. Korruption ist zwar weit verbreitet, und dennoch hat Bangladesch viel richtig gemacht: Es hat systematisch in Gesundheit, Bildung, Infrastruktur und Frauenrechte investiert.[13]

Der globale Süden kann also wohlhabender werden – aber es ist fast unmöglich, den reichen Norden technologisch und ökonomisch einzuholen. Um noch einmal auf Bangladesch zurückzukommen: Das Volkseinkommen lag 2020 umgerechnet bei 5.307 US-Dollar pro Kopf. Die Deutschen hingegen kamen auf 54.076 US-Dollar, sind also zehnmal so wohlhabend.[14]

Es ist ein weitverbreiteter Denkfehler zu glauben, dass der globale Süden nur in Bildung investieren müsste, damit es anschließend zu einer breiten Industrialisierung kommt. Bildung ist ein Menschenrecht, aber Wissen allein reicht nicht, um die eigene Wirtschaft zu entwickeln. Man muss die Wirtschaftsförderung angehen wie China, wo der Staat lenkt und den Binnenmarkt abschottet, damit die heimischen Fabriken nicht von der internationalen Konkurrenz zermalmt werden. Doch diesen Weg können nur noch sehr große Länder gehen, weil die neueste Technik riesige Fabriken und viele Kunden erfordert. Selbst Bangladesch mit derzeit 166 Millionen Einwohnern ist zu klein, um auf Protektionismus zu setzen.[15]

Der Kapitalismus hat also ein doppeltes Gesicht. Konsumgüter verbreiten sich weltweit; überall sind Autos, Handys, Internet oder Sneaker zu haben. Doch daraus folgt eben noch lange nicht, dass diese Güter auch überall produziert würden. Stattdessen beliefern wenige Länder die gesamte Erde. Wie es der Historiker Jürgen Osterhammel einmal ausdrückte: »Industrialisierung ist kein ›flächendeckend‹ globaler Prozess in Analogie zur Verbreitung des Fernsehens.«[16]

Europa und die USA können nichts dafür, dass sie sich zuerst industrialisiert haben und es den Nachzüglern nun so schwerfällt aufzuholen. Es ist ein historischer Zufall, dass der Kapitalismus überhaupt entstanden ist. Trotzdem ist der reiche Norden nicht gänzlich unschuldig, dass der globale Süden arm bleibt, denn es gäbe Strategien, um den Entwicklungsländern beizustehen. Zwei Sofortmaßnahmen wären besonders wichtig.

Erstens: Es muss einen weltweiten Mindestlohn für Exportprodukte geben.[17] Bisher werden die Beschäftigten im globalen Süden gnadenlos ausgebeutet, sodass in Deutschland T-Shirts schon für 2,70 Euro zu haben sind. Es würde die Bundesbürger nicht überfordern, wenn sie für ihre T-Shirts mindestens zehn Euro zahlen müssten. Dieses zusätzliche Geld würde schon reichen, damit NäherInnen weltweit genug verdienen könnten, um ihre Grundbedürfnisse zu befriedigen. Ein solcher Mindestlohn müsste für alle Länder einheitlich gelten, damit Bangladesch nicht gegen Kambodscha oder Laos ausgespielt werden kann. Das nötige Instrument existiert eigentlich schon: Im Juni 2021 hat der Bundestag das Lieferkettengesetz verabschiedet. Die deutschen Unternehmen müssen nun dafür sorgen, dass die Menschenrechte und Umweltstandards bei ihren Zulieferern im globalen Süden eingehalten werden. Bisher fehlt jedoch die Vorschrift, dass auch existenzsichernde Mindestlöhne zu zahlen sind.

Zweitens: Die Steueroasen müssen ausgetrocknet werden. Für die Mächtigen des Südens ist es noch immer möglich, ihr Land auszuplündern und das geraubte Geld im Norden zu verstecken. Ob Malta, Zypern, die Schweiz oder Großbritannien – die reichen Länder bieten gern ihre Dienste an, damit Potentaten ihre Untertanen bestehlen können. Hinzu kommt, dass die internationalen Unternehmen im globalen Süden hohe Umsätze machen, aber die Gewinne nach Hause transferieren und nicht vor Ort versteuern.[18] Das Ergebnis ist schockierend: Der arme Süden finanziert den reichen Norden, obwohl es umgekehrt sein müsste. Zwar fließen jährlich etwa 150 bis 200 Milliarden US-Dollar an Entwicklungshilfe, aber weit mehr Geld strömt aus den armen Ländern zurück in die wohlhabenden Staaten, weil Steuerflucht und Steuergestaltung weiterhin erlaubt sind.[19]

Übrigens würde auch der reiche Norden profitieren, wenn es dem globalen Süden besser ginge. Sobald weltweit die Kaufkraft steigt, lassen sich noch mehr Waren exportieren.[20] Der technische Fortschritt rentiert sich auch im Norden nur, wenn es überall Kunden gibt, die die vielen Waren abnehmen können. Der Kapitalismus beruht auf Massenkonsum, und daher müssen die Massen ordentlich Geld verdienen.

Kapitalismuskritiker kann dies nicht überzeugen. Auch sie berufen sich auf die Geschichte, erinnern an die Sklaverei und den kolonialen Imperialismus. Die Industrieländer seien nur reich, weil sie den Rest der Welt zu billigen Rohstofflieferanten degradieren konnten. Das klingt plausibel und ist moralisch völlig nachvollziehbar. Aber als ökonomische Analyse trifft es nicht zu.

## 6. Ausbeutung und Krieg sind nicht nötig – sondern schaden dem Kapitalismus

Es liegt nahe zu glauben, dass der Kapitalismus zwingend auf Ausbeutung beruht. Denn die englische Industrialisierung setzte just in dem Moment ein, als Millionen von Sklaven aus Westafrika nach Süd- und Nordamerika verschifft wurden. In den Südstaaten der USA bauten sie zudem genau jene Baumwolle an, die dann in Manchester oder Cromford zu Stoffen verarbeitet wurde. Also erscheint es logisch anzunehmen, dass die grausame Sklaverei nötig war, damit der globale Norden reich werden konnte.[1]

Doch so geradlinig diese Ursachenkette wirkt – die historische Realität war komplizierter. Sklaverei ist keine moderne Erfindung, die erst mit dem Kapitalismus entstanden wäre. Sie ist uralt. Seitdem der Mensch sesshaft ist, hat es auch Sklaven gegeben. Besonders ausgeprägt war die Sklaverei im antiken Griechenland und in Rom,[2] aber es gab sie auch auf Hawaii, in Indien, China und Korea, bei den Azteken in Mexiko oder den Maori in Neuseeland. Wer gerade überlegen war, nutzte diese Stärke aus: Europäische Christen versklavten Heiden, Wikinger überfielen Kontinentaleuropäer, russische Adelige verschleppten andere Slawen und unterdrückten zudem ihre eigenen Leibeigenen.[3] Nordafrikanische Piraten setzten europäische Fischer gefangen, während umgekehrt europäische Seeleute Nordafrikaner erbeuteten.[4]

Keine Region war jedoch so sehr von Menschenraub und Sklavenhandel geprägt wie Afrika. Ab dem Mittelalter lieferte der Kontinent etwa zehn Millionen Sklaven – lange bevor die ersten Europäer eintrafen.[5] Araber organisierten diesen Menschenhandel, und gleich mehrere Sklavenrouten waren damals wichtig: Quer durch die Sahara ging es vom heutigen Senegal nach Marokko sowie vom heutigen Nigeria, Niger und Tschad nach Libyen und Ägypten. Auf diesen Wüstenrouten wurden etwa vier Millionen Menschen verschleppt. Außerdem gab es eine Handelsroute entlang des Nils, auf der weitere zwei Millionen Sklaven nach Norden getrieben wurden. Über den Indischen Ozean wurden etwa vier Millionen Menschen aus Ägypten, dem Sudan und Äthiopien auf die Arabische Halbinsel und bis nach Indien verschifft.[6]

Dieser Sklavenhandel war nur möglich, weil im Islam die Bewohner des subsaharischen Afrika als »Heiden« galten, die keinerlei Rechte besaßen. Die eigentliche Menschenjagd übernahmen jedoch nicht Araber oder Berber, sondern Einheimische, die ihre Sklavenbeute dann an Karawanenhändler veräußerten.[7] Afrikaner machten Jagd auf andere Afrikaner, um sie anschließend an fremde Käufer auszuliefern – in diese Struktur haben sich die Europäer später eingeklinkt.[8]

Afrika war also kein Paradies, bevor die Portugiesen oder Briten eintrafen.[9] Trotzdem war die Sklaverei der Europäer mit den traditionellen Formen kaum zu vergleichen, denn in Süd- und Nordamerika wurden die gekauften Menschen vorrangig kommerziell genutzt – auf Plantagen in Kolonien. Diese Struktur der Sklaverei war ökonomisch völlig neu.

Zwischen dem 15. und 19. Jahrhundert sind geschätzt elf Millionen Sklaven in die »Neue Welt« transportiert worden. Hinzu kamen etwa 1,5 Millionen Menschen, die auf der Überfahrt gestorben sind.[10] Das wichtigste Zielgebiet war Brasilien, wo 5,53 Millionen Verschleppte von Bord gingen. 1,2 Millionen Afrikaner wurden nach Jamaika verkauft, 911.000 nach Saint-Dominique (heute Haiti), auf Kuba trafen 890.000 Sklaven ein und auf Barbados 608.000.[11]

Nordamerika hingegen war kein besonders wichtiges Ziel für die Sklavenhändler. In die USA sind etwa 472.000 Afrikaner verschleppt worden,[12] die zunächst vor allem auf Tabak- und Reisplantagen arbeiteten.[13] Die Baumwolle spielte anfangs fast gar keine Rolle und wurde erst im 19. Jahrhundert wichtiger, als die englischen Textilfabriken immer mehr Stoffe produzierten.[14] Die Sklaverei hat also nicht die englische Industrialisierung ermöglicht – sondern umgekehrt hat erst der Kapitalismus in England einen Markt für die Baumwolle geschaffen.

Die meisten Sklaven wurden ausgebeutet und entrechtet, um Luxusgüter herzustellen, die zwar sehr begehrt waren, die Industrialisierung aber nicht befördert haben. So waren fünf Millionen Sklaven auf den Zuckerplantagen in Südamerika und in der Karibik beschäftigt, weitere zwei Millionen schufteten auf den Kaffeeplantagen. Zwei Millionen waren Hausangestellte, und etwa eine Million Sklaven wurde im Bergbau ausgepresst, um vor allem Silber zu fördern.[15]

Sklaven waren nicht etwa billig, sondern sehr kostspielig, wie schon Adam Smith beobachtet hatte: »Die Erfahrung aller Epochen und Nationen zeigt, […] dass die Arbeit von Sklaven die teuerste ist, obwohl sie nur ihren Unterhalt zu kosten scheinen.« Denn verständlicherweise hätten Sklaven keinen Antrieb, sich anzustrengen oder die Werkzeuge pfleglich zu behandeln. »Ein Mensch, der kein Eigentum erwerben darf, kann kein anderes Interesse haben, als möglichst viel zu essen und möglichst wenig zu arbeiten«, schrieb Smith bereits 1776 in seinem Buch *Wohlstand der Nationen*.[16]

Die Plantagen machten zwar hohe Gewinne – aber diese Profite wurden nicht etwa wegen, sondern trotz der Sklaverei erwirtschaftet. Baumwolle, Tabak und Zucker waren so lukrative Produkte, dass man sich hierfür sogar die kostspielige Zwangsarbeit leisten konnte.[17] Der Anbau von Getreide hingegen war längst nicht so rentabel – weswegen es in den Nordstaaten der USA kaum Sklaven gab.[18] Stattdessen setzte man dort lieber auf Lohnarbeit, obwohl auch die freien Arbeiter sehr teuer waren, da sie stets damit drohen konnten, sich als eigenständige Bauern niederzulassen. Trotzdem rechneten sich die hohen Löhne, weil es noch teurer gewesen wäre, Sklaven zu beschäftigen.[19]

So paradox es klingen mag: Ausbeutung macht nicht reich. Diese Erfahrung mussten alle Kolonien machen, die auf Sklavenarbeit setzten. Brasilien blieb genauso rückständig wie Jamaika oder der US-Staat Mississippi. Einzelne Plantagenbesitzer wurden zwar sehr vermögend, aber insgesamt entwickelte sich die Volkswirtschaft nicht. Da die Sklaven entrechtet waren und keinen Lohn erhielten, fehlte die Massenkaufkraft, damit sich Technik rentierte. Es ist kein Zufall, dass sich nur der Norden der USA industrialisierte, wo es kaum Sklaven gab.

Der Kapitalismus ging also mit brutaler Gewalt einher, aber es wäre völlig falsch, ihn als »Kriegskapitalismus«[20] zu beschreiben. Die moderne Sklaverei war ein mörderisches Verbrechen, aber sie war ökonomisch nicht zwingend. Sie hat die Industrialisierung nicht befördert, sondern behindert. Auch das Schicksal Russlands zeigt, dass Ausbeutung keinen Wohlstand schafft: Die Zaren regierten über eine immense Landmasse von Warschau bis Alaska, aber ihr Staat blieb bitterarm, weil der Adel dominierte und die russischen Leibeigenen so entrechtet waren wie Sklaven.[21]

Die englische Industrialisierung beruhte also nicht direkt auf der Sklaverei, aber vielleicht gab es indirekte Kausalketten? Karl Marx hat die These von der »ursprünglichen Akkumulation« entwickelt, die bis heute viele Anhänger hat und die postuliert, dass es erst durch den Welthandel und die Kolonien in England genug Kapital gegeben hätte, um die neuen Fabriken hochzuziehen. Wortgewaltig und ironisch führt Marx aus: »Die Entdeckung der Gold- und Silberländer in Amerika, die Ausrottung, die Versklavung und Vergrabung der eingebornen Bevölkerung in die Bergwerke, die beginnende Eroberung und Ausplünderung von Ostindien, die Verwandlung von Afrika in ein Gehege zur Handelsjagd auf Schwarzhäute bezeichnen die Morgenröte der kapitalistischen Produktionsära. Diese idyllischen Prozesse sind Hauptmomente der ursprünglichen Akkumulation.«[22] Und weiter: »Das Kolonialsystem reifte treibhausmäßig Handel und Schiffahrt […] Den aufschießenden Manufakturen sicherte die Kolonie Absatzmarkt und eine durch das Marktmonopol potenzierte Akkumulation. Der außerhalb Europas direkt durch Plünderung, Versklavung und Raubmord erbeutete Schatz floss ins Mutterland zurück und verwandelte sich hier in Kapital.«[23] Ganze Städte würden ihre Existenz nur der Ausbeutung fremder Völker verdanken: »Liverpool wurde groß auf der Basis des Sklavenhandels. Es bildet seine Methode der ursprünglichen Akkumulation.«[24]

Auf den ersten Blick erscheint es plausibel, dass die Sklaverei indirekt einen riesigen militärisch-kommerziellen Komplex ermöglicht haben könnte: Sklavenschiffe wurden schließlich versichert, oft mit Bankkrediten finanziert, und die Matrosen erhielten ihre Löhne. Die Produkte aus den Kolonien wurden vermarktet und gehandelt; hinzu kamen beträchtliche Staatsausgaben, um die »Neue Welt« zu erobern und anschließend zu verteidigen.[25]

Doch bei näherer Betrachtung waren die finanziellen Effekte in England nicht besonders erheblich. Die Kaufleute in Bristol und Liverpool kamen im 18. Jahrhundert zwar auf eine Rendite von knapp zehn Prozent[26], mussten aber das Risiko tragen, dass ihre Schiffe samt Sklaven und Mannschaft verlustig gingen. Daher zogen es viele reiche Briten vor, in sichere Staatsanleihen zu investieren, die immerhin satte fünf Prozent abwarfen. Vor allem aber gab es kaum Sklavenschiffe: Im späten 18. Jahrhundert verfügten die Briten über mehr als 14.000 Hochseeschiffe, von denen nie mehr als 204 dazu dienten, Sklaven zu transportieren.[27]

Der Sklavenhandel war also eher ein ökonomisches Randphänomen, so zynisch das klingt, und kann nicht erklären, warum der Kapitalismus entstanden ist. Allerdings beschränkte sich der europäische Imperialismus nicht darauf, nur Zwangsarbeit einzufordern. Zugleich wurden Kolonien erobert, Silber- und Goldvorräte in Südamerika geplündert und die Rohstoffe der ganzen Welt ausgebeutet. Daher wird häufig vermutet, dass der Kapitalismus nur möglich war, weil er sich mit maximaler Brutalität fremde Schätze angeeignet hat.[28]

Wahr ist, dass die Europäer vor keiner Gewalt zurückschreckten, um andere Völker zu unterwerfen und neue Reiche zu gründen. Von den indigenen Bewohnern in Südamerika haben nur wenige überlebt; durch Krieg, Zwangsarbeit und Seuchen wurden bis zu 90 Prozent dahingerafft. Doch diese unfassbare Brutalität hat fast niemandem genutzt – noch nicht einmal den Portugiesen und Spaniern.

Die Eroberer erhofften sich gewaltige Reichtümer, als sie die großen Gold- und Silberschätze in ihren neuen Kolonien entdeckten, doch schon bald zeigte sich, dass das Edelmetall ein Fluch war. Spanien und Portugal wurden ärmer, nicht reicher, und bis heute sind beide Länder rückständig im Vergleich zum restlichen Westeuropa. Der eigene Abstieg blieb den Spaniern nicht lange verborgen. Bereits 1631 fragte sich der Erste Minister, der Herzog von Olivares, ob die Kolonien in Südamerika tatsächlich ein Segen waren: »Wenn diese großartigen Eroberungen dazu führen, dass die spanische Monarchie in einem derart desolaten Zustand ist, dann lässt sich vernünftigerweise folgern, dass das Königreich ohne diese Neue Welt weitaus mächtiger gewesen wäre.«[29]

In Nord- und Südamerika wurden bis 1800 geschätzte 130.000 bis 150.000 Tonnen Silber gefördert.[30] Diese Menge wirkt zwar gigantisch, hat aber in Europa kein Wachstum ausgelöst. Denn das Silber floss in großen Mengen nach Ostasien ab, um Luxusgüter zu finanzieren. Chinesen und Inder waren nämlich an europäischen Waren nicht interessiert, die sie als rückständig und krude empfanden. Die Asiaten waren nur bereit, Seide, Gewürze oder Porzellan zu liefern, wenn sie im Gegenzug Silber erhielten.[31]

Wie unwichtig die südamerikanischen Silberfunde für die europäische Gesamtwirtschaft waren, zeigt auch ein anderer Vergleich: Pro Europäer erhöhte sich die Silbermenge um drei bis 4,5 Gramm – im Jahr. Das ist fast nichts, denn ein Arbeiter in London verdiente *täglich* 11,5 Gramm Silber.[32]

Das Silber aus der Neuen Welt hat Europa nicht vorangebracht, Spanien und Portugal aber schwer geschadet. Der ständige Zufluss an neuen Geldmitteln löste in beiden Ländern eine Dauerinflation aus, sodass spanische und portugiesische Waren deutlich teurer wurden. Die reiche Oberschicht orderte daher lieber im billigeren Ausland – was vor allem Frankreich, den Niederlanden und England zugutekam. Die heimische Wirtschaft hingegen verlor ihre Kunden und wurde abgehängt, was bis heute spürbar ist.

Allerdings gab es auch Kolonien, die nicht auf Sklaverei beruhten und auch kein Silber lieferten – sondern vor allem Agrarrohstoffe zu produzieren hatten. Dazu gehörte Indonesien, das von den Niederländern mehr als drei Jahrhunderte lang brachial ausgeplündert wurde. Von 1600 bis 1942 musste das Inselreich einen weitaus größeren Teil seiner Wirtschaftsleistung abliefern, als etwa Großbritannien von Indien verlangte. Wenn man die Einwohnerzahl berücksichtigt, war der Kolonialhandel für die Niederländer wichtiger als für jede andere Nation. Trotzdem wurden auch die Holländer nicht dauerhaft reich. Ab dem 18. Jahrhundert stagnierte ihre Wirtschaftsleitung pro Kopf,[33] und sie industrialisierten sich erst spät. Die Niederländer wurden zu Nachzüglern, obwohl sie lukrative Kolonien besaßen. Da lange Zeit niemand Platz für Neues brauchte, blieben immerhin die barocken Innenstädte in Amsterdam oder Haarlem erhalten – was sie heute zu beliebten Touristenzielen macht.

Auch die Briten waren brutale Kolonialherren, benötigten diese Besitzungen aber kaum. Ab 1770 kam es in Bengalen zu einer katastrophalen Hungersnot, bei der Millionen Menschen starben und an der die Britische Ostindien-Kompanie die Hauptschuld trug.[34] Von diesen Verbrechen profitierten zwar einige Kolonialbedienstete,[35] aber für die britische Gesamtwirtschaft war Indien nicht wichtig: Im 18. Jahrhundert machten die Exporte in die nicht europäischen Länder nur etwa zwei bis drei Prozent der englischen Wirtschaftsleistung aus.[36]

Umgekehrt zeigt die Schweiz, dass sich ohne Kolonien bestens leben lässt: Das kleine Land liegt bekanntlich nicht am Meer und verfügte auch nie über überseeische Besitzungen. Trotzdem begannen die Eidgenossen früher als die Holländer, die Briten zu imitieren und eine eigene Industrie aufzubauen.[37]

Die Kolonien lieferten keine essenziellen Rohstoffe für die Industrie, sondern vor allem Luxuswaren – also Zucker, Kaffee, Kakao, Tee, Gewürze oder Seide. Über die lebenswichtigen Güter verfügte Europa nämlich selbst und war bis zu Beginn des 20. Jahrhunderts weitgehend autark. Kohle stand im Überfluss zur Verfügung, aber auch Getreide gab es reichlich.[38] Baumwolle war zwar komfortabler als Leinen oder Wolle, doch zur Not wäre Europa auch ohne die Textilfasern aus Übersee ausgekommen.

Intuitiv klingt es plausibel, dass man nur reich sein kann, wenn andere arm sind. Doch dahinter verbirgt sich ein fundamentaler Denkfehler, den schon Adam Smith 1776 aufgespießt hat. Der Philosoph musste sich damals mit den Ängsten seiner Mitbürger herumschlagen, dass das europäische Festland ebenfalls eine eigene Industrie entwickeln und ein mächtiger Konkurrent werden könnte. Smith erklärte daher seinen Landsleuten, dass eine Exportnation nur exportieren kann, wenn auch das Ausland wohlhabend ist: »Eine Nation, die durch den Außenhandel reich werden will, kann dies am ehesten erreichen, wenn auch alle ihre Nachbarn reiche, fleißige und kaufmännische Nationen sind. Eine große Nation, die auf allen Seiten von wandernden Wilden und armen Barbaren umgeben ist, kann zweifellos Reichtum erlangen, indem sie ihre eigenen Ländereien bewirtschaftet und den Binnenhandel fördert, aber nicht durch Exporte.«[39]

Der Kapitalismus ist kein Nullsummenspiel, bei dem nur gewinnen kann, wer andere unterdrückt und ausbeutet. Alle werden umso reicher, je reicher jeder Einzelne ist. Man wächst gemeinsam. Wer heute glaubt, Europa hätte Kolonien benötigt, um sich zu entwickeln,[40] wiederholt den Irrtum der Kolonialherren. Ohne es zu wollen, adeln die Kritiker die Ausbeutung, wenn sie postulieren, dass Gewalt zwingend war, damit der Kapitalismus entstehen konnte. Die Realität ist viel bitterer: Die brachiale Knechtung anderer Völker war ökonomisch völlig sinnlos; mühelos hätte man auf die Gewalt verzichten können, ohne die eigene Entwicklung zu beeinträchtigen.

Europa hatte nicht etwa Kolonien, weil seine Wirtschaft sonst kollabiert wäre. Stattdessen war es genau andersherum: Die Kolonien gab es nur, weil sich die Europäer eine weltweite Expansion ökonomisch leisten konnten. Diese seltsame Dynamik wurde im späten 19. Jahrhundert besonders deutlich, als es zu einem neuen Schub der kolonialen Unterwerfung kam. Nun wurden auch Afrika sowie weitere Teile Asiens zwischen den europäischen Mächten aufgeteilt. 1880 kontrollierten die Kolonialmächte 25 Millionen Quadratkilometer, 1913 waren es 53 Millionen.[41] Auch Deutschland eignete sich ab 1884 erstmals umfangreiche[42] Kolonien an. Dazu gehörten unter anderem das heutige Namibia, Kamerun, Togo, Ruanda, Burundi sowie große Gebiete in Tansania und einige Inseln im Pazifik.

Die Deutschen gingen äußerst brutal vor und schreckten selbst vor systematischem Völkermord nicht zurück. Von 1904 bis 1907 führten sie einen Vernichtungskrieg gegen die Herero und Nama im heutigen Namibia: Selbst auf Frauen und Kinder wurde geschossen, es gab Konzentrationslager für die Gefangenen, und die Aufständischen wurden gnadenlos in die Omaheke-Wüste zurückgetrieben. Vor dem Krieg hatte es etwa 80.000 Herero gegeben, 1911 wurden nur noch 15.000 gezählt. Die Nama-Bevölkerung von einst 20.000 Menschen wurde etwa halbiert.[43] Auch in Ostafrika gingen die Deutschen über Leichen: Im Maji-Maji-Krieg von 1905 bis 1908 starben fast 300.000 Afrikaner, die zu einem großen Teil verhungerten, weil die Deutschen ihre Felder und Dörfer zerstört hatten.[44]

Diese Brutalität war beispiellos, aber ökonomisch blieben die Kolonien ein permanentes Zuschussgeschäft für das Deutsche Reich. Die Militärkosten waren erheblich, während der Handel mit den unterdrückten Gebieten überhaupt nicht florierte. Die Importe aus den Kolonien machten ganze 0,5 Prozent des deutschen Außenhandels aus, die Exporte beliefen sich auf ein Prozent.[45]

Reichskanzler Bismarck wusste, dass die Kolonien nur

Kosten produzieren würden, weswegen er lange gezögert hatte, deutsche »Schutzgebiete« zu etablieren. Am Ende waren für ihn nicht ökonomische, sondern politische Motive entscheidend: Bismarck wollte von den sozialen Konflikten in Deutschland ablenken, indem er Arme und Arbeiter auf das Ziel nationaler Größe einschwor.[46]

Diese Strategie war nicht nur zynisch, sondern auch kostspielig. Deutschland konnte sich die weltweite Expansion nur leisten, weil die Industrialisierung längst lief und sich der teure Imperialismus finanzieren ließ. Zudem war die Schifffahrt revolutioniert worden. Auch auf langen Strecken konnte jetzt die Dampfkraft eingesetzt werden,[47] sodass es nun viel einfacher war, Soldaten in die ganze Welt zu transportieren und selbst entlegene Inseln zu kontrollieren. Der Kapitalismus hat die Kolonien möglich gemacht – nicht umgekehrt.

Für die Kolonien war die permanente Unterdrückung fatal. Bis heute können sie sich nicht richtig entwickeln, weil die Europäer eine soziale Hierarchie etabliert haben, die jeden Fortschritt hemmt. Südamerika ist ein gutes Beispiel: Der Reichtum konzentriert sich bei wenigen Plantagenbesitzern und ihren Nachkommen sowie einer weißen Oberschicht, während der Rest der Bevölkerung arm geblieben ist. Die Löhne waren stets so niedrig, dass sich Maschinen nicht lohnten und eine breite Industrialisierung ausblieb.

Der sinnlose Imperialismus war allerdings auch für Europa verheerend. Der Wettlauf um die Kolonien war ein wesentlicher Grund, warum 1914 der Erste Weltkrieg ausbrach. Diese Katastrophe hatten deutsche Generäle zu verantworten, nicht Unternehmer.[48] Die meisten Firmenchefs konnten sich nicht vorstellen, dass es tatsächlich zu einem Krieg kommen würde. Die europäische Wirtschaft war extrem vernetzt, alle Länder waren durch Importe und Exporte eng verbunden. Selbst der Sieger würde verlieren, weil es den Wohlstand vernichten würde, diese Liefer- und Kreditketten zu unterbrechen. Die Unternehmer vertrauten ihrer monetären Logik: Da ein Krieg so teuer wäre, hielten sie ihn für unmöglich.[49]

Während die Diplomaten ihre Drohdepeschen austauschten, blieb es an den Börsen ruhig, und der Aktienhandel lief normal weiter. Noch eine Woche vor Kriegsausbruch konnten viele Investoren nicht glauben, dass es zu einer militärischen Konfrontation kommen würde. Erst am 27. Juli 1914 wurden die Anleger so nervös, dass die Wiener Börse schließen musste. Bis zum 30. Juli folgten alle anderen Börsen in Kontinentaleuropa, und am 31. Juli machten auch London und New York dicht. Nur einen Tag später, am 1. August, begann der Weltkrieg, den die meisten Unternehmer nicht hatten kommen sehen.

Krieg ist immer ein schlechtes Geschäft, obwohl viele Linke meinen, dass der Kapitalismus militärische Expansionen zwingend benötigen würde, um Gewinne einzufahren. So schreibt etwa Sahra Wagenknecht: »Kapitalismus und Krieg sind zwei Seiten einer Medaille […] Das Nutzen militärischer Mittel, um die eigene wirtschaftliche Position zu verbessern, den Zugang zu Ressourcen zu sichern und ihre Ausbeutung zu ermöglichen, ist eine Konsequenz der kapitalistischen Logik. Der französische Sozialist Jean Jaurès hat es treffend formuliert: ›Der Kapitalismus trägt den Krieg in sich wie die Wolke den Regen.‹«[50]

Wagenknecht irrt jedoch, dass sich Rohstoffe nur militärisch erlangen ließen. Es geht viel billiger: Man kauft sie einfach. Kriege sind bei Weitem die teuerste Methode, um sich etwa Öl zu sichern. Der Ökonomie-Nobelpreisträger Joseph Stiglitz hat für den Irakkrieg errechnet, wie kostspielig diese Invasion für die USA war. Der Einmarsch in das ölreiche Land hatte 2003 begonnen und nach fünf Jahren bereits drei Billionen Dollar verschlungen[51] – mit diesem Geld hätten die Amerikaner 27 Jahre lang ihre Ölimporte bezahlen können.[52]

Der Kapitalismus benötigt Frieden, nicht Krieg. Wenn es aber zum Konflikt kommt, wird er im Kapitalismus mit kapitalistischen Mitteln geführt: Die Technik wird zur Waffe, und das Töten geschieht industriell. Dabei kann es zu enormen Entwicklungssprüngen kommen, was sich im Ersten Weltkrieg besonders markant zeigte. 1914 marschierten die Deutschen in Belgien noch mit Pferden ein; 1918 verfügten alle Kriegsparteien über U-Boote, Flugzeuge und Giftgas.[53]

Kriege können technische Entwicklungen beschleunigen, doch folgt daraus umgekehrt nicht, dass die meisten Erfindungen allein dem Militär zu verdanken wären. Ausgerechnet die Stahlindustrie, wichtig für jede Waffe, hat ihre größten Fortschritte in Friedenszeiten verzeichnet.[54] Im Ersten Weltkrieg hingegen kam es zu keinen Neuerungen, was die Branche selbst erstaunt hat. In einer Denkschrift von 1918 heißt es selbstkritisch, »dass die deutsche Eisenindustrie in den letzten 15 Jahren in wissenschaftlicher Hinsicht sowohl in der Verbesserung ihrer Qualitäten wie in der weiteren Ausnutzung der Nebenprodukte kaum nennenswerte Erfolge erzielt hat«[55].

Viele Linke dürften irritiert sein, dass der Kapitalismus keine niedrigen Löhne, keine Ausbeutung, keine Kolonien und keinen Krieg benötigt. Doch eigentlich ist dies eine gute Nachricht für alle, die auf mehr Gerechtigkeit hoffen. Wäre der Kapitalismus tatsächlich nur als brachiales Unterdrückungssystem denkbar, müsste zunächst eine gewaltsame Revolution stattfinden, um Verbesserungen durchzusetzen. Zum Glück ist ein Umsturz gar nicht nötig, politische Reformen reichen schon. Der Kapitalismus hat die Demokratie ermöglicht – und lässt sich demokratisch steuern.

Damit soll nicht gesagt sein, dass der Kapitalismus automatisch gerecht wäre und stets Wohlstand für alle erzeugen würde. Die Reformen müssen erkämpft werden – nicht zuletzt weil viele Kapitalisten gar nicht verstehen, wie der Kapitalismus funktioniert. Die meisten Unternehmer glauben, dass Löhne nur Kosten seien. Sie ignorieren, dass genau diese Löhne die nötige Nachfrage schaffen und dass die Firmen nur expandieren können, wenn zugleich die Kaufkraft der Massen steigt. Die Unternehmer müssen also zu ihrem Glück gezwungen werden und sollten daher dankbar sein, dass es die Gewerkschaften gibt, die beständig für höhere Löhne streiten. Es ist nicht übertrieben: Die Gewerkschaften sind die Retter des Kapitalismus.

Der Kapitalismus ist faszinierend, weil er Wachstum und Wohlstand erzeugen kann. Aber leider benötigt er diese Expansion auch, um stabil zu sein und nicht in Krisen zu schlittern. Dieser Wachstumszwang kollidiert jedoch mit dem begrenzten Planeten Erde: Unendliches Wachstum ist in einer endlichen Welt nicht möglich.

# 7. Expansion oder Kollaps: warum der Kapitalismus wachsen muss

Die Weltwirtschaft wuchs zuletzt durchschnittlich um 2,8 Prozent im Jahr.[1] Dies klingt harmlos, ist aber furchterregend. Denn aus dieser Rate folgt, dass sich die globale Wirtschaftsleistung alle 26 Jahre verdoppelt. Bis zum Jahr 2100 wäre die Warenflut dann um das 16-Fache gestiegen im Vergleich zur Jahrtausendwende.[2] Auch Nichtökonomen sehen sofort ein, dass dieses Wachstum nicht andauern kann. Dafür ist die Erde schlicht zu klein. Oder wie es der US-amerikanische Schriftsteller Edward Abbey einst ausdrückte: »Wachstum um des Wachstums willen ist die Ideologie der Krebszelle.«[3]

Schon jetzt konsumieren Deutsche, Österreicher und Schweizer, als könnten sie drei Planeten verbrauchen. Andere Weltbewohner gehen sogar noch rabiater mit der Natur um: Die US-Amerikaner, Kanadier und Australier verprassen bereits fünf Planeten.[4] Die Natur ist nur deswegen noch nicht vollends kollabiert, weil die ärmeren Länder kaum Treibhausgase ausstoßen. So emittiert ein Bürger von Malawi im Durchschnitt ganze 0,1 Tonnen $CO_2$ pro Jahr, ein Deutscher aber 11,3 Tonnen.[5]

Die reichen Länder müssen ihren Lebensstil ändern. Doch

leider ist es gar nicht einfach, auf Wachstum zu verzichten. Die Finanzkrise ab 2007 war dafür lehrreich. Kaum sank die Produktion, wurden umfangreiche Konjunkturpakete aufgelegt, um Arbeitsplätze zu retten. Sogar Umweltsünden waren plötzlich erlaubt, um die Wirtschaft anzukurbeln. Wer ein neues Auto anschaffte, erhielt eine staatliche »Abwrackprämie« von 2.500 Euro. 1,75 Millionen Deutsche nutzten dieses Schnäppchen und entsorgten ihre alten Fahrzeuge, die meist noch gut in Schuss waren. Vorsätzlich wurde Müll erzeugt, damit das Wachstum nicht stockte. Ähnlich war es in Österreich, wo eine »Schrottprämie« von 1.500 Euro dafür sorgte, dass 30.000 Neuwagen einen Käufer fanden. Selbst Kapitalismuskritiker akzeptierten diesen Umweltfrevel: »Aus kurzfristiger Sicht war das durchaus sinnvoll, um nicht Menschen entlassen zu müssen und wichtige Produktionskapazitäten zu erhalten.«[6]

Die Eurokrise ab 2010 zeigte dann erneut, wie schnell Armut einsetzt, wenn das Wachstum ausbleibt. In Griechenland schrumpfte die Wirtschaft um 18,7 Prozent[7] – ein trauriger Rekord in Friedenszeiten. Ein Drittel aller Unternehmen verschwand für immer, und zwischenzeitlich waren 27 Prozent der Griechen arbeitslos. Sie stürzten oft in hoffnungslose Armut, weil es in Griechenland keine Sozialhilfe gibt und die Arbeitslosenversicherung nur ein Jahr lang zahlt. Bis heute hat sich die griechische Wirtschaft nicht völlig erholt, sodass der Nachwuchs das Land verlässt: 400.000 junge Griechen arbeiten inzwischen in anderen europäischen Staaten, 69 Prozent davon sind Akademiker.[8]

Auch in der Coronakrise ließ sich erleben, wie hart das Schrumpfen ist. Als das Virus ab Januar 2020 weltweit grassierte, wurde Undenkbares real: Plötzlich flogen keine Flugzeuge mehr, die globalen Lieferketten brachen zusammen, der Ausstoß an Treibhausgasen sank rapide, und Öl wurde zur Ramschware. Die Globalisierung war zwischenzeitlich genauso beendet wie der ungebremste Kapitalismus.

Trotzdem zeigte die Coronakrise nicht, wie man den Kapitalismus verlassen kann[9] – sondern bewies im Gegenteil, dass unser Wirtschaftssystem zum Wachstum verdammt ist. Die Lockdowns dauerten in den meisten Ländern nur wenige Wochen, und dennoch belaufen sich die Coronaschäden nun auf Billionen Dollar. Viele Unternehmen wären pleite und fast alle Beschäftigten arbeitslos, wenn die Industriestaaten nicht immense Hilfsprogramme aufgelegt hätten, um die Wirtschaft zu stabilisieren.

Der Trick bestand darin, einfach neues Geld zu »drucken«, indem die Staaten Kredite aufnahmen. Die EU mobilisierte mehr als eine Billion Euro. Zusätzlich gab Deutschland etwa 500 Milliarden Euro aus, in Österreich waren es 70 Milliarden Euro[10] und in der Schweiz 40 Milliarden Franken[11]. Es ist unmöglich, diese gigantischen Schulden zu tilgen und zurückzuzahlen. Stattdessen setzt man auf Wachstum. Sobald die Wirtschaftsleistung steigt, verlieren die Schulden an Relevanz – bis sie irgendwann vergessen sind.

Der Kapitalismus ist nur stabil, solange er wächst. Daher wird er gern mit einem Fahrrad verglichen, das auch umfällt, sobald es sich nicht mehr bewegt.[12] Aber wie genau entsteht dieser Wachstumszwang? Es mag ja einleuchten, dass eine schrumpfende Wirtschaft unschön ist, weil Unternehmen dann Konkurs anmelden müssen und Menschen ihre Arbeit verlieren. Aber warum kann der Kapitalismus nicht wenigstens stagnieren? Warum muss er permanent expandieren und immer neue Umweltschäden anrichten?

Eine Antwort lautet: Wachstum kann nur entstehen, wenn Kredite aufgenommen werden – aber genau diese Darlehen lassen sich anschließend nur zurückzahlen, wenn es weiteres Wachstum gibt. Es ist kein Zufall, dass der Kapitalismus gleichzeitig eine Geldwirtschaft ist. Er wird durch Kredite angetrieben.

Diese permanente Spirale von Kredit und Wachstum hat der Schweizer Ökonom Mathias Binswanger plastisch am Beispiel einer fiktiven Fischerinsel erläutert.[13] Am Anfang besitzen die Fischer nur kleine Holzboote. Ihren Fang verkaufen sie an andere Inselbewohner – dafür decken sie sich im Gegenzug mit Lebensmitteln ein oder gehen in die Kneipe. Es handelt sich also um eine Kreislaufwirtschaft, die nicht wächst. Doch dann kommt eine neue Regierung an die Macht, die eine internationale Unternehmensberatung beauftragt, die Wachstumsmöglichkeiten der Insel auszuloten. Die Ökonomen empfehlen, dass die Fischer in neue Motorboote investieren sollten, um ihre Fanggebiete deutlich zu erweitern. Gleichzeitig würde sich ihre Produktivität wesentlich erhöhen, weil sie in der gleichen Arbeitszeit viel mehr Seegetier fangen könnten. Die Fischer lassen sich überzeugen und nehmen einen Kredit auf, um das neue Motorboot zu finanzieren. Durch diesen Auftrag haben die Bootsbauer zusätzliches Einkommen und gehen unter anderem häufiger in die Kneipe. Das zusätzliche Geld kommt also indirekt der gesamten Insel zugute. Allerdings sind diese neuen Einkommen auch nötig, damit die Fischer Käufer für ihre zusätzlichen Fische finden und das Darlehen wieder tilgen können. Plötzlich wächst die Wirtschaft der Insel: Es werden mehr Boote gebaut, mehr Biere gezapft und mehr Fische gefangen – dank des Kredits.

Diese kleine Geschichte wirft sofort Fragen auf. Die erste ist: Ist ein Kredit überhaupt nötig? Könnten die Fischer nicht so lange sparen, bis sie den Kaufpreis des Motorboots beisammenhaben? Nein. Es mag erstaunlich klingen, aber es wäre keine gute Idee, wenn die Fischer erst einmal Geld beiseitelegten. Sparen macht eine Volkswirtschaft arm, nicht reich. Man stelle sich einmal vor, die Fischer würden die Bootskosten zusammenkratzen, indem sie nicht mehr in die Kneipe gehen. Dann würde das Einkommen der Wirte sofort schrumpfen, und sie könnten keine Fische mehr kaufen. Da die Erlöse der Fischer nun sinken, könnten sie sich ein neues Motorboot sowieso nicht mehr leisten. Stattdessen wären ihre Einkünfte jetzt so mager, dass sie ihre traditionellen Boote lieber selbst reparieren und keine Handwerker mehr beschäftigen. Nun könnten sich die Bootsbauer keine Fische mehr leisten, und die Fischer würden noch ärmer. Sparen ist also extrem gefährlich, weil plötzlich die Nachfrage fehlt.

Es mag überraschend wirken, dass Sparen schädlich sein soll. Denn jede Einzelne fühlt sich reicher, wenn sie Geld zurücklegt und das Guthaben auf dem eigenen Konto wächst. Doch darf man Betriebswirtschaft und Volkswirtschaft nicht verwechseln. Einige Familien oder Unternehmen dürfen ruhig sparen – aber nicht alle gleichzeitig. Das Geld auf dem Konto behält nur seinen Wert, wenn andere Darlehen aufnehmen, um zu investieren.

Wachstum lässt sich nur durch Kredite finanzieren, nicht durch Ersparnisse. Aber woher stammt das neue Geld? Die Antwort ist so simpel wie komplex: Es entsteht »aus dem Nichts«, wenn ein Darlehen vergeben wird. Um diesen Mechanismus besser zu verstehen, hilft eine kleiner historischer Exkurs.[14]

Es ist unbekannt, seit wann die Menschen Geld benutzen. Sicher ist nur, dass die ersten Kreditverträge aus Mesopotamien stammen und über 4.000 Jahre alt sind. Die Recheneinheit war damals der Silberschekel, der noch nicht als Münze kursierte, sondern abgewogen werden musste, wobei ein Schekel etwa 8,5 Gramm Silber entsprach.[15]

Doch obwohl Babylonier und Assyrer noch keine Münzen kannten, wussten sie schon ganz genau, wie man Kredite vergibt und den Zinseszins berechnet. Die Darlehen dienten unterschiedlichen Zwecken: Manche waren dazu gedacht, den Fernhandel etwa mit Anatolien zu finanzieren. Andere nutzten die Notlage von Kleinbauern aus, die sich nach Dürren Getreide leihen mussten, um ihre Familie bis zur nächsten Ernte zu ernähren. Diese Kreditverträge und Schuldscheine sind die ältesten Dokumente der Menschheit. Die Schrift wurde nicht etwa erfunden, um Literatur zu verfassen, sondern um kommerzielle Absprachen festzuhalten.

Bereits die Assyrer kamen auf eine Idee, die ungemein modern wirkt: Sie nutzten die Schuldscheine als Zahlungsmittel. Die Kaufleute warteten nicht ab, bis ein Kredit fällig wurde, um dann das Geld einzutreiben. Dies hätte ihre kargen Mittel viel zu lange gebunden. Stattdessen reichten sie die Schuldscheine an andere Kaufleute weiter, um damit eigene Verpflichtungen zu begleichen.[16] Wenn der Kredit dann fällig wurde, ging der letzte Inhaber mit dem Dokument zu jener Person, die anfangs das Darlehen erhalten hatte und es nun zurückzahlen musste. Mit diesem Kreisverkehr der Schuldscheine war das sogenannte »Kreditgeld« geboren, das in dem Moment entsteht, in dem ein Darlehen vergeben wird.[17] Wird der Kredit zurückgezahlt, verschwindet das Geld auch wieder.

Schuldscheine sind inzwischen aus der Mode gekommen, stattdessen nutzen die Banken heute Girokonten, um Geld zu schöpfen. Aber das Prinzip ist immer noch das gleiche: Neues Geld entsteht in dem Moment, in dem ein Darlehen vergeben wird. Dieses Verfahren lässt sich leicht am Beispiel eines Überziehungskredits verstehen. Man stelle sich einmal vor, dass Bankkundin Musterfrau genau null Euro auf ihrem Girokonto hat, aber ganz dringend ein neues Fahrrad braucht. Diese Anschaffung kann sich Musterfrau mühelos leisten, weil ihr die Bank erlaubt hat, das Konto zu überziehen. Also überweist Musterfrau 1.000 Euro an ihren Fahrradhändler, und genau in diesem Moment bucht die Bank ein Minus von 1.000 Euro auf Musterfraus Konto, die nun entsprechende Schulden hat. Plötzlich sind 1.000 neue Euros in der Welt – durch ein Bankdarlehen, das genauso neu ist. Geld und Kredit entstehen immer zusammen.

Ohne Kreditgeld könnte es kein Wachstum geben. Umgekehrt folgt daraus jedoch nicht, dass Geld allein schon reichen würde, damit die Wirtschaft expandiert. Auch die Assyrer besaßen schon das moderne Geld, lebten aber trotzdem in einer stagnierenden Agrarwirtschaft. Wachstum entsteht erst, wenn Arbeitskräfte so teuer sind, dass sich Maschinen lohnen.

Doch zurück zu den Fischern: Warum muss sich die Wachstumsspirale auf der Insel immer weiterdrehen? Theoretisch wäre es doch vorstellbar, dass sich die Fischer mit einigen Motorbooten begnügen und irgendwann in Rente gehen, statt immer weiter auf dem Meer zu schuften. Warum ist es nicht möglich, ein bisschen Wachstum zu genießen – und dann wieder auszusteigen?

Auch diesen Fall hat Binswanger durchgespielt: Würden

die Fischer plötzlich keine Schiffe mehr ordern, fehlten diese Einnahmen bei den Bootsbauern, die die Arbeiter wieder entlassen müssten, die sie inzwischen eingestellt haben. Also würden weniger Biere in den Kneipen gezapft und weniger Fische gekauft – die Wirtschaft schrumpft.

Der Kapitalismus ist ein dynamisches System. Er muss wachsen, um einen Absturz zu vermeiden. Krisen kommen zwar vor, aber sie gehen auch wieder vorüber, weil Staat und Unternehmer auf neues Wachstum hoffen – und deswegen investieren.

Unternehmer investieren jedoch nur, wenn sie zusätzliche Profite erwarten. Jeder weiß, was ein Gewinn ist: Er ergibt sich, wenn die Erlöse größer als die Kosten sind. Das klingt harmlos, ist es aber nicht. Denn in einer Volkswirtschaft können die gesamten Einnahmen nur über den gesamten Ausgaben liegen, wenn von außen Geld zufließt. Die Gewinne werden also aus den Krediten finanziert, die gleichzeitig das Wachstum ermöglichen.[18]

Profite sind auch deswegen nötig, weil die Unternehmen sonst gar keine Kredite bekämen. Banken wollen sichergehen, dass Darlehen zurückgezahlt werden – was nicht möglich wäre, wenn Betriebe Verlust erwirtschaften. Im Kapitalismus sind also Kredite, Investitionen, Gewinne und Wachstum engstens miteinander verwoben. Bleibt das Wachstum dauerhaft aus, bricht das System zusammen. Die Wirtschaft schrumpft, bis nur noch ärmliche Selbstversorgung übrig bleibt.

Um Missverständnisse zu vermeiden: Der Wachstumszwang wird durch die Kredite ausgelöst, weil sie getilgt werden müssen. Die Zinsen sind nicht das Problem, wie viele Wachstumskritiker meinen, die gern folgende Horrorrechnung aufmachen: »Bei einem Zinssatz von einem Prozent verdoppelt sich ein Vermögen – durch Zins und Zinseszins – in 72 Jahren, bei drei Prozent in 24 Jahren, bei sechs Prozent in zwölf Jahren und bei 24 Prozent in drei Jahren.«[19] Diese Zinsspirale würde einen »krankhaften Wachstumszwang« auslösen, glaubte etwa Margrit Kennedy, die zu den VordenkerInnen der Zinskritik gehörte. »Der Zins, den die Bank verlangt, ist der wichtigste Preis in unserer Wirtschaft. Der Preis für Geld. Er setzt die unterste Grenze für das, was wir als ›wirtschaftlich‹ betrachten. Deshalb hat die Wirtschaft keine Wahl: Sie muss ein exponentielles Wachstum anstreben.«[20]

Auf den ersten Blick wirkt die Logik zwingend: Betriebe müssen Gewinne machen, damit sie die Kreditzinsen zahlen können – also seien Zinsen die eigentlichen Wachstumstreiber. Doch diese Sicht verharrt zu sehr auf der Ebene der einzelnen Firmen und verliert die Gesamtwirtschaft aus dem Blick. Wieder werden Betriebs- und Volkswirtschaft verwechselt.

Für das einzelne Unternehmen sind die Kreditzinsen zwar Kosten, aber dieses Geld wird von den Banken nicht gehortet und im Tresor gebunkert. Stattdessen dienen die Zinsen vor allem dazu, die Aufwendungen der Kreditinstitute abzudecken. Die Banken bezahlen damit ihre Mitarbeiter und die eigene Infrastruktur, also Computer oder Gebäude. Die Zinsen werden zu Löhnen der Kundenberater, die wiederum Mieten überweisen, in die Kneipe gehen oder in den Urlaub fahren. Zinsen sind zwar Kosten für jene Firmen, die einen Kredit aufnehmen, führen aber bei anderen Unternehmen zu Erträgen. Gesamtwirtschaftlich finanzieren sich die Zinsen selbst.[21]

Bleibt ein letzter Aspekt, der das Wachstum ständig anheizt: In vielen Branchen herrscht gnadenloser Wettbewerb. Die Firmen müssen ständig in neue Maschinen investieren, um mit weniger Personal mehr Güter herzustellen, damit sie nicht von ihren Konkurrenten geschluckt oder verdrängt werden. Dieser technische Fortschritt kostet permanent Jobs. Trotzdem kommt es nicht zur massenhaften Arbeitslosigkeit, weil gleichzeitig die Wirtschaft wächst und neue Stellen schafft.

Der Kapitalismus funktioniert also anders, als die Werbung suggeriert: Es geht nicht darum, unsere Bedürfnisse zu befriedigen, indem wir neuartige Waren konsumieren. Die Produkte sind nur Hilfsmittel für einen höheren Zweck. Das Endziel sind Arbeitsplätze. Wir arbeiten, um zu arbeiten. Denn nur wer Arbeit hat, hat Einkommen, Sicherheit und Anerkennung.

Der US-amerikanische Ökonom John Kenneth Galbraith hat bereits 1958 auf ein seltsames Phänomen hingewiesen: In einer Wirtschaftskrise wird nie bedauert, dass viele Waren nicht entstehen, weil die Fabriken nicht voll ausgelastet sind. Die sinkende Gütermenge ist egal. Niemand leidet, weil plötzlich weniger Autos hergestellt werden. Stattdessen werden nur die Arbeitsplätze beklagt, die in der Krise wegfallen.[22] Angeblich konsumieren wir uns zu Tode – aber dies ist eine falsche Wahrnehmung. Wir produzieren uns zu Tode. Das kollektive Ziel ist Vollbeschäftigung, nicht Vollkonsum.

Manche Kapitalismuskritiker meinen dennoch, dass der Wachstumszwang nur eine »ideologische Konstruktion« oder ein »kollektiver Mythos« sei.[23] Denn der Begriff »Wirtschaftswachstum« kam erst in den 1950er-Jahren auf,[24] während zuvor andere Wörter wie »Wohlstand«, »Fortschritt« oder »Entwicklung« benutzt wurden. So richtig diese linguistische Beobachtung ist, folgt daraus nicht, dass das neue Interesse am Wachstum ein beliebiges Narrativ gewesen wäre. Stattdessen hat die Politik nur verspätet die ökonomischen Realitäten zur Kenntnis genommen: Die schwere Weltwirtschaftskrise ab 1929 hatte Millionen in die bitterste Armut gestürzt, und derartige Crashs wollte man künftig vermeiden. Der Wachstumszwang ist real und kein »Mythos«.

Allerdings ist dieses Wachstum nicht leicht zu messen. Zentrale Kennziffer ist das Bruttoinlandsprodukt (BIP), das viele Schwächen hat. Berühmt-berüchtigt ist das »Hausfrauenparadox«: Wenn ein Unternehmer eine Haushaltshilfe beschäftigt, geht ihr Gehalt in die BIP-Rechnungen ein. Heiratet der Firmenchef dann diese Angestellte, schrumpft das BIP, wenn sie jetzt umsonst für ihren Gatten putzt. Umgekehrt wurde das offizielle BIP enorm aufgebläht, weil einst unbezahlte Tätigkeiten nun kommerziell erledigt werden. Früher war es meist die Aufgabe der Ehefrauen, die Kinder zu betreuen, die Angehörigen zu pflegen und die Mahlzeiten pünktlich auf den Tisch zu stellen. Heute sind damit sehr häufig Kindertagesstätten, Altersheime und Lieferdienste betraut – deren Umsätze allesamt ins BIP einfließen.

Das BIP ist blind, weil allein die Zahlungsströme interessieren, sodass die Messergebnisse nicht selten zynisch wirken. Unter anderem gilt es auch als Wachstum, wenn Gefängnisse errichtet oder Unfallopfer in Krankenhäusern behandelt werden. Die Flutkatastrophe an der Ahr wird sich ebenfalls positiv auf die deutsche Wirtschaftsleistung auswirken, weil die zerstörten Gebäude nun wieder aufgebaut werden müssen.

Das BIP funktioniert am besten bei reinen Konsumgütern, doch selbst dort kommt es zu seltsamen Verzerrungen, wie sich etwa bei den Internetgiganten zeigt. Bekanntlich ist Facebook beliebt und mächtig, weil die Nutzer Nachrichten und Fotos austauschen können, die von Katzenbildern bis zu politischen Botschaften reichen. Dieser soziale Mehrwert fließt jedoch nicht ins BIP ein. Stattdessen werden nur die Werbeeinnahmen gezählt, die Facebook generiert. »Es ist nicht wirklich klar, warum ausgerechnet Anzeigen zur Wirtschaftsleistung beitragen sollen«, wundert sich die italienisch-amerikanische Ökonomin Mariana Mazzucato. Schließlich geht es den Nutzern eindeutig um die Urlaubsfotos und nicht um die Reklame.[25]

Das BIP hat also Macken und sollte dringend verbessert werden.[26] Trotzdem wäre es ein Irrtum zu glauben, dass sich das Thema Wachstum von selbst erledigt, wenn nur die Wirtschaftsleistung anders gemessen würde und auch die Lebensqualität oder die Umweltschäden eingingen.[27] Der Kapitalismus benötigt Wachstum, um stabil zu sein. Wie man dieses Wachstum statistisch erfasst, ist eine gänzlich andere Frage. Man stelle sich einmal vor, ein Patient hätte Fieber, aber das Thermometer wäre kaputt, sodass es nur 38 Grad Celsius anzeigt, obwohl die Körpertemperatur längst 40 Grad beträgt. Der Messfehler des Thermometers würde nichts daran ändern, dass der Patient gefährlich krank ist. Man darf die Realität nicht mit den Messproblemen verwechseln – das gilt auch fürs Thema Wachstum.

Der Kapitalismus folgt also der Logik der Krebszelle. Er muss unaufhörlich wachsen und zerstört damit erst seine Umwelt – und dann sich selbst.

# 8. Der Preis des Wohlstands: Die Welt wird zerstört

Die Menschheit verbrennt momentan jährlich so viel Kohle, Öl und Gas, wie sich in einer Million Jahren gebildet haben. Dennoch sind noch große Vorkommen vorhanden. Bei der Kohle würden die Vorräte für weitere 114 Jahre reichen, beim Gas wären es knapp 53 Jahre und beim Öl etwas weniger als 51 Jahre.[1]

Diese fossilen Reserven müssen im Boden bleiben und dürfen nicht verfeuert werden, wenn die Menschheit geordnet überleben will. Bei einem Weiter-so würden die Temperaturen bis zum Ende des Jahrhunderts um deutlich mehr als vier Grad steigen, und bis zum Jahr 2200 wären sogar über sechs Grad zu erwarten. Das sind nur Schätzungen; es könnte noch deutlich schlimmer kommen.[2]

Es mag harmlos klingen, dass sich die Welt »nur« um vier oder sechs Grad erwärmen würde. Doch jedes Zehntel macht einen gewaltigen Unterschied. Das zeigt die Rückschau: Während der letzten Eiszeit vor 20.000 Jahren war es im globalen Durchschnitt nur fünf Grad kälter als im 19. Jahrhundert, aber Norddeutschland lag unter einem Eispanzer von 500 Metern Höhe begraben.[3] Die Menschheit würde sich also in einer völlig anderen Welt wiederfinden, wenn es vier bis sechs Grad wärmer würde, weil Kohle, Gas und Öl ungebremst verfeuert werden.

Die meisten Deutschen sind überzeugt, dass der Klimawandel kein natürliches Ereignis ist. 86 Prozent der Befragten geben an, dass die Erderwärmung auf den Menschen zurückzuführen sei.[4] Allerdings finden sich auch hartnäckige Zweifler, die gern darauf verweisen, dass es schon immer zu Klimaschwankungen kam.

Es stimmt, dass sich die Temperaturen in Europa mehrfach stark verändert haben: Im Mittelalter war es ziemlich warm, und sogar Grönland zum Teil eisfrei, weswegen es von den Wikingern »grünes Land« getauft wurde, als sie dort im Jahr 982 ihre erste Siedlung gründeten.[5] Im frühen 14. Jahrhundert kühlte es dann ab. Diese »kleine Eiszeit« dauerte bis etwa 1850, und in den Wintern war es jetzt so kalt, dass die holländischen Grachten und venezianischen Kanäle wochenlang zufroren. Die Alpengletscher schoben sich weit in die Täler vor, wo sie Höfe und ganze Dörfer zermalmten.[6] Erst in der Mitte des 20. Jahrhunderts war es wieder so warm wie einst im Mittelalter.

Diese frühen Klimaschwankungen waren jedoch keine globalen Phänomene, sondern spielten sich nur regional ab. Im weltweiten Durchschnitt stiegen die Temperaturen nicht.[7] Heute hingegen ist der Klimawandel überall zu beobachten. Sämtliche Ozeane und Kontinente werden wärmer, sodass die Temperaturen im globalen Durchschnitt 1,2 Grad höher liegen als vor der Industrialisierung im 19. Jahrhundert.[8]

Auch dies ist nur ein Zwischenstand. Es ist nicht mehr zu verhindern, dass sich die Erde noch weiter aufheizt. UN-Konferenzen in Paris und Glasgow haben zwar beschlossen, die Erderwärmung möglichst bei plus 1,5 Grad zu stoppen. Doch dieses Ziel ist illusorisch und nicht mehr zu erreichen, wie der Potsdamer Klimaforscher Anders Levermann vorrechnet: »Das Restbudget für ein Erreichen von 1,5 Grad ist so klein, dass die USA dann 2023 klimaneutral sein müssten. Das kann nicht gehen.«[9]

Außerdem gibt es »nachlaufende« Effekte. Das Erdsystem ist träge, und manche Veränderungen ereignen sich erst nach Jahrzehnten oder gar Jahrhunderten. Die Konsequenz: Selbst wenn die Menschheit ab sofort kein $CO_2$ mehr ausstieße, würde sich die globale Temperatur langfristig noch um mindestens ein weiteres halbes Grad erhöhen. »Faktisch haben wir 1,5 Grad schon gerissen«, konstatiert Levermann, »so traurig das ist.«

1,5 Grad klingen unerheblich, verbannen die Menschheit aber für immer aus der idealen Welt des Holozäns. Dieses Erdzeitalter begann vor rund 12.000 Jahren, nachdem die letzte Eiszeit geendet hatte. Es wurde nicht nur wärmer – sondern das Wetter war plötzlich stabil. Die Menschen konnten nun einschätzen, wie viel Regen fallen und wie warm der Sommer sein würde. Jetzt war Ackerbau möglich, und es ist wohl kein Zufall, dass die ersten Bauern vor 10.000 Jahren sesshaft wurden.[10]

Das Holozän hätte noch weitere 50.000 Jahre angehalten – wenn nicht der Kapitalismus dazwischengekommen wäre. Die jetzige Erderwärmung ist beispiellos und verläuft bis zu 100-mal schneller, als es jemals in der Vergangenheit gemessen wurde. Der Mensch ist zu einer geologischen Kraft geworden, indem er ständig Treibhausgase emittiert. Luisa Neubauer nennt daher ihre Mitstreiter von »Fridays for Future« »Generation Klima«.[11]

Viele Jugendliche glauben, dass sie selbst kaum noch eine Zukunft haben. Neubauer wurde kürzlich von einer 13-jährigen Schülerin gefragt: »Ich wollte nur von dir wissen, ob du dir überhaupt vorstellen kannst, Kinder zu bekommen?« Eine Frage, die die Klimaaktivistin schlucken lässt und die sie oft hört.[12] Auf einer Demonstration in den USA hielt ein Mädchen das Schild hoch: »You'll die of old age, I'll die of climate change«.[13] Die Angst der Kinder sollte zur Angst der Erwachsenen werden, findet die schwedische Klimaaktivistin Greta Thunberg. Auf dem Weltwirtschaftsgipfel in Davos schleuderte sie 2019 den mächtigsten Politikern und Managern entgegen: »I don't want your hope. I want you to panic. I want you to feel the fear I do. Every day. And I want you to act. I want you to behave like our house is on fire. Because it is.«[14] Allerdings müssen viele Erwachsene gar nicht mehr überzeugt werden, sondern sind längst pessimistisch: Weltweit glaubt etwa die Hälfte der Befragten, dass der Klimawandel die Menschheit ausrotten wird.[15]

Diese Todesangst ist verständlich, aber eine genaue Prognose bleibt schwierig. Die Klimakrise ist komplex, und ihre Folgen zeigen sich oft erst in Jahrzehnten, Jahrhunderten oder gar Jahrtausenden. Sie trifft nicht alle Erdteile und alle Menschen gleich. »Die Wahrheit ist, dass viele von uns, die in wohlhabenden Ländern mit unterschiedlichen Landschaften und hochentwickelter Technologie leben, unseren Klimaselbstmord überleben werden«, urteilt US-Schriftsteller Jonathan Safran Foer. »Aber wir werden bleibende Schäden erleiden.«[16]

Wissenschaft und Medien sind oft daran gescheitert, diese schleichende Katastrophe richtig zu kommunizieren. Nicht selten wurde gnadenlos übertrieben. Beim *Spiegel* schaffte es die Klimakrise erstmals im August 1985 auf die Titelseite: Zu sehen war ein Kölner Dom, der schon zur Hälfte in einem grenzenlosen Ozean versunken war. Nur noch die Türme und das Dach ragten aus den Wassermassen heraus, während der Rest der Stadt untergegangen war. Düster prophezeite das Magazin für das Jahr 2040: »Überflutet, vom Meer verschluckt, sind längst auch Hamburg und Hongkong, London, Kairo, Kopenhagen und Rom. Das Vereinigte Königreich Großbritannien ist in einen Archipel zerfallen, in dem England, Schottland und Wales voneinander getrennte Inseln bilden […] Seit die Eiskappen an den beiden Erdpolen immer rascher abschmelzen, hat die See ganze Länder verschlungen. Dänemark, die Niederlande, Belgien und Bangladesch existieren nicht mehr. Überspült wurden weite Küstenregionen der USA, aber auch Chinas und Nordeuropas.«[17]

Diese Prognose war Unfug. Im Jahr 2040 wird Hamburg garantiert noch stehen, und auch die Niederlande, die schon jetzt zu einem Viertel unter dem Meeresspiegel liegen, werden in 20 Jahren existieren. Sogar das restliche 21. Jahrhundert sehen die Holländer gelassen: Ihre Königliche Meteorologische Gesellschaft rechnet damit, dass der Meeresspiegel in dieser Zeit um 1,20 Meter steigen wird – was mit konventionellen Deichen zu bewältigen sei.[18]

»Niemand muss vor dem Meeresspiegelanstieg Angst haben«, bestätigt auch Klimaforscher Levermann.[19] Ihm geht es nicht um die Gegenwart, sondern um die ferne Zukunft: Wir entscheiden jetzt, ob New Orleans, Hamburg, Kalkutta oder Tokio auch in 750 Jahren noch stehen oder vom Meer verschlungen sein werden. Denn die Klimakrise entfaltet sich verzögert. Selbst wenn die Menschheit ab sofort keine Treibhausgase mehr ausstieße, würden sich die Ozeane noch um zwei Meter heben, weil das Kohlendioxid mehr als 1.000 Jahre in der Luft bleibt und die Welt weiter erwärmt.

Jedes Zehntel Grad Erderwärmung birgt gleich mehrere Gefahren. Das Wasser in den Ozeanen dehnt sich aus und braucht mehr Platz. Bisher haben die Meere 93 Prozent der Wärmeenergie absorbiert, die durch die Klimagase entstanden sind. Diese Energiemengen sind schlicht unvorstellbar, wie der chinesische Atmosphärenphysiker Lijing Cheng vorrechnet: »Über die letzten 25 Jahre haben wir den Meeren die Wärme von 3,6 Milliarden Hiroshima-Atombomben zugeführt.«[20] Das entspricht etwa vier Hiroshima-Bomben pro Sekunde.

Da die Erde wärmer wird, schmelzen zudem die Gletscher in den Hochgebirgen sowie die Eiskappen auf Grönland und zum Teil in der Antarktis. Ein zentraler »Kipppunkt« ist schon fast erreicht: Sollten die globalen Temperaturen um zwei Grad steigen, wäre der Eispanzer auf Grönland nicht mehr zu retten. Noch ist er etwa 3.000 Meter dick, doch sobald er schmilzt, wird er dünner, sodass seine Oberfläche auf niedrigere und damit wärmere Luftschichten absinkt. Das Eis zerrinnt immer schneller.[21]

Allein das Grönlandeis würde die Meeresspiegel schon um sieben Meter heben. Doch könnte es noch schlimmer kommen: Werden die fossilen Brennstoffe ungebremst verfeuert, steigen die Ozeane langfristig sogar um mehr als zehn Meter, weil dann auch Teile der Antarktis ins Meer rutschen. Vor allem in Asien würden fruchtbare Landstriche versinken, die bisher eine Milliarde Menschen ernähren. »Würde ein Land auf der Welt einem anderen androhen, dass es zehn Prozent seiner Landesfläche abgeben muss, dann gäbe es Krieg«, sagt Klimaforscher Levermann. »Das gleiche passiert mit der globalen Erwärmung, nur macht sich kein Land wirklich klar, dass es einen Teil seiner Fläche dem Ozean übergeben muss.«[22]

Während die Meeresspiegel fast unmerklich um etwa 3,4 Millimeter pro Jahr steigen,[23] sind andere Klimakatastrophen weit auffälliger. Vor allem Hitze und Dürren nehmen zu. Falls echter Klimaschutz ausbleibt, werden im Jahr 2070 etwa 3,5 Milliarden Menschen in Regionen leben, die im Durchschnitt mehr als 29 Grad warm wären. So gnadenlos heiß ist es heute nur auf 0,8 Prozent der weltweiten Landfläche, vor allem in der Sahara. Doch schon in fünfzig Jahren wären weite Gebiete in Afrika und am Amazonas fast unbewohnbar; auch der Nahe Osten sowie Teile von Indien, Pakistan, Thailand, Indonesien und Australien wären zu heiß, als dass Menschen dort dauerhaft leben könnten.[24]

Momentan erscheint dieses Worst-Case-Szenario allerdings eher unwahrscheinlich, weil sich viele Staaten verpflichtet haben, ihre Treibhausgase zu reduzieren. Die gängigen Klimamodelle nehmen daher an, dass sich die Erde bis 2050 »nur« um zwei Grad und bis 2100 um mindestens drei Grad erwärmt.[25] Aber auch diese Prognose ist erschreckend. Immer noch würden diverse Kipppunkte erreicht, sodass sich der Umweltkollaps verselbstständigt. Nur ein Beispiel: Der Regenwald im Amazonas würde versteppen und sich zu einer Savanne verwandeln, selbst wenn dort keine Bäume mehr abgeholzt würden. Bei steigenden Temperaturen würde der lokale Wasserkreislauf zusammenbrechen, der bisher dafür sorgt, dass der Wald seinen eigenen Regen erzeugt. Der Amazonas würde kein Kohlendioxid mehr binden, sondern riesige Mengen an Treibhausgasen freisetzen.[26]

Je wärmer es wird, desto größer wird auch die Gefahr, dass es in den wichtigen Anbauregionen von Mais, Reis, Soja und Weizen gleichzeitig zu Dürren kommt. Wie verheerend die Folgen wären, lassen die Jahre 2010 und 2011 ahnen. Damals litt Russland unter einer Hitzewelle. Trockenheit und Flächenbrände vernichteten rund 30 Prozent der Weizenernte, sodass Moskau Getreideausfuhren untersagte. Da Russland zu den größten Getreideexporteuren zählt, schossen die Weizenpreise weltweit in die Höhe. Wenig später flammten Unruhen in Afrika und im Nahen Osten auf, weil sich Menschen das tägliche Brot nicht mehr leisten konnten.[27]

Das größte Risiko ist jedoch, dass gar nicht alle Risiken bekannt sein könnten. Schon mehrmals[28] kam es schlimmer als gedacht. So fiel den Klimaforschern im Sommer 2019 schockartig auf, dass der Permafrost in einigen Gegenden der kanadischen Arktis bereits jetzt so schnell taut, wie es in den Modellen erst für das Jahr 2090 berechnet worden war. 70 Jahre früher als erwartet tritt nun ein weiterer gefährlicher Kipppunkt ein: Im arktischen Permafrost ist etwa doppelt so viel Kohlenstoff gespeichert, wie momentan in der gesamten Atmosphäre enthalten ist. Wenn der Boden nun taut, entweichen Milliarden Tonnen an Kohlendioxid und an Methan.[29]

Methan ist tückisch. Zwar verbleibt es im Durchschnitt nur 12,4 Jahre in der Atmosphäre und zersetzt sich dann wieder, während Kohlendioxid mehr als 1.000 Jahre in der Luft verweilt. Aber in seiner kurzen Lebenszeit richtet das Methan enorme Schäden an, sodass seine Treibhauswirkung

25-mal höher ist als beim $CO_2$. Leider lässt sich nicht mehr verhindern, dass die Permafrostböden tauen. Der Potsdamer Klimaforscher Stefan Rahmstorf stellt resigniert fest, dass Methan »wohl für Jahrhunderte eine wachsende und nicht zu kontrollierende Treibhausquelle sein wird«[30].

Völlig unerwartet war auch die »Hitzekuppel«, die sich im Sommer 2021 über der westamerikanischen Küste aufbaute. Im kanadischen Dorf Lytton wurde eine Rekordtemperatur von 49,6 Grad gemessen. Im hohen Norden war es plötzlich so heiß wie sonst nur in Wüsten. Wenig später brannten die Wälder ab, und auch Lytton wurde zu Asche. Lange Zeit haben die Bewohner in den kühlen Zonen geglaubt, dass der globale Temperaturanstieg sie nicht treffen würde – eben weil sie so weit entfernt vom Äquator leben. Doch entpuppte es sich als Irrtum anzunehmen, dass sich das Klima linear entwickeln würde und dass kleine Veränderungen auch nur kleine Folgen haben würden. Das Klima ist ein komplexes System. Winzige Abweichungen können enorme Schäden hinterlassen. Der Hitzeschock in Kanada machte den Klimaforschern deutlich, wie unvollständig ihre Modelle noch sind.[31]

Zudem ist gar nicht klar, wie verlässlich die Basisdaten sind. Der Klimawandel hängt bekanntlich davon ab, wie viele Treibhausgase ausgestoßen werden. Doch diese Mengen können nicht akribisch gemessen werden, sondern werden geschätzt. Offiziell emittiert die Menschheit jährlich 50 Milliarden Tonnen an Treibhausgasen – es könnten aber auch acht bis 13 Milliarden Tonnen mehr sein, sodass noch weniger Zeit bliebe, um den Klimakollaps zu verhindern.[32]

Prognosen sind also schwierig. Derzeit gehen Schätzungen davon aus, dass es im Jahr 2050 in Hamburg mindestens so warm sein dürfte wie jetzt in Pamplona. Berlin und Hannover lassen sich dann mit dem heutigen Toulouse vergleichen, Düsseldorf wäre so heiß wie Rijeka, Köln und Bern wie San Marino, München wie Mailand, Wiesbaden wie Lugano und Saarbrücken wie das südfranzösische Montélimar. Wien könnte so heiß wie das nordmazedonische Skopje werden.[33]

Diese neuen Wärmerekorde klingen zunächst nicht dramatisch, sondern eher erfreulich – schließlich fahren Millionen von deutschen Touristen jährlich in den Süden, um die Sonne an der Riviera oder an den kroatischen Stränden zu genießen. Künftig könnte man sich diese lange Anfahrt sparen und die Adria an der Ostsee erleben. Aber so schön wird es nicht werden. Die Temperaturen im Jahr 2050 wären nur eine Momentaufnahme und würden unerbittlich weiter steigen, wenn wir keinen Klimaschutz betreiben.

Selbst wenn es noch gelingen sollte, den Klimawandel einzudämmen, wird sich Deutschland stark verändern: Es wird an Regen fehlen und der Boden austrocknen. Die Bundesrepublik wird nicht zur Wüste, aber vor allem Ostdeutschland könnte einer Steppe ähneln.[34] Niederschläge lassen sich zwar nicht eindeutig vorhersagen,[35] aber klar ist, dass die Sommer trockener und die Winter nasser sein werden. Die jährliche Regenmenge dürfte insgesamt unverändert bleiben,[36] was aber wenig nützt, weil die Pflanzen vor allem im Sommer Wasser benötigen. Zudem verdunstet mehr Feuchtigkeit, wenn die Temperaturen steigen, sodass das Wasserdefizit noch größer wird.

Dürren werden sich häufen. Im Sommer 2018 regnete es in Mitteleuropa monatelang fast gar nicht, während es drei Grad wärmer war als im Durchschnitt.[37] Eine derartige Trockenheit war bisher fast ausgeschlossen, wird aber 2050 normal sein und alle zwei Jahre eintreten. Momentan werden nur etwa drei Prozent der Äcker bewässert, doch in 20 Jahren muss wahrscheinlich ein Drittel aller Felder künstlich beregnet werden. Grundwasser ist in trockenen Gegenden aber jetzt schon knapp. »Wir werden Nutzungskonflikte bekommen, die wir bislang noch nicht kennen«, prognostiziert der Hydrologe Dietrich Borchardt.[38]

Auch der Regen verändert sich. Bisher waren Deutsche oder Österreicher daran gewöhnt, dass die Niederschläge meist sanft und gleichmäßig fallen, doch künftig wird vor allem Starkregen niederprasseln, weil wärmere Luft mehr Wasser speichern kann. Der Autor Wolfgang Büscher hat beschrieben, wie brutal sich diese schweren Niederschläge anfühlen können: »Das Brausen war der Regen, jetzt war er über mir. Ein harter Regen, keiner wie sonst. Erste Tropfen schlugen ein, in den ausgetrockneten Boden, in die Buchen, einige trafen mich, es fühlte sich an wie die Zwillenmunition, mit der wir uns als Kinder beschossen hatten.«[39]

Im Juli 2021 fielen in einigen Regionen von Nordrhein-Westfalen und Rheinland-Pfalz binnen 24 Stunden bis zu 150 Liter Regen pro Quadratmeter. Kleine Flüsse wie die Ahr oder die Erft schwollen meterhoch an und verwüsteten die Ortschaften im Tal. 184 Menschen starben in den Fluten, und der Sachschaden wird auf 30 Milliarden Euro geschätzt. Eine derartige Katastrophe wäre früher höchstens alle 1.000 Jahre eingetreten, kann sich aber neuerdings jederzeit wiederholen.

Auch die Zukunft der Wälder ist ungewiss. Die Sommerdürre 2018, die Hitzewellen 2019 und die Trockenheit 2020 haben in Deutschland 2,5 Prozent der Bäume vernichtet – ein Waldgebiet, größer als das Saarland. Der neueste Waldbericht schätzt, dass nur noch 21 Prozent aller Bäume gesund sind. Am stärksten leidet die Fichte, die ein kühles und nasses Klima benötigt. Dieser »Brotbaum der Forstwirtschaft« war bei Waldbesitzern besonders beliebt, weil er schnell wächst und die Stämme sehr gerade sind. Doch von den Fichtenmonokulturen ist nicht mehr viel übrig. Sie wurden durch Stürme umgeworfen, durch Waldbrände vernichtet – und vor allem vom Borkenkäfer zerfressen. Dieser Schädling hat schon immer in unseren Breiten gelebt, doch solange Fichten gesund sind, besiegen sie diesen Feind, indem sie Harz in seine Brutgänge pumpen. Wenn die Bäume jedoch durch Hitze und Dürre geschwächt sind, können sie sich nicht mehr gegen die bis zu 100.000 Nachkommen wehren, die ein einziges Borkenkäferweibchen pro Saison ausbrüten kann.[40] Der Tod der Fichte ist besiegelt.

Fichten wurden oft an falschen Standorten angepflanzt, aber der »Trockenstress« lässt auch Bäume absterben, die auf artgerechten Flächen stehen. So zeigen nur noch elf Prozent der Buchen »keine Kronenverlichtung«, wie der Waldbericht schätzt. Zudem werden fast alle Baumarten von spezifischen Schädlingen befallen, gegen die sie sich kaum noch wehren können: Bei Buchen bildet sich am Stamm ein rötlicher »Buchenschleimfluss«, Eschen werden vom »Falschen Weißen Stängelbecherchen« dahingerafft, Bergahorne leiden an der Rußrindenkrankheit und Eichen an einer neuen Mehltauart. Bei der Rosskastanie schlägt ein Pseudomonas-Bakterium zu, die Wildobstarten werden von einem bakteriellen Feuerbrand bedroht und Erlen von einem Algenpilz heimgesucht.[41] Birken und Lärchen gehen ein, obwohl sie keine Feinde haben – ihnen wird es zu heiß.

Deutschland und die Schweiz sind zu einem Drittel mit Wald bedeckt, in Österreich sind es sogar 47 Prozent. Noch sind die meisten Forstwirte optimistisch, dass der Wald überleben und sich verjüngen kann, indem sich von selbst jene Arten durchsetzen, die Trockenheit besser überstehen. Wenn »beispielsweise die Buchen absterben, kommen Hainbuchen und Linden hoch«, hat der Biologe Pierre Ibisch beobachtet. »Die Natur trifft da oft bessere Entscheidungen als der Mensch.«[42] Allerdings muss der Klimawandel gestoppt werden, damit sich der Wald regenerieren kann. Steigen die Temperaturen weiter, ist jeder Baum überfordert. »Wenn der Stress zu groß wird, werden einjährige oder krautige Arten und Sträucher begünstigt«, sagt Ibisch. »Im schlimmsten Fall könnten Waldsteppen mit hohem Grasanteil entstehen.«

Nicht nur Waldbäume sind bedroht, auch Obstbauern müssen den Klimawandel fürchten. Einst harmlose Schädlinge nehmen überhand, weil die Larven in den warmen Wintern nicht mehr absterben. Äpfel werden vom Apfelwickler befallen und Kirschen von der Kirschfruchtfliege zerfressen. Alternative Nutzbäume fehlen bisher: Die Obstsorten aus dem Mittelmeerraum eignen sich nicht, weil es im deutschen Frühling weiterhin Frosttage geben wird – trotz des Klimawandels.

Der Klimakollaps wird Mitteleuropa stark verändern, aber nicht alles Leben auslöschen. Es wird heiß und trocken, die alten Wälder verschwinden, und die Landwirtschaft wird schwierig – aber verhungern muss hier niemand. In Europa könnte sich daher eine Art Bunkermentalität ausbreiten: Die Grenzen werden abgesperrt, man kümmert sich vor allem um sich selbst und ignoriert energisch, dass die Klimakatastrophe andere Erdteile unbewohnbar macht.

Dieser egoistische Ansatz wäre nicht nur unmoralisch, sondern auch gefährlich. Es ist nämlich nur eine Prognose, dass Deutschland oder Österreich relativ glimpflich davonkommen. Das Klima ist unberechenbar und kann in kürzester Zeit völlig kippen. Eine Warnung sollte sein, was sich vor etwa 12.700 Jahren in Mitteleuropa ereignete: In nur 20 Jahren sanken die Temperaturen so stark, dass aus einem gemäßigten Klima eisige Tundra wurde.[43] Damals wurde es kalt, nicht heiß wie heute, aber der Mechanismus ist identisch. Schon wenige Kipppunkte reichen, um die Welt in ein völlig anderes Klima zu katapultieren. Pflanzen und Tiere hätten nicht die Zeit, sich an diesen rasanten Wandel anzupassen. Der Mensch ist das letzte Glied einer langen Nahrungskette und kann nicht überleben, wenn alles andere stirbt.

Es ist ein Dilemma: Das permanente Wachstum zerstört Natur und Umwelt, aber genau dieses Wachstum ist zwingend, damit der Kapitalismus stabil bleibt. Einen Ausweg scheint es jedoch noch zu geben, um Ökonomie und Ökologie zu versöhnen: »grünes Wachstum«. Dieses Konzept will das Wirtschaftssystem nicht antasten, sondern die Technik soll sich wandeln. Sie soll nicht mehr fossile Energie, sondern vor allem Wind und Sonne nutzen.

Diese Idee vom »grünen Wachstum« findet sich weltweit in allen Aktionsprogrammen – ob bei der UNO, der Weltbank, der EU oder den deutschen Parteien. Der Bundestag beschloss im Juni 2021, dass Deutschland bis 2045 klimaneutral zu sein hat. Es mangelt auch nicht an Ideen, wie eine nachhaltige Wirtschaft aussehen könnte. Längst in der Praxis angekommen sind Solarpaneele, Windräder, E-Autos,

Wärmepumpen. In der Erprobung befinden sich die $CO_2$-Abscheidung, grüner Wasserstoff, grüner Stahl, grüner Zement oder E-Kerosin. Andere machen sich für die Renaissance der Atomkraft stark.

Leider stellt eine lange Liste von technischen Möglichkeiten noch keine reale Lösung dar. Im nächsten Abschnitt werden die Vorschläge einzeln analysiert, und das Ergebnis sei schon jetzt verraten: »Grünes Wachstum« gibt es nicht. Es ist eine Illusion.

# II.

# »GRÜNES WACHSTUM« GIBT ES NICHT

# 9. Das $CO_2$ wird nicht verschwinden

»Grünes Wachstum« erinnert ein wenig an den Traum, dass man permanent Kuchen futtern kann und trotzdem nicht dick wird. Das Leben soll keine Grenzen kennen. Beim Körper wurde schon eine recht brachiale Methode gefunden, um gefährliche Pfunde wieder loszuwerden: Das Fett wird abgesaugt. Analog wird beim Klimaschutz die Idee verfolgt, die Treibhausgase einfach aus der Atmosphäre zu entfernen.

Der Fachbegriff heißt Sequestrierung und bedeutet, dass das $CO_2$ eingefangen und in unterirdischen Lagerstätten dauerhaft gespeichert wird. Dieser Ansatz hätte den unschlagbaren Vorteil, die Menschheit mit einer Art Rückversicherung auszustatten. Wenn es zu mühsam oder zu teuer wird, $CO_2$ zu vermeiden, dann saugt man es eben aus der Luft. Leider ist diese Idee zu schön, um wahr zu werden. Die Sequestrierung wird, wenn überhaupt, nur in geringen Mengen möglich sein. Denn die Filtertechnik verschlingt enorme Mengen an Energie und ist technisch längst nicht ausgereift.

Kohlendioxid ist ein tückisches Gas. Obwohl es gewaltige Klimaschäden verursacht, kommt es nur in geringsten

Mengen in der Atmosphäre vor. Momentan befinden sich in einer Million Luftpartikel etwa[1] 420 $CO_2$-Moleküle. Also muss sehr viel Luft gefiltert werden, bevor endlich einmal ein $CO_2$-Molekül hängen bleibt, und dieser Aufwand kostet Energie.

Trotzdem werden verschiedene Varianten erforscht, wie sich das $CO_2$ wieder einfangen ließe. Besonders reizvoll wäre es natürlich, die fossilen Kraftwerke einfach weiterzubetreiben und das Kohlendioxid noch im Schornstein einzusammeln, um es dann zu deponieren. Bei Kohlekraftwerken macht das Klimagas immerhin 14 Prozent der Abluft aus, ist also hoch konzentriert vorhanden.[2] Aber selbst unter diesen sehr günstigen Bedingungen wäre der Energieeinsatz exorbitant: Der Kohleverbrauch des Kraftwerks würde um etwa 30 Prozent zunehmen, um das Treibhausgas abzuscheiden. Anschließend müsste das Kohlendioxid in Pipelines zu seinem Endlager transportiert und in den Untergrund gepumpt werden, was den Energieverbrauch um weitere zehn Prozent steigen ließe.[3] Zudem sind die Filter bisher nicht besonders effektiv, sodass nur etwa 60 bis 70 Prozent des Kohlendioxids hängen bleiben würden.[4]

Die Sequestrierung ist also keine Option, damit fossile Kraftwerke weiterlaufen können. Das Ergebnis wäre nur ein teures Nullsummenspiel, bei dem fast so viel Kohlendioxid entstehen würde, wie gleichzeitig aus der Abluft gefiltert wird.[5] Diese Erkenntnis ist bitter, denn an Forschungsmilliarden hat es nicht gefehlt.[6] Regierungen und Ölkonzerne haben viel Geld in die Hoffnung gepumpt, dass sich $CO_2$ wie normaler Abfall behandeln ließe, den man herausfiltert und sicher entsorgt. Diese Hoffnung hat sich jedoch erledigt, wie auch die Bundesregierung 2018 konstatieren musste.

Die Entwicklung der Sequestrierung sei »zuletzt wesentlich langsamer vorangeschritten, als dies in den 2000er Jahren anvisiert worden war«[7].

Deutschland kann nur klimaneutral werden, indem es auf Kohle, Gas und Öl verzichtet und auf Ökoenergie umstellt. Trotzdem wird das Thema »Sequestrierung« langfristig wichtig bleiben, weil die Menschheit höchstwahrscheinlich das Ziel verfehlen wird, die globale Erwärmung auf plus 1,5 Grad zu begrenzen. Jenseits dieser Schwelle drohen aber gefährliche Kipppunkte, sodass es eine Hilfe wäre, wenn es eines Tages gelänge, das $CO_2$ wieder zu reduzieren. Der Weltklimarat (IPCC) rechnet fest damit, dass irgendwann Filtertechniken rentabel werden, mit denen sich Kohlendioxid direkt aus der Atmosphäre fischen lässt.[8]

Diese Variante heißt »Direct Air Capture« (DAC) und filtert die Umgebungsluft. Man geht also gezielt auf die Suche nach jenen 420 $CO_2$-Molekülen, die sich in einer Million Luftpartikel finden. Diese Technik funktioniert nach dem Prinzip Staubsauger: Mit riesigen Ventilatoren wird die Luft durch Membranen oder Lösungsmittel gepresst. Die Schweizer Firma Climeworks AG bietet solche Anlagen bereits an; ihr erstes Pilotprojekt wurde 2017 in Hinwil bei Zürich errichtet. Allerdings ist diese dezentrale Filtertechnik sehr energieintensiv, eben weil das Klimagas so selten in der Umgebungsluft vorkommt.[9]

Doch nicht nur die Filtertechnik hat ihre Tücken. Bisher ist auch ungeklärt, wo das eingesammelte $CO_2$ bleiben könnte. Eine naheliegende Idee wäre, das verflüssigte Klimagas in geleerte Ölreservoire, Gasvorkommen oder Kohlebergwerke zu leiten. Der Kohlenstoff würde also wieder dort landen, wo er ursprünglich gefördert wurde. Der Kreislauf wäre perfekt. Doch so charmant dieser Ansatz ist: Er würde schon daran scheitern, dass $CO_2$ viel mehr Raum einnimmt als Öl, Gas oder Kohle. Wird Steinkohle verbrannt, liegt das $CO_2$-Volumen bis zu 5,4-mal höher, bei Braunkohle sind es 1,9-mal und bei Rohöl 4,6-mal.[10]

Die ehemaligen Lagerstätten würden also bei Weitem nicht reichen, um das Klimagas aufzunehmen. Zudem sind viele Stollen so undicht, dass sie gar kein $CO_2$ bunkern könnten. Braunkohle wird sowieso meist im Tagebau gefördert, und auch viele Steinkohlebergwerke sind löchrig wie ein Schweizer Käse, weil überall Gänge ins Gestein gesprengt wurden, um die Vorkommen möglichst vollständig auszubeuten.

Wie der Weltklimarat IPCC ausgerechnet hat, können in den einstigen Lagerstätten von Öl, Gas und Kohle maximal 1.100 Gigatonnen $CO_2$ gespeichert werden,[11] wobei eine Gigatonne einer Milliarde Tonnen entspricht. Derzeit emittiert die Menschheit pro Jahr etwa 50 Gigatonnen $CO_2$, von denen nur ungefähr die Hälfte durch Ozeane, Pflanzen, Böden oder Moore wieder gebunden wird.[12] Die unterirdischen Lagerstätten wären also in nur 44 Jahren für immer aufgebraucht – und dabei ist noch gar nicht berücksichtigt, dass der weltweite Energiehunger weiter steigt.

Daher wird hektisch nach anderen Gesteinsformationen gesucht, die sich als $CO_2$-Endlager eignen könnten. Vor allem »salinare Aquifere« beflügeln die Fantasie der Geologen. Diese Salzstöcke liegen tief[13] unter der Erde und sind mit Wasser gefüllt. Würde man das Wasser herauspumpen, könnte Platz für das Treibhausgas entstehen. Allerdings wäre auch diese Lösung nicht ganz so einfach umzusetzen, wie es zunächst klingen mag: Das Wasser in den Salzstöcken ist natürlich sehr salzig – wo also soll es bleiben, nachdem es herausgepumpt wurde? In die Flüsse könnte man es jedenfalls nicht einleiten.[14]

Zudem ist es nicht einfach, dauerhaft zu verhindern, dass das $CO_2$ wieder entweicht. Am sichersten wäre es, das Kohlendioxid vorher in Wasser zu lösen und sozusagen als Sprudelwasser in die Aquifere zu pumpen, weil das Treibhausgas dann gebunden wäre. Diese verlässliche Methode hätte aber den Nachteil, dass das Wasser zu viel Platz benötigen würde. Die Bundesregierung urteilte daher, dass »bei gegebenem Speichervolumen nur relativ geringe Mengen an $CO_2$ gespeichert werden« könnten.[15]

Auch dürfte es schwierig werden, geeignete Salzstöcke zu finden, so vielversprechend diese Lagerstätten auf dem Papier auch aussehen mögen. Deutschland ist ein gutes Beispiel: Theoretisch wäre es denkbar, 9,3 Milliarden Tonnen $CO_2$ in Salzstöcken zu speichern.[16] Das würde für mehr als zwölf Jahre reichen, denn 2021 emittierte Deutschland 762 Millionen Tonnen $CO_2$.[17] Diese Salzstöcke liegen vor allem in Norddeutschland, unter der Nordsee, in Oberbayern und im südöstlichen Württemberg. Vor Ort ist man jedoch nicht begeistert, den eigenen Untergrund mit Kohlendioxid vollzupumpen. Durch das injizierte $CO_2$ würde nämlich der Druck in den Aquiferen steigen, sodass auch die Spannung in den Gesteinsschichten darüber zunehmen würde. Sie sind jedoch jetzt schon häufig »gestört« und damit potenziell löchrig.[18] Wenn aber das $CO_2$ wieder in die Atmosphäre entweichen kann, wäre es sinnlos, das Treibhausgas energieaufwendig abzuscheiden und in die Salzstöcke zu pumpen. Selbst kleine Löcher könnten langfristig dafür sorgen, dass die Sequestrierung völlig umsonst war.

Zudem könnten Leckagen tödlich enden. $CO_2$ ist zwar eigentlich ungiftig. Schließlich entsteht es in unserem eigenen Körper, wenn Nahrungsmittel verbrannt werden – und wir atmen es permanent aus. Doch wird das Gas gefährlich, wenn es in hoher Konzentration auftritt und den Sauerstoff verdrängt. Da $CO_2$ schwerer als Sauerstoff ist, lagert es sich bei Windstille und in Senken direkt über der Erdoberfläche ab. Es könnte also katastrophal enden, wenn ein $CO_2$-Salzstock undicht wäre: Eventuell würde sich eine meterhohe Schicht des Treibhausgases bilden, die dann alles Leben vernichtet.[19] Deutsche Umweltverbände haben daher ein Gesetz erkämpft, das der Sequestrierung seit 2012 engste Grenzen setzt: Erlaubt sind nur Forschungsanlagen wie etwa im brandenburgischen Ketzin, aber eine großtechnische Speicherung ist bislang verboten.[20]

Allerdings gibt es in Europa noch weitere Lagerstätten. Vor allem die Norweger setzen auf das neue Geschäftsmodell, die $CO_2$-Emissionen der Nachbarländer vor der eigenen Küste zu versenken. Wird die Welt klimaneutral, können die Norweger ihr Öl und Gas nicht mehr verkaufen, sodass sie nun nach alternativen Geldquellen suchen.

Seit 1996 pumpen die Norweger jährlich knapp eine Million Tonnen Kohlendioxid in einen salinaren Aquifer namens Sleipner, der sich etwa 800 bis 1.000 Meter unter dem Meeresboden befindet.[21] Allerdings ist nicht abschließend geklärt, ob diese Lagerstätte überhaupt dicht ist. Bei seismischen Untersuchungen wurde nämlich weniger $CO_2$ entdeckt, als man bereits injiziert hatte.[22]

Die Norweger lassen sich dennoch nicht beirren und erschließen weitere Lagerstätten. Momentan wird nördlich von Bergen an dem Projekt »Northern Lights« gebaut, und zumindest theoretisch ist die Lagerkapazität an den norwegischen Küsten gigantisch: Sie wird auf 80 Milliarden Tonnen $CO_2$ geschätzt – das ist so viel, wie die gesamte EU in mehr als 20 Jahren emittiert.[23]

Aquifere sind zudem nicht die einzige Option. Die Isländer setzen auf die Idee, $CO_2$ in Stein zu verwandeln. Im September 2021 ging eine erste Pilotanlage namens Orca in Betrieb.[24] Der Ansatz ist faszinierend: Die Vulkaninsel besteht zu 90 Prozent aus Basaltgestein, das wiederum viel Magnesium, Calcium und Eisen enthält. Wird das $CO_2$ in Wasser gelöst und in die Tiefe gepumpt, gerät es mit diesen Mineralien in Berührung, sodass Karbonate entstehen – eine Art Kreide. Dieser chemische Prozess dauert etwa zwei Jahre, und danach ist das Treibhausgas für immer versteinert und gebunden.

Allein in Island ließe sich 80- bis 200-mal so viel $CO_2$ einlagern, wie die ganze Welt pro Jahr ausstößt. Zudem ist Basalt das häufigste Gestein weltweit. Allerdings ist es vor allem am Grund von Ozeanen zu finden, während in Deutschland nur ein einziges größeres Vorkommen existiert – im Vogelsberg. Da aber ausgerechnet dieses Gebiet den Großraum Frankfurt mit Trinkwasser versorgt, eignet es sich nicht als $CO_2$-Speicher.[25]

Weltweit gäbe es jedoch genug Möglichkeiten, um $CO_2$ in Stein zu verwandeln. Nur steht die Technik leider nicht bereit. Sie ist extrem teuer, und bisher existieren nur kleine Versuchsanlagen. Das isländische Projekt Orca hat geschätzte 15 Millionen Euro verschlungen, kann aber nur 4.000 Tonnen $CO_2$ pro Jahr aus der Luft filtern.[26]

Momentan stößt die Menschheit jährlich 50 Milliarden Tonnen Kohlendioxid aus. Man brauchte also 12,5 Millionen

Orca-Anlagen, um diese Treibhausgase wieder aus der Luft zu entfernen. Wären die Maschinen weiterhin so teuer wie in Island, würden allein die Filter 187,5 Billionen Euro kosten. Diese astronomische Summe lässt sich nicht aufbringen.

Die Branche hofft daher, dass sich die Geschichte des Kapitalismus wiederholt – und die Technik billiger wird, je öfter sie eingesetzt wird. Der Vergleich hinkt allerdings. Die Dampfmaschine hat sich sofort rentiert, weswegen sie gern geordert und ständig effizienter wurde. $CO_2$-Filter hingegen sind so teuer, dass sie sich kommerziell nicht lohnen. Ohne enorme staatliche Subventionen wird sich also gar nichts tun. Obendrein ist fraglich, wie schnell der technische Fortschritt vorankommt. Forscher der Universität Oxford sind nicht besonders optimistisch, dass die $CO_2$-Abscheidung demnächst billiger wird: »In der 50jährigen Geschichte dieser Technik haben sich bisher keine vielversprechenden Kostensenkungen ergeben.«[27]

Die Methode »Weg damit« versagt also. $CO_2$ lässt sich nicht einfach einsammeln und entsorgen. Die Menschheit ist daher gezwungen, auf fossile Brennstoffe zu verzichten und Ökoenergie zu nutzen. Allerdings ist umstritten, was als klimaneutral zählen soll. Nicht wenige Länder finden, dass auch Atomstrom ökologisch sei und eine sorgenfreie Zukunft biete.

# 10. Die Atomenergie bleibt ein Irrtum

Viele Deutsche bezweifeln inzwischen, dass es eine gute Idee war, die deutschen Meiler stillzulegen. 42 Prozent der Befragten sagen, dass der Atomausstieg ein Fehler gewesen sei.[1] Damit hat sich die Stimmung deutlich gedreht: Das endgültige[2] Ende der Kernkraft wurde im Juni 2011 beschlossen, nachdem ein Tsunami die Reaktoren im japanischen Fukushima verwüstet hatte. Damals waren 80 Prozent der Deutschen überzeugt, dass es richtig sei, bis zum Jahr 2022 alle Atomkraftwerke abzuschalten.[3]

Mit der Klimakrise ergeben sich jedoch neue Prioritäten. Atomenergie hat immerhin den Vorteil, dass sie kaum[4] Treibhausgase emittiert und verlässlich Strom liefert, während Windräder und Solarpaneele bei Flaute oder Dunkelheit ausfallen.[5] Zudem hinterlassen die Reaktoren geringe Umweltschäden, solange es nicht zu Störfällen kommt: Der Uranbergbau ruiniert weit weniger Land als die Förderung von Gas, Öl und Kohle, weil die Energiedichte etwa 10.000- bis 16.000-mal höher ist. 125 Tonnen Uran reichen im Jahr, um ein großes Atomkraftwerk zu betreiben.

Die frisch erwachte Begeisterung für die Atomkraft erinnert schon fast an die Nachkriegszeit, als die Kernenergie geradezu grenzenlose Erwartungen in der Öffentlichkeit und bei den Parteien auslöste. Die Bundesregierung schuf 1955 sogar eigens ein Atomministerium, das zunächst vom CSU-Politiker Franz Josef Strauß geführt wurde.[6] Auch die SPD-Opposition schwärmte damals, dass »ein neues Zeitalter begonnen« habe, das weltweit »Frieden und Freiheit« ermögliche.[7]

Die Realität war weniger beeindruckend. Selbst in ihren besten Zeiten haben die 19 kommerziell genutzten Reaktoren in Deutschland nur etwa 13 Prozent des gesamten Energieverbrauchs abgedeckt.[8] Die Kernenergie allein hätte also niemals ausgereicht, um die Bundesrepublik zu versorgen. Zudem wären diese alten Meiler heute nicht mehr lange nutzbar, selbst wenn es keinen offiziellen Atomausstieg gegeben hätte. Ihre Laufzeit wurde meist auf 40 bis maximal 60 Jahre berechnet, und es wäre riskant, sie einfach weiterzubetreiben. Das Material ermüdet, sodass ein radioaktiver Störfall stets wahrscheinlicher wird.

Wer Atomkraft weiterhin nutzen will, muss also bereit sein, neue Reaktoren zu bauen. Doch auf dieses Wagnis lassen sich Energieunternehmen nur ein, wenn sie staatliche Subventionen erhalten, weil die Atomkraftwerke bisher immer Verluste in Milliardenhöhe eingefahren haben.[9] Künftig dürfte das Minus pro Meiler sogar noch größer werden, weil die Neubauten immer länger dauern. Berühmt-berüchtigt ist der finnische Reaktor Olkiluoto 3, der 2005 begonnen wurde. Ursprünglich sollte er 2009 betriebsbereit sein und nur drei Milliarden Euro kosten. 2022 ging er schließlich ans Netz und wurde fast viermal so teuer. Die Finnen haben sich daher vom Abenteuer Atomkraft verabschiedet und wollen keine weiteren Reaktoren mehr bauen.[10]

Olkiluoto 3 sollte eigentlich eine Erfolgsstory werden: Er war der erste »Europäische Druckwasserreaktor der dritten Generation«. Zu diesem Typus gehört auch ein neuer Meiler im französischen Flamanville, der 2012 ans Netz gehen und ursprünglich 3,3 Milliarden Euro teuer sein sollte. Inzwischen liegen die Kosten schon bei 19 Milliarden Euro, aber vor 2023 wird der Reaktor garantiert nicht fertig.[11]

Auch die Amerikaner mussten erleben, dass neue Atomkraftwerke weitaus teurer werden als geplant. Seit 2013 wird an den beiden Reaktoren Vogtle 3 und 4 in Georgia gebaut, die zusammen 14 Milliarden Dollar kosten sollten. Inzwischen werden die Ausgaben auf mindestens 32 Milliarden Dollar geschätzt, und betriebsbereit sind die beiden Meiler noch immer nicht.

Atomstrom ist die einzige Branche, bei der die Kosten ständig steigen. Normalerweise werden Technologien billiger, je häufiger sie eingesetzt werden. Nur AKW werden immer teurer, und da sind die Kosten noch gar nicht eingerechnet, die nach Betriebsende anfallen.[12] Der Rückbau eines Atomkraftwerks kann Jahrzehnte dauern, und anschließend müssen viele Tausend Tonnen strahlender Müll deponiert werden. Diese Entsorgungskosten bleiben größtenteils beim Steuerzahler hängen, denn die deutschen Energiekonzerne haben sich freigekauft, indem sie einmalig 24 Milliarden Euro in einen staatlichen Fonds eingezahlt haben – obwohl es 176 Milliarden Euro verschlingen dürfte, die Brennstäbe sicher zu lagern.[13] Selbst diese enorme Summe ist nur eine vorsichtige Schätzung. Ein Endlager gibt es nämlich bisher nicht; noch nicht einmal ein Ort wurde dafür gefunden.

Da Neubauten komplex und teuer sind, stagniert die Atomkraft weltweit,[14] sodass sie nur ganze fünf Prozent des globalen Energieverbrauchs abdeckt.[15] Das ist fast nichts. Oder anders gerechnet: Weltweit müssten etwa 15.000 neue Reaktoren entstehen, wenn sie die fossilen Brennstoffe ersetzen sollen. Momentan gibt es auf der ganzen Erde aber nur 441 Meiler.[16]

Mit vielen Neubauten ist jedoch nicht zu rechnen, weil weltweit nur wenig Geld in die Atomkraft gesteckt wird – etwa 44 Milliarden Dollar jährlich.[17] Diese Summe mag zunächst stattlich wirken, aber insgesamt wurden im Jahr 2021 rund 820 Milliarden Dollar in die Stromproduktion investiert. Davon flossen 367 Milliarden in den Ausbau von erneuerbaren Energien, und der Rest war für fossile Kraftwerke vorgesehen.[18] Die Investitionen von heute sind aber die Energie von morgen: Die Zahlen verraten eindeutig, dass Staaten und Unternehmen nicht an eine Renaissance der Atomkraft glauben. Sie lohnt sich einfach nicht.

Zudem lässt sich nicht ignorieren, dass katastrophale Unfälle stets möglich sind. Die Risiken der Atomkraft sind so immens, dass weltweit keine einzige Versicherung bereit ist, Policen anzubieten, die die gesamten denkbaren Folgen abdecken würden. Die Nuklearkatastrophe von Fukushima hat einen Schaden von etwa 100 Milliarden Euro hinterlassen, und ein »Super-GAU« in Deutschland könnte sogar sechs Billionen Euro kosten.[19]

Atombefürworter lassen sich dennoch nicht beirren. Sie hoffen, dass sich die Kerntechnik verbessern lässt. Besonders beliebt ist die Idee, künftig kleine Atomkraftwerke zu bauen, die dann auf der ganzen Welt dezentral Energie erzeugen sollen.[20] Auf den ersten Blick wirkt die Idee bestechend: Da die Minireaktoren nur so groß wie zwei Fußballfelder wären, könnte man die Bauteile standardisieren und am Fließband produzieren. Endlich hätte die Serienfertigung auch den Atomstrom erreicht, was ihn viel billiger machen würde. Softwaremilliardär Bill Gates hat eigens eine Firma gegründet, um Minireaktoren zu entwickeln. Sie sollen sich auch unterirdisch installieren lassen, um vor terroristischen Angriffen geschützt zu sein.[21]

Ein unterirdischer Minireaktor: Die Idee klingt hypermodern und futuristisch – ist aber in Wahrheit uralt. Schon in der Nachkriegszeit träumte man von klitzekleinen Kernkraftwerken. 1956 prognostizierte der damalige SPD-Vordenker Leo Brandt seinen Parteigenossen, dass ein Reaktor demnächst in eine Kiste passe, nur eine Million Dollar kosten würde und eine ganze Stadt mit Strom versorgen könne. Man müsste ihn nur in der Erde verbuddeln, »einen halben Meter Kies drüber, am Ende kommt ein Kabel heraus«[22]. Die Argumentation war damals die gleiche wie heute: Da Uran eine so hohe Energiedichte aufweist, würden schon kleine Mengen reichen und auch Mini-AKW möglich sein. Man redete vom »Kraftwerk in der Kiste«, von Kleinreaktoren als Flugzeugantrieb und sogar von »Baby-Reaktoren« als Heizungen.[23]

Es kam bekanntlich anders. Minireaktoren wurden nie gebaut, stattdessen entstanden gewaltige Atomkraftwerke, die eine Leistung von bis zu 1.450 Megawatt aufweisen.[24] Große Kraftwerke sind schlicht effizienter, weil Atomstrom spezifische Probleme mit sich bringt. Bekanntlich produziert jeder Reaktor hochgiftigen radioaktiven Müll. Würden Kleinst-AKW über die ganze Welt verstreut, würde sich überall die Frage stellen, wer diese Brennstoffreste wieder entsorgt – und wie sich verhindern lässt, dass potenziell waffenfähiges

Uran in falsche Hände gerät. Zudem kann es auch bei Minireaktoren zu Störfällen kommen, die die Umgebung verseuchen. Kein AKW kann absolute Sicherheit garantieren. Aber bei einem großen Kraftwerk sind die Einnahmen hoch genug, um den enormen Kontrollaufwand abzudecken. Ein Minireaktor ist mit diesen Kosten überfordert. Kleinst-AKW lohnen sich nicht, wenn für jede denkbare Eventualität vorgesorgt werden soll.

Erste Erfahrungen bestätigen diese Skepsis: Die amerikanische Firma NuScale will zwölf Minireaktoren bauen, um Gemeinden im US-Staat Utah mit Atomstrom zu beliefern. Inzwischen sind aber einige der lokalen Energieversorger schon wieder aus dem Projekt ausgestiegen, weil die Kosten von 4,2 auf 6,1 Milliarden Dollar explodiert sind. Auch die Bauzeit verlängert sich, sodass die ersten Minireaktoren frühestens 2030 ans Netz gehen können.[25]

Bisher gibt es weltweit nur zwei Minireaktoren, und zwar in Russland. Sie sind Teil eines schwimmenden AKW namens »Akademik Lomonossow«, das wie ein normales Schiff aussieht und seit Dezember 2019 in Betrieb ist. Es ankert im Nordpolarmeer, um die abgelegene Stadt Pewek mit Strom und Wärme zu versorgen. Zunächst wirkte dieses Projekt einfach, weil eigentlich nur die Technik der russischen Atom-U-Boote modifiziert wurde. Trotzdem entwickelten sich auch diese Minireaktoren zum Kostengrab, weil sich die Bauzeit von fünf auf zwölf Jahre verlängerte. Zudem ist umstritten, ob das AKW-Schiff sicher ist. Umweltschützer nennen es »schwimmendes Tschernobyl« oder »Atom-Titanic«.[26]

Allerdings sind die Kosten nicht das einzige Problem: Die globalen Uranvorkommen würden gar nicht reichen, um die fossilen Brennstoffe weltweit zu ersetzen und den ganzen Globus mit klimaneutraler Energie zu versorgen. Die Vorräte wären nach etwa 13 Jahren erschöpft, wenn man die bisher gängigen Reaktortypen nutzt.[27] Theoretisch wäre es zwar möglich, schnelle Brüter zu bauen, um das Uran besser auszunutzen. Auch könnte man andere Mineralien wie etwa Thorium verwenden oder das Uran im Meerwasser herausfiltern. Diese Technologien sind aber nicht ausgereift. Manche wurden noch nie ausprobiert, andere befinden sich im Versuchsstadium oder wurden in der Vergangenheit wieder fallen gelassen. Daher ist sicher, dass keine von ihnen in den nächsten Jahrzehnten marktreif wird – falls es denn je gelingt. Sie kommen in jedem Fall zu spät, um den Klimakollaps abzuwenden.

Außerdem wären sie garantiert noch teurer als die bisherigen Reaktoren. Es sollte Atomoptimisten zu denken geben, dass die Kernkraft immer kostspieliger wurde. Daraus folgt zwingend, dass »grünes Wachstum« mit Atomstrom gar nicht möglich wäre. Da es so aufwendig ist, Reaktoren zu bauen, würde Strom knapp bleiben. Der Kapitalismus braucht aber Energie im Überfluss, um zu expandieren.

Atomstrom ist also keine Lösung und zudem gefährlich. Wer »grünes Wachstum« propagiert, muss auf Windturbinen und Solarpaneele setzen. Ökostrom bietet tatsächlich große Potenziale – aber reichen wird er nicht.

## II. Leider nicht verlässlich: Sonne und Wind

Die Sonne scheint und scheint. Sie schickt etwa 5.000-mal mehr Energie zur Erde, als die knapp acht Milliarden Erdbewohner benötigen würden, wenn sie alle den Lebensstandard der Europäer genießen könnten. An physikalischer Energie fehlt es also nicht, weshalb nicht wenige Naturwissenschaftler davon träumen, dass man sich ganz billig von den Ölscheichs unabhängig machen könnte. »Die erneuerbaren Energien sind zum Nulltarif zu haben – fossile Brennstoffe muss man für viel Geld kaufen«, schwärmt etwa der Meteorologe Mojib Latif.[1] Und sein Kollege Sven Plöger rechnet vor, dass Deutschland von 1990 bis 2015 enorme 1,17 Billionen Euro für den Import von Erdöl, Erdgas und Kohle »verheizt« hat.[2] Da scheint es doch nahezuliegen, diese Summen einzusparen, indem man in Deutschland Windräder aufstellt und Solarpaneele montiert. Manche Enthusiasten glauben gar, dass dieser Umbau ganz »ohne Mehrausgaben« möglich wäre, weil man nur die Ölmilliarden umwidmen müsste. »Die Energiewende wird zum Spaziergang«, behauptet etwa SPD-Politiker Andreas Berg.[3]

Diese Begeisterung hat Tradition. Bereits im 19. Jahrhundert glaubten Wissenschaftler und Politiker, dass sich bald beliebig viel Solarenergie einfangen ließe. So tüftelte der schwedisch-amerikanische Erfinder John Ericsson jahrelang an einer »Solarmaschine«, die die Wärme der Sonne bündeln sollte, um die Dampfkraft zu ersetzen. Der englische Ökonom William Stanley Jevons war von dieser Idee so überzeugt, dass er sich sorgte, dass die große Industriestadt Manchester keine Zukunft haben könnte – weil sie so wenig Sonnenlicht erhält. »Die Standorte der Fabriken werden an die sonnigen Plätze der Erde verlegt«, prognostizierte Jevons. »Wir werden überflüssig.«[4]

Auch in Deutschland war man von der Idee fasziniert, Kohle durch Sonne zu ersetzen. SPD-Chef August Bebel veröffentlichte 1879 den Bestseller *Die Frau und der Sozialismus* und entwickelte dort unter anderem die Vision, dass »einige Quadratmeilen in Nordafrika« völlig ausreichen würden, um das ganze Deutsche Reich mit Solarenergie zu versorgen. Bebel ging davon aus, dass es kein Problem sein würde, diesen Wüstenstrom in den Norden zu transportieren. Er dachte, dass es Akkumulatoren gäbe, die »große Kraftmengen« für eine »beliebige Zeit« speichern könnten.[5] Auch der amerikanische Erfinder Thomas Alva Edison war bereit, auf die Sonne zu wetten: »Ich würde mein Geld auf Solarenergie setzen. Was für eine Kraftquelle! Ich hoffe, dass wir nicht warten müssen, bis Öl und Kohle erschöpft sind, bevor wir dies angehen.«[6]

Doch bisher wurden die freudigen Erwartungen enttäuscht. Solarpaneele deckten 2020 nur ganze 2,3 Prozent des deutschen Endenergieverbrauchs ab. Wind kam auf 5,4 Prozent.[7] Seit mehr als 20 Jahren werden Solar- und Windstrom in Deutschland subventioniert, aber eine echte Energiewende hat bisher nicht stattgefunden.

An den schieren Kosten kann es nicht liegen, dass die Energiewende lahmt, denn Sonnen- und Windenergie werden immer billiger. Fast 70 Jahre ist die Solartechnik jetzt alt – und in dieser Zeit sind die Kosten für die Paneele um mehr als 99 Prozent gefallen. Das ist sensationell.

Die heutige Solarzelle wurde 1953 erfunden, als ein Physiker der Bell Laboratories zufällig feststellte, dass Silizium die Sonnenenergie weitaus effizienter in Strom verwandelt als das bis dahin genutzte Selen. Allerdings war diese neue Technik extrem teuer: Pro Watt kostete sie satte 300 Dollar, während es bei einem konventionellen Kohlekraftwerk nur 50 Cent waren. Die kommerziellen Prognosen sahen also düster aus, und Bell Labs rechnete schon damit, dass ihre neue Wundertechnik zu einer Art Spielzeug verkäme: So wurde beispielsweise überlegt, Siliziumzellen in tragbare Radios einzubauen, damit man auch am Strand Rock 'n' Roll hören konnte.

Am Ende wurde die Solartechnik durch militärische Interessen gerettet. Im Kalten Krieg lieferten sich die USA und die Sowjetunion einen Wettlauf bei der Raumfahrt, und beide Supermächte wollten so schnell wie möglich Satelliten ins All schießen. Dabei war eine zentrale Frage, wie diese Raumsonden mit Energie versorgt werden sollten, denn normale Batterien hielten höchstens ein paar Tage. So kam die Solarenergie wieder ins Spiel: 1958 startete der US-Forschungssatellit Vanguard 1, der auch Siliziumzellen an Bord hatte. Die kleine Raumsonde wog nur 1,5 Kilo und hatte die Größe einer Grapefruit – weswegen der sowjetische Regierungschef Chruschtschow den Satelliten als »Pampelmuse« verspottete. Aber dank des Solarstroms konnte Vanguard 1 bis 1964 senden und den Nachweis erbringen, dass die Erde nicht exakt kugelförmig ist.[8]

In der Raumfahrt spielten die immensen Kosten der Solarenergie keine Rolle, da sie sich in jedem Fall rentierte: Sie lieferte den Strom, um im All die teuren Messgeräte zu betreiben, die Millionen Dollar verschlungen hatten. Schon bald wurden alle Satelliten mit Solarenergie ausgestattet, was auch für die sowjetischen Sonden galt.[9] Die steigende Nachfrage aus der Raumfahrt ließ die Kosten sinken: 1976 wurden nur noch 100 Dollar pro Watt benötigt.[10] Damit war die Solarenergie aber immer noch viel zu teuer, um sich auf der Erde zu lohnen.

Die nächste Wende brachten die Ölkrisen ab 1973, als das »schwarze Gold« plötzlich nicht mehr spottbillig war, sondern sich real um das Fünffache verteuerte. Zunächst schien es naheliegend, die Atomkraft weiter auszubauen, doch verloren die Reaktoren ihren Charme, als sich im März 1979 eine partielle Kernschmelze im US-Meiler Harrisburg ereignete und im April 1986 die Nuklearkatastrophe von Tschernobyl folgte. AKW galten jetzt als zu riskant, sodass nur noch Wind und Sonne blieben, um sich von der Ölabhängigkeit zu befreien. Schon 1979 ließ US-Präsident Jimmy Carter demonstrativ eine Solaranlage auf dem Weißen Haus anbringen.[11]

Für kommerzielle Zwecke war Solarstrom aber immer noch zu teuer, und diese Lücke schloss dann das deutsche Erneuerbare-Energien-Gesetz (EEG) aus dem Jahr 2000, das in etwa 100 Ländern kopiert wurde. Der Ansatz war so kühn wie simpel: Solar- und Windstrom wurden vorrangig ins Netz eingespeist und 20 Jahre lang kostendeckend vergütet. Entscheidend war zudem, dass diese Subventionen für Neuanlagen jährlich um fünf Prozent sanken, sodass sich die Hersteller von Solarpaneelen und Windrädern nicht ausruhen konnten, sondern die Effizienz ihrer Technik ständig verbessern mussten. Das Ergebnis hat alle Erwartungen übertroffen. Noch 1998 hatte das Prognos-Institut vorhergesagt, dass Solaranlagen im Jahr 2020 mickrige 0,44 Terawattstunden Strom liefern würden.[12] Tatsächlich waren es dann 51 Terawattstunden – also 116-mal so viel.

Die Subventionen waren allerdings nicht billig und haben etwa 20 Milliarden Euro pro Jahr gekostet.[13] Diese Lasten waren unvermeidlich, wurden aber höchst ungerecht verteilt, weil ausgerechnet die ärmsten Haushalte am meisten zahlen mussten, wenn man ihr geringes Einkommen berücksichtigt. Die Zusatzkosten für die erneuerbaren Energien wurden nämlich durch die sogenannte EEG-Umlage aufgebracht, die bis Mitte 2022 existierte und beim Stromverbrauch anfiel. Wie alle Verbrauchssteuern traf sie die Ärmsten besonders hart, weil diese ihr gesamtes Geld ausgeben müssen, um über die Runden zu kommen.[14] Wohlhabende hingegen werden von Konsumsteuern weit weniger getroffen, da sie einen großen Teil ihrer Einkünfte sparen können. Ein Blitzlicht aus dem Jahr 2015 zeigt, wie sehr die Geringverdiener belastet wurden: Beim ärmsten Zehntel machte die EEG-Umlage satte 1,5 Prozent ihres Nettoeinkommens aus, während es beim reichsten Zehntel nur 0,2 Prozent waren.[15]

Umgekehrt waren es vor allem Wohlhabende, die Solaranlagen auf ihren Eigenheimen installierten und die garantierten Vergütungen kassierten. Da bei diesen Zuschüssen eingerechnet wurde, dass sich Fotovoltaikanlagen lohnen sollten, fiel im Durchschnitt eine Rendite von etwa fünf Prozent pro Jahr ab.[16] Die Ärmeren haben also dafür gezahlt, dass Wohlhabende Gewinn machen konnten. Diese Ungerechtigkeit ist vielen Advokaten der Energiewende so peinlich, dass sie die soziale Unwucht einfach leugnen. Gern bringen sie das Argument vor, dass viele Solaranlagen doch von Fonds finanziert würden, »an denen sich natürlich auch Mieter beteiligen können«[17]. Es wird also der Eindruck erweckt, als hätten Arme nur das Problem, dass sie kein eigenes Dach besitzen. Offenbar ist es für gut bezahlte Ingenieure unvorstellbar, dass den unteren Schichten schlicht das Geld fehlt. Daher zur Aufklärung: Die untere Hälfte der Bundesbürger besitzt weniger als 21.500 Euro und oft nur Schulden.[18] Da bleibt nichts übrig, um in Sonnenenergie zu investieren.

Für die Energiewende ist es gefährlich, dass die sozialen Folgen ignoriert wurden. Denn den Betroffenen ist nicht entgangen, dass die Armen für die Reichen zahlen mussten. Eine repräsentative Umfrage des Bundesumweltamts ergab 2018, dass 72 Prozent der Bundesbürger den Eindruck hatten, dass die »Energiewende sozial ungerecht« gestaltet sei.[19]

Doch zurück zur Solarenergie: Inzwischen sind Paneele so billig, dass selbst kleine Fotovoltaikanlagen auf Privatdächern den Strom genauso günstig liefern können wie riesige Kohlekraftwerke.[20] Große Solaranlagen auf Freiflächen sind sogar noch effizienter: Im sonnenreichen Süddeutschland produzieren sie eine Kilowattstunde für 3,12 bis 4,16 Cent, im dunkleren Norden kostet die Kilowattstunde 4,27 bis 5,70 Cent.[21]

Doch obwohl Solarstrom nun billig zu gewinnen ist, spielt er in Deutschland kaum eine Rolle. Warum? Ein strukturelles Problem besteht darin, dass Solaranlagen viel Platz benötigen, weil die Energiedichte des Lichts nicht hoch ist. Im Durchschnitt kommen drei Kilowattstunden Sonnenenergie pro Tag und Quadratmeter in Deutschland an[22] – und davon fängt eine neu installierte Solaranlage im Mittel nur etwa 16 bis 18 Prozent ein.[23] Da also pro Quadratmeter wenig zu holen ist, sind viele Quadratmeter an Solarpaneelen nötig.

Flächen sind jedoch knapp in der dicht besiedelten Bundesrepublik. Problemlos geeignet sind allein Dächer, sofern sie nicht nach Norden zeigen. Ansonsten ist Fantasie gefragt, um den Flächenverbrauch zu minimieren. Unter anderem werden Solaranlagen auf Baggerseen getestet[24] oder Paneele für senkrechte Wände und Fenster entwickelt.[25] Man könnte Solaranlagen auch über Autobahnen oder Parkplätzen installieren. Interessant ist zudem die sogenannte »Agrofotovoltaik«, die Felder doppelt nutzt: Die Solarpaneele werden auf hohen Gerüsten angebracht, sodass oben Strom erzeugt wird und darunter Nahrungsmittel wachsen. Natürlich sind dabei vor allem Kulturen geeignet, denen zu viel Sonne ohnehin schadet. Erste Versuchsfelder ergaben, dass die Ernteerträge sogar steigen können, wenn Solarpaneele Schatten spenden. Am stärksten profitierte der Sellerie, der auf ein Plus von zwölf Prozent kam. Auch Kartoffeln warfen drei Prozent mehr ab.[26] Da die Solaranlagen zudem Starkregen, Hagel oder Frost abhalten, wird jetzt erprobt, ob sie auch Obstplantagen besser schützen könnten. Theoretisch stehen also weit mehr Flächen zur Verfügung, als die Solarenergie benötigen würde.

Fotovoltaik ist eine faszinierende Technik, die allerdings einen schweren Nachteil hat: Bekanntlich scheint die Sonne nicht immer. Nachts ist sie sowieso verschwunden, aber auch saisonal schwanken Tageslänge und Lichtintensität enorm. In den Sommermonaten Juni und Juli kommt in Deutschland ungefähr achtmal mehr Sonnenenergie an als in den Wintermonaten Dezember oder Januar.[27] Die Sonnenenergie ist hierzulande also nur im Sommer interessant, wenn die Tage lang und die Nächte kurz sind. Im Winter hingegen liefern die Paneele fast gar nichts.

Dafür ist es im Winter besonders windig, sodass sich der Sonnenmangel zum Teil ausgleichen lässt. Auch die Windenergie hat alle Erwartungen übertroffen. Besonders pessimistisch waren die Lobbyisten der Atomkraft, die sich nicht vorstellen konnten, dass es bald grüne Konkurrenz für ihre Reaktoren geben würde. Der Informationskreis KernEnergie schrieb 1990, dass die Windenergie wegen »klimatischer Bedingungen« nie auch nur ein Prozent der Stromversorgung in Deutschland übernehmen könne. Drei Jahre später hieß es in einer Anzeige: »Regenerative Energien wie Sonne, Wasser und Wind können auch langfristig nicht mehr als 4 Prozent unseres Strombedarfs decken. Können wir ein solches Vorgehen verantworten? Nein.«[28] Mit diesen Prognosen lagen die konventionellen Stromversorger gänzlich falsch. 2021 deckte allein die Windenergie etwa 21,5 Prozent des erzeugten Stroms ab.[29] Zusammen mit Solarpaneelen, Wasserkraft und Biomasse kam die erneuerbare Energie sogar auf 42,4 Prozent des Stroms.[30]

Allerdings ist dieser deutliche Fortschritt noch kein Grund, in Ökoeuphorie zu verfallen und zu glauben, dass die Energiewende fast geschafft wäre. Zwar wird nun knapp die Hälfte des Stroms erneuerbar gewonnen, aber in Deutschland werden ja nicht nur Steckdosen angezapft, sondern auch Gas, Öl und Kohle verfeuert. Noch fahren die meisten Autos mit Benzin oder Diesel, Flugzeuge heben mit Kerosin ab, und viele Heizungen verbrennen Gas. Wenn Deutschland klimaneutral werden will, müssen auch Industrie, Verkehr und Gebäude auf Ökoenergie umgestellt werden. Wird jedoch der gesamte deutsche Energiebedarf betrachtet, fällt die Bilanz der Erneuerbaren bisher bescheiden aus. Wie schon erwähnt, deckt der Wind nur 5,4 Prozent des Endenergieverbrauchs ab, und die Fotovoltaik kommt sogar auf bloße 2,3 Prozent.[31] Am wichtigsten ist derzeit die Biomasse, die zehn Prozent beisteuert.[32] Doch ihr Potenzial lässt sich kaum steigern, weil die Flächen fehlen, um noch mehr Energiepflanzen wie Mais oder Raps anzubauen. Schließlich sollen auf den Äckern auch Nahrungsmittel wachsen. Zudem wäre es Augenwischerei, diese Monokulturen als nachhaltig zu bezeichnen. Mais und Raps verschlingen Pestizide, Düngemittel sowie Wasser und beschleunigen zugleich das Artensterben, weil Bienen oder Vögel in den industriellen Agrarwüsten keine Nahrung finden.

Deutschland kann also nur klimaneutral werden, wenn sich künftig noch mehr Windräder drehen, was nicht alle Anwohner begeistert. Der grüne Wirtschaftsminister Robert Habeck machte sich bei seinem Amtsantritt keine Illusionen, dass der Widerstand beachtlich sein würde. »Ich weiß: Hinter jedem Busch lauert Ärger und Streit.«[33] Allerdings ist die Abscheu gegen die »Verspargelung der Landschaft« längst nicht so vehement, wie viele Menschen spontan glauben. In Umfragen geben über 80 Prozent an, dass sie einen weiteren Ausbau der Windenergie begrüßen würden. Selbst in den Gemeinden, wo sich Rotoren drehen, bleibt der Unmut überraschend gering: Nur 16 Prozent der Einwohner sind mit den Anlagen unzufrieden, obwohl die Befragten selbst vermuteten, dass 40 Prozent ihrer Nachbarn über die Windräder verärgert seien. Die meisten können sich sogar weitere Windräder vorstellen. Nur 26 Prozent lehnen neue Rotoren ab, glauben aber, dass 58 Prozent der anderen Einwohner gegen weitere Windparks wären.[34] Der Widerstand hält sich also in Grenzen und dürfte künftig weiter bröckeln, weil die Kommunen jetzt stärker profitieren sollen und für jedes neue Windrad jährlich etwa 25.000 Euro kassieren können.[35]

Momentan stehen in der Bundesrepublik rund 30.000 Windräder, die etwa 0,5 Prozent der Landesfläche belegen. Gebraucht werden aber zwei Prozent der Flächen, also das Vierfache.[36] Dieses Gebiet wäre fast dreimal so groß wie das Saarland oder würde einem Drittel Hessens entsprechen. Die Windenergie würde aber immer noch weniger Flächen benötigen, als etwa die Straßen beanspruchen, die aktuell 2,6 Prozent des Landes unter Asphalt begraben. Zudem lässt sich der Boden, auf dem ein Windrad steht, weiter nutzen, um etwa Äcker oder Wald zu bewirtschaften. Das Fundament und die Anfahrtswege machen nur einen minimalen Teil der Windradflächen aus.[37]

Aber wo stellt man die Windräder am besten hin? Eine naheliegende Idee wäre, vor allem küstennahe Flächen zu nutzen, denn dort bläst der Wind bekanntlich am stärksten. Auf Borkum, Sylt oder Hiddensee liegen die durchschnittlichen Windgeschwindigkeiten bei knapp acht Metern pro Sekunde, während windarme Gegenden wie der Rheingraben oder Halle nur auf vier Meter kommen. Auch Berge sind windumtost, ob es nun die Alpen, der Schwarzwald oder das Rothaargebirge sind.[38] Allerdings müsste der Windstrom quer durch die ganze Republik geleitet werden, wenn die Rotoren nur an den Küsten und auf Bergkuppen stehen sollen. Diese Lösung wäre daher zu teuer, trotz der hohen Windausbeute. Rentabler ist es, sich auch mit geringeren Windgeschwindigkeiten zu begnügen. Windräder könnten dann in der ganzen Republik stehen und dezentral Energie gewinnen.[39]

Diese Nachricht hat allerdings noch längst nicht alle Bundesländer erreicht. Bisher haben nur Schleswig-Holstein, Hessen, das Saarland und Brandenburg etwa zwei Prozent ihrer Flächen für Windparks ausgewiesen. Sachsen hingegen hat nur 0,2 Prozent der Landesfläche für Windparks freigegeben, und in Bayern sind es sogar nur 0,1 Prozent.[40]

Oft werden Windräder nicht bewilligt, weil sie den Vogelschutz gefährden könnten. Der Naturschutzbund NABU schätzt, dass in Deutschland etwa 100.000 Vögel im Jahr tödlich mit Windrädern kollidieren. Allerdings sterben an den Glasfronten von Gebäuden jährlich etwa 100 Millionen Vögel, 70 Millionen durch Autos und Bahnen und mehr als 20 Millionen durch Hauskatzen. Noch tödlicher ist die intensive Landwirtschaft, die die Lebensräume der Vögel durch Monokulturen, Pestizide und Gülle zerstört.[41]

Die Gesamtplanung ist zudem schwierig, weil bisher keinerlei Konsens besteht, wie viele zusätzliche Windräder eigentlich gebraucht werden. Manche Studien gehen davon aus, dass nur noch 7.000 weitere Rotoren an Land benötigt werden, damit Deutschland klimaneutral wird. Da schon 30.000 Anlagen existieren, wären es also insgesamt 37.000 Windräder. Andere Experten rechnen damit, dass mindestens 67.000 Rotoren erforderlich sind – also fast doppelt so viele wie heute. Diese erstaunliche Diskrepanz ergibt sich daraus, dass die Studien zu völlig verschiedenen Ergebnissen gelangen, wie viel Ökostrom Deutschland im Jahr 2050 insgesamt gewinnen muss. Manche Forschungsinstitute glauben, dass nur 620 Terawattstunden nötig sind, während andere Berechnungen auf 1.000 Terawattstunden kommen.[42] Das sind gewaltige Unterschiede.

Diese Widersprüche lassen sich kaum vermeiden, da jede

Prognose von ihren Annahmen abhängt. Unter anderem muss geschätzt werden, wie viel Ökoenergie sich aus dem Ausland importieren lässt, wie effizient E-Autos werden oder ob die Bundesbürger bereit sind, ihren Konsum zu reduzieren. Jede Studie kommt da zu anderen Ergebnissen.[43]

Nur so viel ist sicher: Auf Windkraft lässt sich nicht verzichten. In Deutschland ist sie billiger als Solarstrom,[44] und vor allem steht der Wind häufiger zur Verfügung. Das Jahr hat 8.760 Stunden, und in dieser Zeit kommen Windräder an Land auf 1.960 Volllaststunden, während es bei Fotovoltaikanlagen nur 910 bis 980 Volllaststunden sind.[45] Windanlagen im Meer sind sogar noch ergiebiger und erreichen 3.820 Volllaststunden.[46]

Wie diese mageren Volllaststunden aber auch zeigen, können Windräder und Solarpaneele ihre Leistung oft nicht erbringen, weil entweder Flaute herrscht oder die Sonne nicht scheint. Fossile Kraftwerke sind hingegen absolut berechenbar. Gas und Kohle liefern rund um die Uhr Energie und können jederzeit ihre Spitzenleistung abrufen.

Zudem variieren Windstärken nicht nur stündlich, täglich oder saisonal – sondern auch von Jahr zu Jahr. Im gleichen Monat kann es in verschiedenen Jahren zu sehr unterschiedlichen Strommengen kommen. Nur ein Beispiel: Im Januar 2017 lieferten die deutschen Windräder nur halb so viel Strom wie im Januar 2018.[47] Katastrophal war auch die Ausbeute im Frühjahr 2021, denn von Januar bis März wehte der Wind ungewöhnlich schwach. Dieses Auf und Ab der Strommengen ist jedoch schwer zu verkraften, weil Privathaushalte und Wirtschaft permanent Energie benötigen.

Besonders gefürchtet ist die sogenannte »kalte Dunkelflaute«, wenn also mitten im Winter die Sonne gar nicht scheint und gleichzeitig der Wind ausbleibt – aber jeder heizen möchte. Das ist die »Nagelprobe« für die Energiewende.[48] Dunkelflauten kommen zwar nicht häufig vor, können aber mehrere Tage anhalten, und es ist unmöglich, den Strom einfach abzustellen, bis wieder genügend Wind weht. Schon eine Stunde Stromausfall würde derzeit bundesweit Schäden von geschätzten 0,6 bis 1,3 Milliarden Euro verursachen.[49]

Aber müssen wir den Ökostrom wirklich in Deutschland produzieren und Dunkelflauten riskieren? Denkbar wäre doch jene radikale Alternative, von der schon Bebel geträumt hat: Die Solarpaneele könnten in der unbewohnten Sahara stehen, wo die Sonne viel intensiver scheint und sich keine Menschen an der Fotovoltaik stören würden.[50] Auch die Bayern müssten nicht mehr überzeugt werden, Windräder zu akzeptieren. Der Ökostrom käme einfach aus der Wüste und würde per Kabel nach Deutschland befördert. Diese Idee ist zwar schön, aber nicht zu finanzieren. Der Solarexperte Volker Quaschning hat jüngst im Detail vorgerechnet, warum Wüstenstrom zu kompliziert und teuer wäre.[51]

Auch in der Sahara gibt es Tag und Nacht sowie Sommer und Winter, was gern vergessen wird. Die saisonalen Schwankungen sind zwar weniger ausgeprägt als in Deutschland, aber auch in Nordafrika sind die Tage im Januar deutlich kürzer als im Juli. Für die Dunkelphasen müsste man also weiterhin Strom teuer speichern, selbst wenn er in der Wüste produziert würde.

Immerhin: Die Ausbeute von Solarpaneelen in Marokko wäre etwa 80 Prozent höher als in Berlin. Allerdings müsste diese Energie noch nach Deutschland befördert werden, und das wird schwierig. Eine erste Variante wäre, Hochspannungsleitungen zu nutzen. Knapp zehn Prozent der Energie würde jedoch unterwegs abhandenkommen, weil sich Strom nicht verlustfrei transportieren lässt.

Zudem würden etwa 100 Leitungen gebraucht, um genügend Strom aus der Sahara nach Deutschland zu befördern, was wiederum bedeuten würde, dass zwischen Marokko und der Bundesrepublik 750.000 Strommasten nötig wären.[52] In den Transitländern Spanien und Frankreich würden also alle 300 bis 500 Meter 100 Strommasten stehen, und es ist höchst unwahrscheinlich, dass die beiden Länder bereit wären, ihre Landschaft zu verschandeln, nur um Energie für die Deutschen zu transportieren. Auch die Kosten wären nicht zu verachten: Sie würden bei etwa 1.000 Milliarden Euro liegen – für die Leitungen und Masten. Die Solarpaneele in Nordafrika wären da noch gar nicht eingerechnet.

Theoretisch ließen sich die Stromkabel auch unterirdisch verlegen, was aber gänzlich unbezahlbar wäre. In Deutschland wird gerade das Erdkabel »Suedlink« gebaut, um Windstrom aus Schleswig-Holstein in den Süden zu befördern. Suedlink wird zehn Milliarden Euro kosten – ist aber »nur« 700 Kilometer lang. Nach Marokko wären etwa 3.000 Kilometer zu überwinden und 100 Kabel zu verlegen, sodass sich die Gesamtkosten auf mehrere hundert Milliarden Euro summieren dürften.

Der Landweg ist also ausgeschlossen, um Strom aus Nordafrika nach Deutschland zu transportieren, sodass nur Schiffe oder Pipelines bleiben. Damit sich der Wüstenstrom verladen lässt, müsste man ihn aber erst einmal in Wasserstoff umwandeln – durch Elektrolyse. Viele kennen das Prinzip noch aus den Laborversuchen in der Schule: In einen

Behälter mit Wasser ($H_2O$) werden zwei Elektroden gehalten. An der positiv geladenen Anode entsteht Sauerstoff ($O_2$), an der negativen Kathode Wasserstoff ($H_2$). Da der Strom aus Solaranlagen stammen würde, wäre dieser Wasserstoff absolut klimaneutral, also »grün«. Allerdings frisst die Elektrolyse sehr viel Energie, sodass etwa 30 Prozent des Stroms verloren gingen. Zudem funktioniert diese Technik nur mit Süßwasser, das es in Wüsten aber nicht gibt. Also müsste Meerwasser entsalzt werden, was weitere Energie verschlingen würde.

Immerhin hätte Wasserstoff den Vorteil, dass er sich so universell einsetzen lässt wie Erdgas. Wir könnten damit Häuser heizen, Auto fahren, Strom erzeugen, extreme Hitze für die Industrie bereitstellen, ihn zu chemischen Grundstoffen verwandeln oder Energie speichern. Zudem verbrennt er absolut sauber, weil er sich wieder mit Sauerstoff verbindet – und dabei reines Wasser entsteht.

Der Nachteil wäre jedoch, dass Wasserstoff sehr viel Platz benötigt. Damit er sich überhaupt transportieren lässt, müsste er durch hohen Druck komprimiert oder bei minus 253 Grad verflüssigt werden, was weitere Energie erfordert. Zudem gibt es in Nordafrika noch gar keine Verladeterminals für Wasserstoff. Auch geeignete Tanker fehlen, denn bisher existiert weltweit nur ein einziges Schiff, das flüssigen Wasserstoff transportieren kann.[53]

Auch Pipelines würden keine attraktive Alternative darstellen. Zwar gibt es schon einige Röhren, die Erdgas von Nordafrika nach Europa schaffen,[54] aber dieses kleine Netz würde nicht ausreichen, um den grünen Wasserstoff nach Deutschland zu pumpen. Neue Pipelines wären aber kompliziert und teuer.

Hätte der Wasserstoff Deutschland schließlich erreicht,

müsste er wieder in Strom verwandelt werden.[55] In den Gaskraftwerken würden noch einmal etwa 40 Prozent der Energie verloren gehen. Die Gesamtbilanz ist also enttäuschend: Am Ende blieben vom Wüstenstrom maximal 30 Prozent übrig. Selbst wenn eine Solaranlage in der Sahara 80 Prozent mehr Strom erzeugt, käme am Ende nur halb so viel Energie an, wie Paneele in Deutschland produzieren können. Wüstenstrom lohnt sich nicht, weil er eine allzu aufwendige Infrastruktur voraussetzt.

Deutschland kann also nur dann klimaneutral werden, wenn es seinen Ökostrom zu Hause produziert. Diese Erkenntnis ist unschön, weil Wind- und Sonnenenergie so unzuverlässig zur Verfügung stehen und Dunkelflauten drohen. Um für diese schlechten Zeiten vorzusorgen, muss man Ökostrom speichern. Das ist neu. Bei fossilen Brennstoffen sind Speicher überflüssig, weil sie selbst bereits Speicher sind – von totem organischem Material, das vor Millionen Jahren zu Öl, Gas oder Kohle verwandelt wurde.

Zudem ist es gar nicht einfach, Strom zu konservieren – weil man ihn nicht direkt als Strom speichern kann. Elektrizität funktioniert nicht wie ein Kilo Pflaumen, die man einfach einkochen und als Kompott im Weckglas lagern kann. Strom muss erst chemisch verwandelt werden, damit die Energie in Batterien oder als Wasserstoff überdauert. Dabei geht immer ein Teil der Energie verloren. Ökostrom ist teuer, nicht billig. Es ist ein Irrtum zu glauben, dass »die Sonne keine Rechnung schickt«.[56] Licht und Wind sind zwar kostenlos, aber ansonsten ist die Energiewende eine gigantische Materialschlacht.

## 12. Das Problem der Speicher

Für die Energiewende ist es wirklich bedauerlich, dass die Sonne nachts nicht scheint. Denn es ist nicht leicht, die dunklen Stunden zu überbrücken. Batterien können zwar Überschüsse aus der Mittagszeit speichern und abends wieder abgeben, aber das macht den Solarstrom sofort teurer: Die Kosten verdoppeln sich pro Kilowattstunde, wenn Batterien mitlaufen sollen.[1]

Zudem ist der Nutzen von Batterien begrenzt. Sie können höchstens für einige Stunden einspringen, weil ihre Anschaffung noch immer so kostspielig ist, dass sie sich nur lohnen, wenn sie möglichst oft be- und entladen werden, da dann die Speicherkosten pro Kilowattstunde nicht so stark ins Gewicht fallen. Man stelle sich einmal das Gegenteil vor: Jemand käme auf die Idee, seine Batterie im Sommer mit Solarstrom zu füllen, um sie im Winter wieder anzuzapfen. Diese Batterie wäre sechs Monate lang blockiert – und der Strom entsprechend teuer.

Immerhin sind Batterien recht flexibel. Künftig sollen auch die Akkus von E-Autos genutzt werden, um Strom einzuspeisen, wenn Mangel herrscht. Schließlich werden Pkw im Durchschnitt nur eine Stunde pro Tag genutzt, sodass sie sich in der übrigen Zeit be- und entladen lassen. Der Nachteil wäre natürlich, dass die Besitzer ihr E-Auto nicht mehr nach Gusto bewegen könnten – es wäre eher ein Stehauto. Realistische Szenarien nehmen daher an, dass nur etwa zehn Prozent der E-Autos zur Verfügung stehen, wenn Stromlücken im Netz auftreten.[2]

Bei längeren Dunkelflauten können Batterien hingegen nicht weiterhelfen. Bill Gates hat kürzlich vorgerechnet, wie viele Speicher nötig wären, um Tokio auch nur drei Tage lang mit Energie zu versorgen: »Es wären über 14 Millionen Batterien. Das ist mehr Speicherkapazität, als die ganze Welt in einem Jahrzehnt herstellt. Kaufpreis: 400 Milliarden US-Dollar. […] Und das wären nur die Anschaffungskosten. Andere Ausgaben wie Installierung und Wartung wären noch gar nicht eingerechnet.«[3]

Batterien sind allerdings nicht die einzige Technik, um kurzfristige Stromlücken zu überbrücken. Eine Alternative sind Pumpspeicherwerke. Die Grundidee ist so schlicht, dass die ersten Kraftwerke schon vor 100 Jahren gebaut wurden: Ist zu viel Strom im Netz, wird Wasser einen Berg hochgepumpt – fehlt Strom, wird es wieder abgelassen und treibt eine Turbine mit Generator an. Pumpspeicher sind ziemlich effizient und können etwa drei Viertel der gespeicherten Energie wieder abgeben. Allerdings finden sich in Deutschland nur wenige geeignete Standorte, und diese werden oft nicht genutzt, weil Pumpspeicher riesige Betonbecken mitten in den Bergen benötigen und einen schweren Eingriff in die Landschaft darstellen.[4] Die Kapazität reicht daher nur aus, um das deutsche Stromnetz für wenige Stunden zu stabilisieren.[5]

Neuerdings gibt es zusätzlich noch die Möglichkeit, die

Wasserkraftwerke in Norwegens Bergen anzuzapfen, weil seit Mai 2021 das Seekabel »NordLink« bis nach Schleswig-Holstein führt. Der Ansatz ist brillant: Wann immer in Deutschland zu viel Windstrom im Netz ist, gehen die Überschüsse nach Norden, sodass die Norweger ihre Wasserspeicher schonen können. Diese Wasserkraft steht dann zur Verfügung, falls in Deutschland zu wenig Windstrom vorhanden ist.

Diese »Stromautobahn« ist also zweispurig befahrbar und kann so viel Strom liefern, wie rechnerisch rund 3,6 Millionen deutsche Haushalte benötigen.[6] Das ist durchaus stattlich, würde aber bei einer Dunkelflaute ebenfalls nicht reichen, da Deutschland etwa 40,5 Millionen Haushalte zählt. Zudem wollen auch andere Staaten die norwegische Wasserkraft anzapfen. Die Niederlande sind bereits seit 2008 durch das Seekabel »NorNed« mit dem Norden verbunden, und im Herbst 2021 wurde der »North Sea Link« zwischen Großbritannien und Norwegen eröffnet.[7] Die Wasserkraft aus Norwegen ist also begrenzt und wird vor allem als Puffer genutzt, um das Stromnetz stabil zu halten.

Einen solchen Puffer könnten übrigens auch die Verbraucher bieten – indem sie ihre Stromnachfrage an das Angebot anpassen. Beliebte Beispiele sind die Wasch- und Spülmaschine. Sie müssen nicht zu einer festgelegten Uhrzeit laufen, sondern könnten dann starten, wenn im Netz besonders viel Strom vorhanden ist. Die Haushalte würden dabei Geld sparen, denn natürlich wäre der überschüssige Strom sehr billig. Dieses »Lastenmanagement« setzt allerdings voraus, dass die Elektrogeräte erkennen, wann Strom kostengünstig ist. Sie müssen also Preissignale empfangen, was ein digitales Netz, ein »smart grid«, voraussetzt.[8]

»Smart grids« wären technisch längst machbar. Sie würden es auch erlauben, Wohnungen in Zwischenspeicher zu verwandeln, sofern sie gut gedämmt sind und über elektrische Wärmepumpen verfügen. Ist Strom im Überfluss vorhanden, würde die Raumtemperatur minimal erhöht, was Bewohner kaum merken. Fehlt Strom, schaltet sich die Heizung eine Zeit lang ab, sodass die Temperatur wieder um ein oder zwei Grad sinkt. Ganz normale Gebäude würden zu Energiespeichern.[9]

Auch in der Industrie gibt es Potenziale, die Stromnachfrage variabel zu gestalten. Gut isolierte Kühlhäuser kommen eine Zeit lang auch ohne Energie aus, und Aluminiumhütten könnten ihre Produktion immer dann hochfahren, wenn besonders viel Strom vorhanden ist.[10] Doch so kreativ diese Ideen sind: Das Lastenmanagement allein reicht nicht aus, um längere Dunkelflauten zu überbrücken.

Die Angst vor einem Blackout ist nicht neu und wurde gelegentlich schon missbraucht, um Sonderinteressen durchzusetzen. So drohte der baden-württembergische Ministerpräsident Hans Filbinger im Jahr 1975: »Ohne das Kernkraftwerk Wyhl werden bis 1980 in Baden-Württemberg die ersten Lichter ausgehen.«[11] Bekanntlich wurde Wyhl nie gebaut, und trotzdem versank der deutsche Südwesten nicht im Dunkel. Dennoch wäre es falsch, aus derartigen Anekdoten zu schließen, dass sich die Gefahr eines Blackouts ruhig ignorieren lässt. Wer komplett auf Ökostrom umstellen will, muss für Dunkelflauten gerüstet sein, wie Solarexperte Harry Wirth herausstreicht: »Die Speicherkapazität des Systems muss für den Worst Case eines mehrwöchigen Primärenergieausfalls (Sonne und Wind) ausgelegt sein, d. h.

eine längere Flaute im Winter, möglicherweise verschärft durch eine geschlossene Schneedecke.«[12]

Der Deutsche Wetterdienst hat bereits berechnet, wie oft eine Dunkelflaute zu erwarten ist, die mehr als 48 Stunden andauert und bei der Windräder plus Solarpaneele nur maximal zehn Prozent ihrer Nennleistung erbringen. Das Ergebnis klingt zunächst beruhigend: Eine derartige Dunkelflaute ist in Deutschland nur zweimal im Jahr zu erwarten und bleibt zudem oft ein regionales Ereignis, von dem nicht ganz Europa betroffen ist. Dass der gesamte Kontinent gleichzeitig von einer Dunkelflaute erwischt wird, kommt im Schnitt nur alle fünf Jahre vor.[13]

Trotzdem ist es nicht möglich, dass sich Deutschland von den Nachbarländern komplett beliefern lässt, wenn hier Dunkelflaute herrscht und anderswo die Sonne scheint oder der Wind weht. Dafür fehlen schlicht die Leitungen. Zwar gibt es eine europäische »Energieunion«, die neue Stromverbindungen zwischen den EU-Staaten legen will. Aber diese soll nur geringfügige Schwankungen ausgleichen. Eine längere Dunkelflaute hat die Energieunion schon deswegen nicht im Blick, weil die nötigen Hochspannungsleitungen viel zu teuer wären. Bereits beim Thema Wüstenstrom hat sich ja gezeigt, wie aufwendig es wäre, Kabel quer durch den Kontinent zu spannen.

Deutschland muss also in der Lage sein, sich selbst zu helfen, wenn Wind und Sonne nicht genug Strom liefern. Bedrohlich sind zudem nicht nur echte Dunkelflauten, wenn 90 Prozent der Nennleistung fehlen. Die Energieversorgung gerät bereits an ihre Grenzen, sobald weniger als die Hälfte der installierten Kapazitäten zur Verfügung steht – und damit ist an 362 Stunden im Jahr zu rechnen, was insgesamt rund zwei Wochen entspricht.[14]

Rein technisch wäre eine Lösung schon in Sicht: »grüner Wasserstoff«. Zwar wäre es viel zu teuer, den gesamten Ökostrom aus der Sahara zu importieren, aber kleine Notreserven ließen sich finanzieren. Zudem könnte ein Teil auch in Deutschland selbst hergestellt werden, denn gelegentlich ist zu viel Strom im Netz, weil im Sommer die Sonne prallt oder im Winter der Wind besonders stark bläst. Diese Überschüsse könnten in Vorrichtungen fließen, die ihn in Wasserstoff umwandeln, der gespeichert werden kann (Elektrolyseure). Der Wirkungsgrad wäre allerdings wieder recht bescheiden, denn von der eingesetzten Ökoenergie würden nur etwa 35 Prozent übrig bleiben.[15]

Noch handelt es sich um ein Zukunftsprojekt. Bisher existieren keine effizienten Elektrolyseure, um grünen Wasserstoff herzustellen. Optimisten gehen immerhin davon aus, dass Prototypen im Jahr 2030 so weit ausgereift sind, dass sie sich im Regelbetrieb einsetzen lassen.[16]

Aber schon jetzt ist klar, dass grüner Wasserstoff teuer wird. Die Kosten lassen sich relativ gut einschätzen, weil eine klimaschädliche Variante bereits hergestellt wird. Wasserstoff ist ein wichtiger Grundstoff in der chemischen Industrie und wird bisher aus Erdgas gewonnen, sodass dabei viel $CO_2$ entsteht. Dieser fossile Wasserstoff ist etwa dreimal so teuer wie normales Erdgas,[17] und die grüne Variante dürfte noch weitaus höhere Kosten verursachen und etwa zehnmal so teuer sein.

Zudem gibt es bisher nicht genügend Gaskraftwerke, um die gesamte Volkswirtschaft mit Strom zu versorgen. Die Schätzungen variieren stark, wie viele zusätzliche Gasturbinen benötigt würden, wenn sich Deutschland nur noch auf Ökoenergie verlässt und Dunkelflauten zu überbrücken sind. Die meisten Studien gehen jedoch davon aus, dass sich die Leistung der Gaskraftwerke mindestens verdoppeln oder gar verdreifachen müsste. Deutschland hätte dann mehr Kraftwerke als heute, und da ist die Leistung der jetzigen Atomreaktoren und Kohlekraftwerke schon eingerechnet.[18] Aber anders als heute würden diese vielen Kraftwerke meist ruhen und nur in Mangelzeiten laufen. Sie würden ganze 362 Stunden im Jahr genutzt und die restlichen 8.398 Stunden als totes Kapital herumstehen.[19] Das treibt die Kosten weiter.

Die Energiewende wird also aufwendig. Sie benötigt viele neue Windräder, Solaranlagen, Batterien, Stromleitungen, Elektrolyseure und Gasturbinen.[20] Trotzdem sind die meisten Klimaschützer überzeugt, dass der Strompreis künftig »niedriger sein wird als heute«[21]. Grüne Energie soll also nicht nur die Menschheit retten – sondern auch noch ein gutes Geschäft sein. Das ist leider falsch.

# 13. Die Energiewende wird teuer, nicht billig

Niemand weiß, was Batterien oder Elektrolyseure in 30 Jahren kosten werden. Genaue Prognosen kann es nicht geben, denn die Zukunft kennt keiner. Dieses Problem brachte der österreichisch-britische Philosoph Karl Popper auf den schönen Satz: »Wenn wir vorhersehen könnten, was wir wissen werden, wüssten wir es schon.«[1] Da konkrete Prognosen unmöglich sind, ist es in der Klimadebatte üblich, Szenarien zu entwickeln, die ein gewisses Maß an Wahrscheinlichkeit besitzen.

Dieses Vorgehen ist legitim und ohne Alternative, bietet aber die Möglichkeit, den eigenen Hoffnungen freien Lauf zu lassen, und so fallen die meisten Szenarien überaus optimistisch aus. Widerspruch müssen die Autoren nicht fürchten, weil ihre Annahmen nicht falsifizierbar sind. Besonders frohgemut sind Forscher aus Oxford, die der Menschheit sogar einen ungeahnten Geldsegen vorhersagen: »Ein schneller Übergang zur klimaneutralen Energie wird wahrscheinlich Nettoersparnisse von vielen Billionen Dollar ermöglichen.«[2] Angeblich kostet Klimapolitik also gar nichts, sondern wirft enorme Gewinne ab.

Auch die deutsche Fraunhofer-Gesellschaft kommt zu einem beruhigenden Ergebnis, obwohl sie gewisse Kosten nicht leugnet. Die Energiewende würde hierzulande etwa 50 Milliarden Euro jährlich erfordern – und wäre damit weitaus billiger als etwa die Geschenke zu Heiligabend. Erfreut heißt es: »Als eine andere Vergleichsgröße […] können die Umsätze im Weihnachtsgeschäft herangezogen werden, die für das Jahr 2019 in Deutschland bei knapp 102 Milliarden Euro lagen, also rund doppelt so hoch wie die mittleren jährlichen Aufwendungen für die Transformation des Energiesystems.«[3]

Die Szenarien fallen so optimistisch aus, weil sie sich auf den »Genossen Trend« verlassen. In der Vergangenheit sind die Kosten für Solaranlagen oder Windräder stark gefallen – also wird damit gerechnet, dass sich dieses Muster bei den Speichertechnologien und beim grünen Wasserstoff wiederholt. Bei Batterien lässt sich tatsächlich beobachten, dass sie deutlich billiger geworden sind. Im Jahr 1992 kostete jedes Kilowatt Speicherkapazität sagenhafte 6.035 US-Dollar, 2016 waren es nur noch 244 Dollar.[4]

Auch die Experten waren überrascht, dass die Ökotechnik so schnell so billig wurde. Fast niemand hatte diese Entwicklung vorhergesehen, wie eine historische Auswertung zeigt: Die meisten Prognosen für die Zeit von 2010 bis 2020 gingen davon aus, dass die Preise für Solarpaneele nur um 2,5 Prozent pro Jahr fallen würden – tatsächlich waren es 15 Prozent pro Jahr.[5]

Allerdings sind Solarpaneele, Batterien oder Windräder seltene Ausnahmen, denn bei den meisten anderen Industrieprodukten sinken die Kosten nicht so schnell. Ob Fahrräder, Kühlschränke oder Autos: Ihre Preise sind nicht ins Bodenlose gefallen.[6] Ein moderner VW-Mittelklassewagen ist heute nicht 99,6 Prozent billiger als ein Modell T von Ford, das 1914 in Detroit vom Band rollte. Im Gegenteil: Autos sind jetzt teurer als vor 100 Jahren.[7] Natürlich sind sie auch leistungsfähiger und besitzen mehr Komfort – aber der Preis ist nach oben gegangen, nicht nach unten.

Wir können froh sein, dass Solarpaneele, Windräder und Batterien einem ungewöhnlichen Trend folgen und ihre Preise rapide sinken. Sonst wäre eine Energiewende so kostspielig, dass die Menschheit an die fossilen Klimakiller Kohle, Öl und Gas gekettet bliebe. Dennoch ist grenzenloser Optimismus verfehlt. Obwohl Batterien heute viel weniger kosten als vor 30 Jahren, sind sie immer noch teuer. Wie schon erwähnt, verdoppeln sich die Kosten für Solaranlagen, wenn noch Batterien hinzukommen. Auch Elektrolyseure sind bisher nicht kostengünstig. Die Preise für Ökotechnik müssten also weiter fallen, damit die Energiewende billig wird. Leider ist nicht sicher, dass sich der Trend fortsetzt. Wichtige Rohstoffe könnten so knapp werden, dass die Kosten empfindlich steigen.

Momentan sind Solarpaneele und Windräder ein Nischenphänomen. Weltweit liefern Solaranlagen 0,4 Prozent der Primärenergie, während der Windstrom auf 0,8 Prozent kommt.[8] Auch E-Autos haben global nur einen Marktanteil von mickrigen ein Prozent.[9] Doch obwohl es weltweit kaum Ökotechnik gibt, wird schon jetzt sorgenvoll diskutiert, ob die Rohstoffe für eine globale Energiewende überhaupt reichen würden.

Grüne Technik verschlingt nicht bloß Stahl, Beton und Aluminium, was bisher ausreichend vorhanden ist – sondern auch eher knappe Mineralien. Dazu gehören unter anderem Lithium, Nickel, Kupfer, Kobalt, Mangan, Grafit und seltene

Erden wie Neodym. Nur zum Vergleich: Ein herkömmliches Auto benötigt 35 Kilo dieser Rohstoffe, während es bei einem E-Auto etwa 210 Kilo sind – also sechsmal so viel. Auch Windräder drehen sich nicht von Luft allein. Pro Megawatt installierter Leistung werden mehr als 10.000 Kilo an Mineralien benötigt, und wenn die Rotoren im Meer stehen, sind es sogar 15.000 Kilo. Solarpaneele erfordern nicht ganz so viele Rohstoffe, kommen aber auch auf 7.000 Kilo. Konventionelle Kraftwerke sind da viel sparsamer: Wird Kohle verfeuert, sind 2.500 Kilo Mineralien pro Megawatt nötig; bei Gas sind es sogar nur 1.200 Kilo.[10]

Der Bedarf an Mineralien wird also explodieren, wenn die ganze Welt klimaneutral wirtschaften will. Die Internationale Energieagentur prognostiziert, dass die Nachfrage nach Lithium bis 2040 auf das 42-Fache steigen wird, bei Grafit auf das 25-Fache, bei Kobalt auf das 21-Fache, bei Nickel auf das 19-Fache und bei den seltenen Erden auf das Siebenfache. Die Nachfrage nach Kupfer dürfte sich mehr als verdoppeln.[11]

Die Gefahr besteht nicht darin, dass diese Rohstoffe versiegen und nirgendwo mehr zu finden wären. Die Erdkruste bietet reichlich Material. Aber es wird schwieriger, diese Mineralien zu fördern. Bis 2030 dürfte die Nachfrage nach Lithium so stark ansteigen, dass die existierenden und geplanten Bergwerke nur noch die Hälfte des Bedarfs abdecken können. Im Durchschnitt dauert es jedoch 16 Jahre, um neue Minen zu eröffnen.[12] Bei Lithium ist also schon abzusehen, dass dieser Rohstoff knapp wird – der aber für E-Autos, Batterien, Smartphones, Laptops und Tablets unverzichtbar ist.[13]

Zudem lässt die Qualität der Vorkommen nach, je länger ein Rohstoff gefördert wird. Dafür sorgt die ökonomische Logik: Zunächst werden jene Lagerstätten ausgebeutet, die besonders profitabel sind, weil sie leicht erreichbar sind und hochwertige Mineralien garantieren. Weniger attraktive Bergwerke kommen erst zum Zug, wenn die besten Vorkommen weitgehend geleert sind oder den Bedarf nicht mehr decken können. Ein gern zitiertes Beispiel ist Kupfer. Chile ist der weltweit größte Exporteur, doch der Metallgehalt in den Erzen sank dort in nur 15 Jahren um 30 Prozent. Je weniger Kupfer aber vorhanden ist, desto mehr Energie und Erz sind nötig, um den Rohstoff zu gewinnen, was wiederum die Produktionskosten, die emittierten Treibhausgase und die Mengen an Abraum nach oben treibt. Die Internationale Energieagentur zieht daher das Fazit: »Die Risiken […] beim Rohstoffangebot sind handhabbar – aber sie sind real.«[14]

Von diesen eher düsteren Prognosen lassen sich Technikoptimisten nicht beeindrucken. Sie glauben an das grenzenlose Reich der Sonnenenergie, in dem die Rohstoffvorräte unendlich sind. Besonders kuriose Formen nimmt diese Vision beim Silicon-Valley-Unternehmer Tony Seba an: »Die Steinzeit endete nicht, weil die Menschheit keine Steine mehr gehabt hätte, sondern weil eine bessere Technologie auftauchte – nämlich Bronze […] Die Ära der Pferde und Kutschen war nicht vorbei, weil plötzlich Pferde fehlten, sondern weil sie durch den Verbrennermotor überflüssig wurden […] Die Phase der Filmphotographie endete nicht, weil es keine Filme mehr gegeben hätte […] Das Internet hat die Zeitungen nicht beerdigt, weil zu wenig Papier vorhanden wäre […] Und das Handy löste das alte Festnetztelefon nicht ab, weil die Kupfervorräte für die Leitungen erschöpft gewesen wären. Im Boden lagert immer noch genug Kupfer für die nächsten hundert Jahre.«[15] Die Botschaft der Optimisten lautet also: Die Kreativität des Menschen ist unerschöpflich. Unsere Intelligenz ist der eigentliche Rohstoff, auf den es ankommt. Die Erde wird schon liefern, was wir benötigen.

Es ist nicht zu leugnen, dass es in der Vergangenheit immer wieder Rohstoffe gegeben hat, die erst knapp erschienen – und dann geradezu im Überfluss vorhanden waren. Der berühmte Bestseller *Grenzen des Wachstums* nahm 1972 unter anderem an, dass die Goldvorräte bereits Ende des 20. Jahrhunderts verbraucht wären.[16] Doch das Jahr 2000 kam und ging, und noch immer gibt es das Edelmetall zu kaufen, denn die bekannten Goldreserven haben sich inzwischen verfünffacht. Die Silbervorkommen haben sich in der gleichen Zeit verdreifacht, und die bekannten Aluminiumreserven sind jetzt sogar knapp 25-mal größer als damals.[17]

Gleich zwei Effekte können Mangel in Überfluss verwandeln. Erstens: Sobald die Preise steigen, lohnt es sich, Rohstoffe sparsamer einzusetzen. Dieses Phänomen ist etwa bei Solaranlagen zu beobachten. Die heutigen Paneele benötigen 40 bis 50 Prozent weniger Silber und Silizium als zu ihren Anfangszeiten, was den Boom der Fotovoltaik überhaupt erst ermöglicht hat.[18] Zweitens: Wenn Rohstoffe teurer werden, ist es rentabel, neue Vorkommen zu suchen. Ein schönes Beispiel ist erneut Kupfer. Im Jahr 1970 lagen die bekannten Reserven bei 280 Millionen Tonnen, dennoch wurden seither etwa 600 Millionen Tonnen verbraucht – und die verfügbaren Kupferreserven belaufen sich aktuell auf etwa 870 Millionen Tonnen. So paradox es ist: Mit dem Verbrauch nehmen die Reserven zu.[19]

Technikoptimisten verweisen zudem darauf, dass die seltenen Erden gar nicht so selten seien.[20] Das stimmt. Die globalen Reserven werden auf 120 Millionen Tonnen geschätzt, von denen momentan jährlich nur etwa 280.000 Tonnen verbraucht werden.[21] Die Vorräte dürften also lange reichen. Allerdings kommen diese Metalle in der Natur nie rein vor, sondern sind immer mit anderen, oft radioaktiven Mineralien verbunden. Um die seltenen Erden herauszulösen, werden Säuren und Salze eingesetzt, sodass hochgiftiger, strahlender Schlamm zurückbleibt.[22] Diese aufwendigen Prozeduren treiben zugleich den Preis nach oben. Neodym wurde zwischen April 2020 und April 2022 viermal so teuer.[23]

Auch der Preis für Lithium verzehnfachte sich innerhalb eines Jahres und lag im April 2022 schon bei 74.270 Dollar je Tonne.[24] Analysten prognostizieren daher, dass es ab 2022 zu einem Novum kommen wird: Batterien werden nicht mehr billiger, sondern teurer.[25] Der Trend, angeblich so verlässlich, hat sich umgedreht.

Es mag sein, dass der Preis für Lithium oder Neodym irgendwann wieder fällt, denn Rohstoffpreise schwanken immer und werden von Spekulanten stark beeinflusst. Dennoch zeichnet sich seit Längerem ab, dass die Ära der billigen Mineralien endet. Um noch einmal auf Kupfer zurückzukommen: Anfang 2000 kostete eine Tonne 1.850 US-Dollar, im Mai 2022 waren es 9.392 US-Dollar, und die Preise könnten weiter steigen.[26] Rohstoffe werden unerbittlich teurer, weil die Weltwirtschaft nicht wachsen kann, ohne ständig mehr Mineralien zu verbrauchen. Der Planet wird hemmungslos geplündert. Die Dimensionen macht eine Rückschau deutlich: Im Jahr 1900 wurde nur ein Zwölftel der Rohstoffe benötigt, die 2015 verbraucht wurden. Vor allem aber beschleunigt sich der Durchsatz rasant, denn in der kurzen Zeit zwischen 2002 und 2015 wurde etwa ein Drittel aller Rohstoffe verbraucht, die seit 1900 genutzt wurden.[27]

Unternehmen versuchen inzwischen, besonders knappe Rohstoffe zu ersetzen. So wird an Autobatterien ohne Kobalt geforscht oder nach Wegen gesucht, um Elektrolyseure mit möglichst wenig Iridium zu betreiben.[28] Einzelne Engpässe lassen sich damit umgehen, aber der eigentliche Teufelskreis bleibt bestehen: Da der globale Bedarf an Rohstoffen ständig steigt, sind die besten Vorkommen längst erschöpft. Der Metallgehalt des Erzes sinkt, sodass immer mehr davon gefördert werden muss, um die gleiche Menge an Mineralien zu gewinnen. Es wird also viel totes Material bewegt, was die Preise treibt.

Auch Recycling hilft nicht weiter. Batterien oder Elektrolyseure haben zwar den großen Vorteil, dass sich ihre Rohstoffe wiederverwerten lassen, während Benzin oder Diesel in Rauch aufgehen und flüchtigen Müll namens $CO_2$ hinterlassen.[29] Doch so richtig die Idee ist, alte Batterien als »Steinbruch« zu verwenden – selbst die beste Kreislaufwirtschaft würde das aktuelle Rohstoffproblem nicht lösen. Das hat gleich mehrere Gründe. Erstens: Die meisten Batterien sind gerade erst hergestellt worden und haben das Ende ihrer Lebensdauer noch nicht erreicht. Sie können also gar nicht ausgeschlachtet werden, um neue Batterien zu produzieren. Zweitens: Recycelte Materialien haben nicht die gleiche Qualität wie frische Rohstoffe, sondern sind abgenutztes Altmetall.[30] Sie lassen sich höchstens zum Teil für den alten Zweck verwenden, während der Rest ein »Downcycling« durchmacht und im Zweifel nur noch als Straßenbelag taugt. Drittens: Recycling ist nicht umsonst, sondern kostet weitere Energie, sodass es oft zu keinen echten Ersparnissen kommt. Viertens: »Grünes Wachstum« heißt ja nichts anderes, als dass die Wirtschaft expandieren soll – was mehr Mineralien als zuvor erfordert.[31] Die Internationale Energieagentur hat errechnet, dass Recycling im Jahr 2040 nur etwa zehn Prozent der nötigen Batterierohstoffe liefern könnte.[32] Das ist viel zu wenig, um den Hunger nach Lithium, Kupfer oder Kobalt zu stillen.

Wenn die Rohstoffe teurer werden, schlägt sich dies auch im Endpreis nieder, denn bei Batterien machen die Mineralien inzwischen bis zu 70 Prozent der Gesamtaufwendungen aus. Die Hersteller sind Opfer des eigenen Erfolgs: Da die Produktionskosten in den vergangenen zehn Jahren so stark gefallen sind, bleiben nur noch die Rohstoffpreise als großer Posten übrig. Sie diktieren nun, wie teuer Batterien sind.[33]

Doch nicht nur Rohstoffe werden knapp und teuer – auch die nötigen Arbeitskräfte könnten bald fehlen. Die Energiewende erfordert ein enormes Bauprogramm, denn Solaranlagen, Windräder, Wärmepumpen oder Gaskraftwerke müssen erst einmal errichtet werden. Die grüne Bundestagsfraktion hat errechnen lassen, dass 2035 rund 767.000 Handwerker und Ingenieure benötigt werden, die oft aus Berufsgruppen stammen, in denen bereits jetzt Mangel herrscht.[34] Hausbesitzer wissen, wovon die Rede ist: Heizungsmonteure, beispielsweise, sind schon heute schwer zu finden. Bestimmt wäre es möglich, mit einer Ausbildungsoffensive mehr Menschen in den technischen Klimaschutz zu locken. Aber den Angeworbenen wird nicht entgehen, dass sie knapp und begehrt sind, was die Löhne nach oben treiben dürfte.

Die Energiewende wird also teuer, nicht billig. Dieser Befund mag überraschen, denn viele Klimaschützer machen eine scheinbar einfache Rechnung auf: In maximal zwei Jahren spielt eine Solaranlage die Energie wieder ein, die ihre Herstellung plus Entsorgung kostet.[35] Da aber ihre Lebenszeit im Durchschnitt 20 Jahre beträgt, liefern die Module 18 Jahre lang kostenlosen Strom.[36] Windräder schneiden sogar noch besser ab. Sie haben sich nach spätestens elf Monaten energetisch amortisiert und rotieren danach noch viele Jahre, in denen sie gratis Energie gewinnen.[37] Und das soll kein gutes Geschäft sein?

Diese schöne Bilanz krankt daran, dass sie die Systemkosten ausblendet. Deutschland verlangt unablässig nach Energie, rund um die Uhr. Windräder und Solaranlagen können aber nur Strom liefern, wenn die Umstände gerade günstig sind. Deshalb werden Batterien und Wasserstoff benötigt, um die Lücken auszugleichen. Es ist zwar banal, wird aber trotzdem häufig übersehen: Diese Speicher generieren keine neue Energie, sondern konservieren sie nur – und fressen dabei selbst viel Energie. Sobald aber das Gesamtsystem betrachtet wird, reduziert sich die Nettoausbeute erheblich.

Die Energiewende ist zwingend, erlaubt aber kein Leben im Überfluss. Ökostrom wird knapp und teuer bleiben. Implizit geben die meisten Studien auch zu, dass Energie Mangelware sein wird, denn alle Szenarien kreisen um die Frage, wie sich die Effizienz steigern lässt. Die Grundidee lautet: Wenn Strom begrenzt ist, müssen wir ihn besser nutzen. Dieses Vorhaben ist richtig, wird aber von illusorischen Hoffnungen begleitet.

## 14. Der Traum von der »Entkopplung« funktioniert nicht

Deutschland verbraucht momentan pro Jahr gigantische 12.779 Petajoule an Energie.[1] Diese Angabe klingt sehr abstrakt, weswegen vielleicht ein kleiner Vergleich weiterhilft: Diese Menge an Energie würde freigesetzt, wenn hierzulande jedes Jahr 13 Asteroide einschlagen würden, die so groß wie die größte Pyramide in Ägypten wären.[2] Diese Vorstellung mag absurd wirken, lässt aber erahnen, wie sehr Deutschland auf Energie angewiesen ist.

Jeder Klimaschutz würde sofort scheitern, wenn es bei diesem enormen Verbrauch bliebe, denn mit Ökostrom lässt sich nur ein Bruchteil dieser Mengen bereitstellen. Alle Szenarien nehmen daher an, dass der Energieeinsatz drastisch sinken muss, und in den meisten Studien nimmt er mindestens um die Hälfte ab.[3] Es ist also radikales Energiesparen angesagt.

Die logische Konsequenz wäre eigentlich, dass auch die Wirtschaft schrumpfen muss, weil die gesamte Technik ja nur läuft, wenn sie ständig mit Energie gefüttert wird. Doch unbeirrt halten die meisten Klimaschützer daran fest, dass »grünes Wachstum« möglich sei. Besonders zuversichtlich ist die Stiftung Klimaneutralität, die sogar ein »Wirtschaftswunder« verspricht, das mit dem Boom der Nachkriegszeit vergleichbar sei.[4]

Verfolgt wird also eine Art Minimaxprinzip. Mit wenig Energie sollen immer mehr Waren und Dienstleistungen entstehen. Die Idee ist, dass sich Einsatz und Ertrag »entkoppeln« lassen. Dieses Konzept erinnert an lernfaule Teenager, die sich auch gern vormachen, dass sich mit geringem Üben garantiert Bestnoten erzielen lassen.

Trotzdem ist die Idee der »Entkopplung« nicht völlig abwegig, weil sich in manchen Branchen tatsächlich mühelos Energie sparen lässt. So hat Ökostrom den Vorteil, dass Windräder und Solaranlagen die gewonnene Energie direkt ins Netz einspeisen. Konventionelle Kohle- oder Gaskraftwerke hingegen müssen erst Turbinen antreiben, die dann den Strom erzeugen, was sehr ineffizient ist. Diese aufwendigen Zwischenschritte entfallen bei der Ökoenergie, sodass die Ersparnisse bei der Primärenergie gewaltig wären und etwa 23 Prozent betragen würden.[5]

Doch nicht nur die Energieproduktion würde effizienter – auch beim Konsum ließe sich manchmal bequem Energie sparen, sobald auf Strom umgestellt wird. Ein Paradebeispiel sind elektrische Wärmepumpen, die Gebäude beheizen.[6] Eine Wärmepumpe funktioniert wie ein Kühlschrank, nur in umgekehrter Richtung und mit viel höherer Leistung. Bekanntlich kühlt ein Kühlschrank, weil er die Wärme in seinem Inneren nach außen leitet. Wärmepumpen hingegen nutzen die Wärme in der Umgebungsluft oder im Boden und transportieren sie ins Innere eines Hauses. So können mit einer Kilowattstunde Strom drei bis vier Kilowattstunden Wärme erzeugt werden – wenn die Gebäude über Fußbodenheizungen[7] verfügen und sehr gut gedämmt sind. Wärmepumpen lassen sich nicht nur in Einfamilien- und Reihenhäusern einbauen, sondern sind längst auch für Wohnblocks möglich.[8] Wenn alle geeigneten Gebäude diese neue Technik nutzen würden, könnten die privaten Haushalte ein Drittel oder gar die Hälfte ihrer Gesamtenergie einsparen.[9]

Um kurz Bilanz zu ziehen: Insgesamt könnte der Energiebedarf um 31 bis 36 Prozent sinken, wenn fossile Kraftwerke abgeschaltet und Wärmepumpen eingesetzt werden.[10] Das ist eindrucksvoll, reicht aber leider nicht, denn die meisten Szenarien gehen davon aus, dass sich der Energieverbrauch mindestens halbieren muss. Doch länger ist die Liste der einfachen Lösungen nicht. Zwar wird oft noch das E-Auto als Effizienzwunder angepriesen, aber bei näherer Betrachtung zeigt sich, dass das Batterieauto keine große Zukunft hat – jedenfalls nicht als privates Gefährt.

Diese Prognose mag zunächst erstaunen, denn im täglichen Gebrauch sparen E-Autos viel Energie, weil sie einen Wirkungsgrad von 64 bis 70 Prozent aufweisen.[11] Benzinmotoren hingegen sind extrem ineffizient und verwerten nur etwa 20 Prozent der eingesetzten Energie. 80 Prozent gehen also verloren – im Normalbetrieb. Der Wirkungsgrad kann auch auf lächerliche fünf Prozent sinken, wenn die Autos im Stau stecken oder bei fast jeder Ampel halten müssen.[12] Dieselfahrzeuge nutzen die Energie zwar besser, aber auch sie reichen nicht an E-Autos heran.

Während E-Autos zunächst glänzend abschneiden, werden Verbrenner-Pkw gern als »fahrbare Heizungen« verspottet, weil sie vor allem Abwärme produzieren. Obwohl ungezählte Milliarden in die Forschung geflossen sind, besteht keine Hoffnung, dass sich die Wirkungsgrade der konventionellen Autos enorm verbessern lassen. Denn die Konstruktion selbst ist schuld.[13]

E-Autos haben daher ihre Fans. Auch Bill Gates besitzt eine elektrische Karosse und schreibt euphorisch: »Ich liebe sie.«[14] Doch so angenehm es sein kann, fast lautlos durch den Stadtverkehr zu gleiten – um rollenden Klimaschutz handelt es sich nicht. Denn es fallen 15 bis 20 Tonnen Kohlendioxid an, um die Akkus für große E-Autos herzustellen. Diese enorme Menge an Treibhausgasen hat ein sparsamer Verbrenner erst emittiert, wenn mehr als 200.000 Kilometer auf dem Tacho stehen.[15] Benziner mögen zwar »fahrbare Heizungen« sein, aber die Klimabilanz großer E-Karossen ist kaum besser. Kleine E-Autos sind natürlich effizienter, aber auch sie benötigen mindestens 40.000 Kilometer, um einen Benziner zu schlagen und einen Klimanutzen herauszufahren.[16]

Doch so beliebt Vergleiche zwischen E-Autos und Verbrennern sind: Bei diesem Tunnelblick auf die Antriebsarten wird gern übersehen, wie ineffizient Autos grundsätzlich sind. Auch E-Autos wiegen ein bis zwei Tonnen und befördern im Durchschnitt nur 1,3 Personen.[17] Diese Verschwendung wird nicht mehr möglich sein, wenn nur noch die Hälfte der Energie zur Verfügung steht.

Die Zahl der Autos muss sinken, darin sind sich alle Studien einig. Während heute fast 50 Millionen Pkw durch die Bundesrepublik kurven, sollen es künftig maximal 30 Millionen sein.[18] Dennoch müssten die Deutschen nicht fürchten, am Straßenrand zu stranden. Denn man könnte die Pkw besser auslasten: Momentan stehen Autos im Durchschnitt 23 Stunden am Tag ungenutzt herum. Die Digitalisierung soll es möglich machen, die Wagen stets dorthin zu dirigieren, wo sie gerade verlangt werden.[19] Besonders beliebt ist die Idee, dass die Autos künftig autonom fahren und sich selbst steuern. Wer heute noch gestresst am Lenkrad sitzt, könnte dann gemütlich Kaffee trinken und die neuesten E-Mails durchsehen. Ist das Ziel erreicht, fährt das Auto weiter und nimmt die nächsten Passagiere auf.

Diese Visionen sollen suggerieren, dass es Spaß machen kann, Energie zu sparen und auf den eigenen Pkw zu verzichten. Dagegen ist nichts zu sagen. Man muss kein Auto besitzen, um glücklich zu sein. Doch wird bei diesen ausgeklügelten Modellen übersehen, dass es kein »grünes Wachstum« generieren würde, mit weniger Autos auszukommen. Es wäre »grünes Schrumpfen«.

In Deutschland arbeiten momentan 1,75 Millionen Menschen direkt oder indirekt für die Automobilindustrie.[20] Von diesen Beschäftigten würden viele arbeitslos, wenn die Pkw-Flotte um 40 Prozent abnähme. Einige Autobauer könnten natürlich als Busfahrer arbeiten oder bei der Deutschen Bahn anheuern, denn Nah- und Fernverkehr sollen in allen Szenarien stark expandieren. Aber so viele Zugführer würden dann doch nicht gebraucht, dass jeder künftig überflüssige VW-Mitarbeiter eine Stelle bei der Bahn antreten könnte.

Gesteigerter Export wäre auch keine Option, um die deutschen Auto-Arbeitsplätze zu retten.[21] Die Ausfuhr ist nämlich schon so hoch, dass sie sich kaum noch ausbauen lässt. Im Jahr 2020 erwirtschafteten die deutschen Autofirmen 64,2 Prozent ihres gesamten Umsatzes im Ausland. Mehr geht nicht. Vor allem aber wären die deutschen Pkw auch gar nicht mehr begehrt, wenn sie als kleine, leichte E-Autos daherkämen. Diese Wagen kann jedes Land selbst herstellen. Die deutschen Autokonzerne hatten nur Erfolg, weil sie eine Dinosauriertechnik perfektionieren: Sie sind auf Luxuskarossen mit Verbrennermotor spezialisiert, die zum Klimaschutz leider gar nichts beitragen können.

Die Autoindustrie ist nicht die einzige Branche, die schrumpfen müsste. Auch der Flugverkehr hat keine Zukunft, obwohl viele Klimastudien das Thema Luftfahrt lieber ausklammern. Offenbar wollen sie ihre LeserInnen nicht mit der Tatsache konfrontieren, dass Flugreisen nach Bali oder Mallorca künftig ausfallen müssen. Die Jets sind zu klimaschädlich, als dass es noch möglich wäre, rund um die Welt und quer durch die Kontinente zu fliegen.

Offiziell machen Flugreisen nur drei Prozent der deutschen Treibhausgase aus. Das klingt harmlos, ist aber leider nicht die ganze Wahrheit. Denn es ist ein entscheidender Unterschied, ob Öl am Boden verfeuert wird – oder aber in einer Höhe von 10.000 Metern. Wenn Flugzeuge Kerosin verbrennen, entsteht nämlich nicht nur Kohlendioxid, sondern auch Wasserdampf und Ruß. Daraus bilden sich Kondensstreifen und Cirruswolken, die den Treibhauseffekt enorm verstärken: Die Wärme auf der Erde kann nicht mehr ins Weltall abstrahlen, sondern wird von den Wolken wieder zur Erde zurückgeschickt. Flugreisen produzieren daher etwa zehn Prozent der Klimaschäden, die Deutschland zu verantworten hat.[22]

Es sind vor allem die Wohlhabenden, die das klimaschädliche Kerosin verbrennen. Arme Familien fliegen alle fünf Jahre ein Mal, während sich die reichen Deutschen knapp drei Flüge pro Jahr leisten – und weitaus längere Distanzen zurücklegen.[23] Die globalen Zahlen sind noch krasser: Knapp 90 Prozent der Weltbevölkerung fliegt gar nicht, während umgekehrt ein Prozent der Menschheit so viel unterwegs ist, dass dieser Jetset ganz allein schon mehr als die Hälfte des Kerosins verbraucht.[24]

Ein einziger Hin- und Rückflug von Deutschland nach New York verursacht pro Person etwa 2,6 Tonnen Kohlendioxid, nach Australien sind es 5,8 Tonnen.[25] Da kommen schnell enorme Mengen zusammen, wenn die Reichen permanent in der Luft schweben wollen. Vor einigen Jahren kam der Ökologe Stefan Gössling auf die Idee, die Flugreisen der Prominenten näher zu untersuchen, was ganz einfach war, weil er nur deren Posts auf Facebook und Instagram auswerten musste. Das Ergebnis war, dass niemand so viel fliegt wie Bill Gates, der 2017 mindestens 350 Stunden in seinen Privatflugzeugen verbrachte – und dabei mehr als 1.600 Tonnen Kohlendioxid emittierte. Platz zwei und drei belegten die Hotelerbin Paris Hilton und die Schauspielerin Jennifer Lopez, die jeweils 1.200 Tonnen und 1.000 Tonnen Kohlendioxid hinterließen.[26]

Bill Gates ist durchaus bewusst, dass er ein Klimarisiko darstellt. Zerknirscht gibt er zu: »Ich besitze große Häuser und nutze Privatflugzeuge […] Es stimmt, dass mein ökologischer Fußabdruck absurd hoch ist.« Allerdings glaubt er, eine Lösung gefunden zu haben: »Seit 2020 kaufe ich nachhaltiges Kerosin für meine Jets.« Die Agrovariante sei zweieinhalbmal so teuer wie normaler Sprit, rechnet er dem Publikum vor.[27] Gates' Botschaft ist also, dass sich mit Geld alle Klimaprobleme lösen lassen.

Der Multimilliardär ist damit nicht allein. Auch die deutsche Regierung setzt auf Biosprit für Flugzeuge; zu zwei

Prozent soll er ab 2030 dem normalen Kerosin beigemischt werden. Allerdings ist fraglich, ob dieser »Biosprit« tatsächlich bio ist, denn er wird vor allem aus Monokulturen wie Raps, Mais oder Palmöl gewonnen und belegt Äcker, die auch für die Lebensmittelproduktion benötigt werden. Lange wurde daher auf Algen gehofft,[28] um die nötige Biomasse im Wasser zu produzieren und die Flächen an Land zu schonen. Doch diese Begeisterung hat sich wieder abgekühlt. »Der Algenhype ist vorbei«, heißt es beim Deutschen Zentrum für Luft- und Raumfahrt.[29]

Zudem ist Agrokerosin gar nicht klimaneutral. Zwar hat es den Vorteil, dass kein zusätzliches $CO_2$ entsteht, weil nur so viel Kohlendioxid ausgestoßen wird, wie die Pflanzen zuvor gebunden haben. Aber weiterhin bilden sich Wasserdampf und Ruß – und damit Kondensstreifen und Cirruswolken.[30] Am Ende sind die Flugzeuge zwar halb so schädlich wie bisher, schaden aber noch immer. Geld kann eben doch nicht alle Klimaprobleme lösen, und Bill Gates bleibt ein maximaler Umweltsünder.

Die Menschheit muss am Boden bleiben, wenn sie den Klimaschutz ernst meint. Diese Erkenntnis ist so schmerzhaft, dass auch Grüne sie lieber verdrängen. »Fliegen ist ein ganz tolles Produkt«, schwärmt etwa Verkehrsexperte Toni Hofreiter. »Es verbindet Menschen, es befördert den Austausch von Kulturen.« Hofreiter setzt jedoch nicht auf Agrosprit, sondern stellt sich vor, dass die Flugzeuge künftig mit synthetischen Kraftstoffen betankt werden.[31]

Technisch wäre es das gleiche Verfahren, das schon beim Thema Wüstenstrom vorgestellt wurde. Mit Solarenergie würde erst einmal Wasserstoff erzeugt und anschließend Kohlendioxid hinzugefügt, sodass am Ende synthetisches

Kerosin entsteht. Diese wunderbare Idee hätte jedoch den Nachteil, enorme Mengen an Strom zu verschlingen, sodass sich Flugbenzin ums Dreifache verteuern würde.[32] Mindestens. Die Preise könnten auch durch die Decke gehen, wenn sich die Ökotechnik nicht weiter verbilligt und Rohstoffe zur Mangelware werden.

Immerhin produziert synthetisches Kerosin noch weniger Ruß und Wasserdampf als Agrosprit, und bei optimalen Flugrouten[33] könnten die Klimaschäden sogar um etwa 90 Prozent reduziert werden. Das ist beachtlich, aber nicht genug. Die Menschheit muss auf Nettonull kommen, um eine Klimakatastrophe zu verhindern. Selbst zehn Prozent Restemissionen sind zehn Prozent zu viel.[34]

Diese Tatsache ignorieren sogar Klimaschützer und verteilen gut gemeinte Tipps, wie sich ferne Kontinente möglichst sparsam ansteuern lassen: »Ich empfehle lange Fernreisen. Für die Einheimischen ist es egal, ob ein Tourist einmal lang oder dreimal kurz dorthin fliegt.«[35] Wer also auf die Kanaren will, sollte mindestens drei Wochen dort bleiben.

Doch gemächliches Jetten kann nicht die Lösung sein. Wer nämlich selbst fliegen will, müsste fairerweise akzeptieren, dass die ganze Weltbevölkerung »lange Fernreisen« machen darf – und nicht nur wohlhabende Deutsche. Wenn aber Milliarden Menschen abheben, wäre der Klimakollaps bald erreicht, selbst wenn der einzelne Flug nur noch geringe Schäden anrichtet.

Die Fluggesellschaften haben bereits verstanden, dass sie Nettonull versprechen müssen, wenn sie eine Zukunft haben wollen. Also sichern sie zu, dass sie ab 2050 ganz und gar »klimaneutral« seien. »Die wissenschaftlich-technologischen Grundlagen sind gelegt«, kündigt die Lufthansa auf ihrer Homepage optimistisch an. Allerdings schränkt die Fluglinie im selben Satz ein, dass »heute noch nicht alle Lösungen bekannt sind«[36]. Aus diesen wenigen Worten darf man schließen, dass die Fluggesellschaften in Wahrheit überhaupt keine Ahnung haben, wie sie jemals völlig klimaneutral sein könnten.[37]

Wer Klimaschutz will, muss sich vom Fliegen verabschieden. Das ist bitter. Denn es stimmt ja, dass es ein Stück Freiheit war, die ganze Welt kennenlernen zu dürfen. Zudem sind in Deutschland 850.000 Menschen direkt oder indirekt bei der kommerziellen Luftfahrt beschäftigt.[38] Sie alle müssen neue Jobs finden, wenn die Bundesrepublik ernst macht mit dem Klimaschutz.

An neuen Stellen wird es nicht mangeln. Eine ökologische Landwirtschaft brauchte weit mehr Beschäftigte als die heutige Agroindustrie, und auch der deutsche Wald wird durch den Klimawandel so stark leiden, dass er flächendeckend wieder aufgeforstet werden muss. Nur lassen sich diese Rettungsmaßnahmen nicht als »grünes Wachstum« titulieren. Sie sind zwar zwingend, erzeugen aber keinen kapitalistischen Mehrwert: Insgesamt würde die Wirtschaft trotzdem schrumpfen.

Auch ohne Flugzeuge bliebe der Kontakt zwischen den Kontinenten bestehen – es gibt ja Schiffe. Frische Schnittblumen aus Kenia oder »Flugmangos« aus Peru wären zwar nicht mehr im Angebot, aber fast alle anderen Güter lassen sich übers Meer verschicken. Allerdings sind auch Schiffe nicht harmlos und emittieren derzeit etwa drei Prozent der weltweiten Treibhausgase.

Zum Teil würden sich diese Emissionen von selbst erledigen, wenn die Welt auf Ökoenergie umstellt: Öl, Kohle und Gas machen heute rund 43 Prozent der Seefrachten aus.[39] Die meisten anderen Handelsgüter würden jedoch weiterhin benötigt. Schiffe transportieren vor allem Eisen, Stahl, Getreide, Holz, Phosphor und Bauxit – obwohl es diese Güter nicht zu großer Aufmerksamkeit gebracht haben. Zum Symbol der Globalisierung ist der Container aufgestiegen, in diesen Boxen werden aber nur etwa 16 Prozent aller Seegüter transportiert.[40] Trotzdem ist es kein Zufall, dass ausgerechnet die Container zum Inbegriff des interkontinentalen Handels geworden sind: Sie verschiffen vor allem verarbeitete Produkte und damit 60 Prozent des gesamten Warenwerts.

Auch die Reedereien haben gelobt, dass sie bis 2050 klimaneutral sein wollen. Noch muss erforscht werden, wie das gelingen soll, weil geeignete Antriebe bisher fehlen. Batterien scheiden sowieso aus, da sie viel zu schwer wären und das ganze Schiff füllen müssten, damit der Strom für eine Ozeanfahrt reicht. Für Güter wäre dann kein Platz mehr. Bleibt also erneut nur grüner Wasserstoff, der aus Solarstrom gewonnen und anschließend in Methanol oder Ammoniak verwandelt wird. Prototypen denkbarer Motoren werden gerade entwickelt, unter anderem von der Fraunhofer-Gesellschaft.[41] Die technischen Probleme wären wohl zu lösen, aber wie alle synthetischen Kraftstoffe wäre auch der grüne Schiffssprit sehr energieaufwendig und teuer.[42]

Die Globalisierung wäre damit nicht beendet, würde sich aber wandeln. Bei vielen Billigprodukten würde es sich nicht mehr lohnen, sie aus fernen Ländern zu importieren, sobald kostspieliger Ökosprit eingesetzt wird. Schwer vorstellbar ist auch, dass Kreuzfahrten noch boomen, wenn Seereisen empfindlich teurer werden. Rein ökonomisch wäre der Verlust dieser Branche zu verschmerzen: Weltweit gibt es nur 500 Kreuzfahrtschiffe.[43]

Eine grüne Wirtschaft würde also schrumpfen müssen, weil es nicht genug Ökostrom für alle Autos gibt, Flugzeuge nicht völlig klimaneutral sein können und der Ökosprit für Schiffe teurer wäre. Doch damit enden die Probleme noch lange nicht. Auch die Industrie kann sich nur mit Mühe von Öl, Gas und Kohle trennen. Sie sind nämlich nicht nur billige Brennstoffe, sondern zugleich nötig, um die chemischen Prozesse überhaupt in Gang zu bringen. Ein gutes Beispiel ist Stahl. Er entsteht aus Eisenoxid, das aber erst einmal von seinen Sauerstoffatomen befreit werden muss. Dafür sorgt der Koks, der eine Doppelrolle spielt: Er erhitzt die Hochöfen auf über 1.000 Grad und bindet zugleich den Sauerstoff, der sich im Erz befindet. So entsteht reines Eisen – und sehr viel Kohlendioxid. Allein ThyssenKrupp in Duisburg emittiert 20 Millionen Tonnen $CO_2$ pro Jahr. Wäre das Stahlwerk ein Land, wäre es halb so groß wie die Schweiz, zumindest bei den Treibhausgasen.

Allerdings könnte grüner Wasserstoff die Rolle des Koks übernehmen. Dann käme nicht mehr $CO_2$ aus dem Schlot, sondern reines Wasser. Dieser grüne Wasserstoff wäre aber so energieintensiv, dass die Stahlindustrie 12.000 Windräder zusätzlich benötigen würde. Zur Erinnerung: Momentan drehen sich in Deutschland etwa 30.000 Windräder.

Die Kosten wären also beachtlich, sodass eine Tonne Stahl nicht mehr 400, sondern 600 Euro teuer würde.[44] Trotzdem müssen Autofahrer nicht bangen, dass sie sich keinen Pkw mehr leisten könnten – sagt zumindest das Wuppertal Institut. Der Preis für einen Mittelklassewagen würde kaum zulegen, beruhigen die Klimaökonomen und prognostizieren »Kostensteigerungen von deutlich unter einem Prozent«[45].

Bisher stimmt es, dass die Rohstoffpreise kaum zählen und nur zum kleinen Teil entscheiden, wie teuer Autos oder Handys sind. Doch dieses Muster lässt sich nicht auf eine klimaneutrale Zukunft übertragen, weil der Ökostrom gar nicht reichen dürfte, um sämtliche Industrieprodukte herzustellen, die heute selbstverständlich sind. Die Chemiebranche hat bereits kalkuliert, wie hoch ihr gesamter Energiebedarf wäre, wenn sie grün produzieren soll – und kam auf sagenhafte 685 Terawattstunden im Jahr.[46] Das ist mehr Strom, als heute ganz Deutschland jährlich verbraucht.

Zum Teil ließe sich diese Energie importieren, was aber nicht billig wäre, wie sich schon beim Thema Wüstenstrom gezeigt hat. Daher ist es zum klimapolitischen Sport geworden, den Strombedarf der Chemieindustrie kleinzurechnen – bis nur noch 372 Terawattstunden übrig bleiben.[47] Die erlaubte Energie wird also fast halbiert, was nur möglich ist, weil auch die Produktion sinkt. Zum Teil würden Herstellungsprozesse automatisch obsolet, wenn die Wirtschaft ergrünt. So würde die Ammoniaksynthese weitgehend entfallen, da Kunstdünger in einer ökologischen Landwirtschaft kaum noch benötigt wird. Ein anderer Teil der Basischemie könnte ins sonnenreiche Ausland abwandern, weil dort der Ökostrom günstiger ist.[48] Vor allem aber hofft man auf die Kreislaufwirtschaft, also auf »mechanisches und chemisches Recycling«. Bisher ist jedoch unklar, wie diese umfassende Wiederverwertung funktionieren soll, denn die allermeisten Stoffe verlieren an Qualität, wenn sie mehrmals verwendet werden. Das geplante Recycling sei noch »nicht belastbar analysiert«, räumt auch das Wuppertal Institut ein.[49]

Es könnte also gut sein, dass der Energiebedarf weiterhin immens bleibt – und die Produktion noch stärker sinken muss.

Zudem ist es der Chemieindustrie überhaupt nicht möglich, völlig klimaneutral zu werden. Etwa zwei Prozent der heutigen Treibhausgase würden immer emittiert.[50] Die Konzerne müssten also $CO_2$ aus der Luft entfernen und unterirdisch speichern, was die Kosten weiter treibt. Die Chemieindustrie erforscht also noch, wie ihre klimaneutrale Zukunft aussehen könnte.[51] Klar ist nur, dass diese Branche deutlich schrumpfen muss. »Grünes Wachstum« ist jedenfalls ausgeschlossen, weil der Energiebedarf in der Chemie so hoch ist.

Vertrackt ist auch die Bauwirtschaft, die auf Beton kaum verzichten kann. Denn er ist billig, haltbar, feuerfest und rostfrei. Stahlbeton kann enorme Lasten tragen und macht gewagte Wolkenkratzer möglich.[52] Leider emittiert er sehr viel $CO_2$, was sich nicht verhindern lässt. Denn Beton basiert auf Zement, der wiederum aus Kalk entsteht – indem Kohlendioxid abgespalten wird. »Grünen Zement« kann es daher nicht geben, weil bei der Herstellung zwingend $CO_2$ entweicht.[53]

Etwa sieben Prozent aller weltweit emittierten Treibhausgase stammen aus der Zementindustrie.

Als Alternative erscheint vor allem Holz attraktiv, weil es Kohlendioxid bindet.[54] In Wien steht bereits ein Holzhochaus, kurz HoHo Wien genannt, das immerhin 84 Meter misst und 24 Etagen zählt. Allerdings ist es selbst bei diesem Vorzeigeprojekt nicht gelungen, komplett auf Holz zu setzen. Der Kern ist immer noch aus Beton, um das Gebäude zu stabilisieren.

Außerdem gibt es schlicht zu wenig Holz, um jene 4,6 Milliarden Tonnen Zement zu ersetzen, die weltweit jährlich verbaut werden. Schon jetzt ist Holz so knapp, dass die Preise explodieren.[55] Und das Angebot dürfte weiter sinken: Die Waldflächen schrumpfen in einem alarmierenden Tempo, weil sie in vielen Ländern zu Äckern werden.[56]

Interessanter wäre Lehm, um Zement zu ersetzen. Seit Jahrtausenden nutzen alle Kulturen diesen Baustoff, denn er ist überall vorhanden, leicht zu verarbeiten, lässt sich vollständig recyceln, wärmt im Winter und kühlt im Sommer. Allerdings eignet sich Lehm nicht, um Hochhäuser zu errichten.[57]

Ein weiterer Ansatz ist daher, die Zementmengen wenigstens zu reduzieren, indem Bambus, Holzfasern oder Zuckerrohr beigemischt werden.[58] Diese Idee ist gut, reicht aber nicht aus. Die Welt muss auf Nettonull bei den Treibhausgasen kommen. Jede Tonne Zement stört – es sei denn, das Kohlendioxid würde eingesammelt und unterirdisch gespeichert. In den Zementfabriken wäre das $CO_2$ sogar relativ leicht einzufangen, weil es hoch konzentriert vorhanden ist. Aber billig ist diese Lösung nicht, und es würden auch längst nicht alle Treibhausgase eingefangen.[59]

Die Bauwirtschaft hat zudem mit der Tatsache zu kämpfen, dass sie sowieso nicht gänzlich klimaneutral sein kann. Denn sie verbraucht Boden. Jeden Tag gehen in Deutschland 60 Hektar verloren, weil Straßen asphaltiert oder Häuser errichtet werden.[60] Freie Flächen werden aber benötigt, um Grundwasser zu bilden und Kohlendioxid zu binden. In den Böden und im Humus sind weltweit etwa 1.500 Milliarden Tonnen Kohlenstoff gespeichert – dreimal mehr, als alle Wälder absorbieren. Werden Flächen bebaut, ist der versiegelte Boden für immer verloren: Es dauert mindestens 100 Jahre, bis ein Zentimeter Humus neu entsteht.

Deutschland hat daher zugesagt, den Bodenverlust bis 2030 auf null zu senken. So ist es in den UN-Nachhaltigkeitszielen vereinbart.[61] Trotzdem geht der Flächenfraß ungebremst weiter, und es gilt geradezu als Bürgerrecht, dass jede Familie auf ein eigenes Haus hoffen darf. Die politische Debatte gleitet sofort ins Hysterische ab, wenn das Eigenheim in die Kritik gerät. Dies mussten auch die Grünen im Wahlkampf 2021 erleben, als ihr Fraktionschef Anton Hofreiter in einem Interview feststellte: »Einparteienhäuser verbrauchen viel Fläche, viele Baustoffe, viel Energie, sie sorgen für Zersiedelung und damit auch für noch mehr Verkehr.«[62] Diese Fakten sind unbestritten, nur aussprechen darf man sie nicht. Prompt hagelte es Vorwürfe, dass die Grünen eine »Verbotspartei« seien und ein »gestörtes Verhältnis zum Eigentum« hätten. Parteichef Habeck versicherte entnervt: »Das Einfamilienhaus gehört zum Ensemble der Wohnmöglichkeiten in Deutschland.«[63]

Doch so beliebt das Eigenheim in Deutschland ist: Es kann kein Bürgerrecht sein, dass sich jede Familie ein Haus baut. Der Flächenfraß wäre gigantisch. Wenn alle Berliner in einem Eigenheim wohnten, würde die Hauptstadt bis zur Ostsee reichen.[64]

Jeder Neubau ist Umweltfrevel. Auch vermeintlich ökologische Bauten sind nicht ökologisch. Ein Passivhaus verbraucht zwar wenig Strom, aber es kostet eine Menge »grauer Energie«, diese angeblich grünen Häuser überhaupt zu errichten. »Neubauten sparen niemals Energie«, urteilt der Baukritiker Daniel Fuhrhop.[65] Statt neue »Effizienzhäuser« zu schaffen, ist es viel effizienter, Altbauten zu sanieren. In Bremerhaven wurden jüngst Häuser aus der Nachkriegszeit modernisiert – was weniger Energie kostete, als Passivhäuser zu errichten.[66]

Aber könnte Deutschland überhaupt auf Neubauten verzichten? Häuser scheinen knapp zu sein. In allen Großstädten explodieren die Mieten, weil kaum noch Wohnungen zu finden sind. Doch die Optik täuscht. Es gibt keinen Mangel, sondern die Flächen sind falsch verteilt. Im Jahr 2020 wurden insgesamt 42,8 Millionen Wohnungen in Deutschland gezählt,[67] aber nur 40,5 Millionen Haushalte.[68] Rein rechnerisch müssten also 2,3 Millionen Wohnungen ungenutzt sein. Allerdings weiß niemand genau, wo sich diese freien Unterkünfte befinden, denn die meisten Kommunen führen gar keine Statistik über ihren Leerstand.[69]

Deutlich ist nur, dass die meisten ungenutzten Wohnungen in ländlichen Gebieten liegen, während die Ballungsgebiete Zuzug verzeichnen. Aber auch in den Städten gibt es viele leere Wohnungen, die nicht unbedingt in der Statistik auftauchen. Immobilien sind zu Spekulationsobjekten geworden, und gerade Wohlhabende legen ihr Geld gern an, indem sie »Betongold« kaufen. Es ist keine Seltenheit, dass gut situierte Zahnärzte oder Anwälte etwa in Bonn wohnen, sich aber ein weiteres Apartment in Berlin zulegen, um gelegentlich für ein Konzert in der Philharmonie anzureisen. Die Wohnung ist ein gutes Geschäft, obwohl sie meist leer steht, da sie sich wahrscheinlich zu einem höheren Preis wieder verkaufen lässt.[70] Dieses angepeilte Plus stellt sich fast automatisch ein: Da die ungenutzten Wohnungen das Angebot verknappen, steigen die Mieten und damit die Immobilienpreise. Baukritiker Fuhrhop fordert daher, dass Eigentumswohnungen entweder selbst genutzt oder vermietet werden müssen: »Bisher gibt es eine Residenzpflicht nur für Asylsuchende. Wie wäre es stattdessen mit einer Residenzpflicht für Reiche, damit die Stadtviertel nicht veröden?«[71]

Im Durchschnitt verfügt jeder Bundesbürger über 47,4 Quadratmeter Wohnfläche.[72] Das ist sehr üppig, aber nicht jeder kann sich diese Flächen leisten. Gut situierte Rentner wohnen tendenziell großzügig, während Arme oder junge Familien oft beengt leben.[73] Dieses Problem ist altbekannt, wurde aber nie gelöst, obwohl ständig weitere Wohnungen entstehen. Neubau allein hilft offenbar nicht – ruiniert aber die Umwelt.

Richtig wäre daher, auf Neubau zu verzichten, den Bestand energetisch zu sanieren – und Wohnraum gerecht zu verteilen (mehr dazu in Kapitel 19). Dieser Vorschlag ist radikal, denn es wäre kein Bürgerrecht mehr, die selbst genutzte Wohnfläche ständig zu vergrößern. Aber eine andere Lösung bleibt nicht, wenn der Flächenfraß enden soll. Zur Erinnerung: Wir benötigen die Böden, damit Grundwasser entstehen und Kohlendioxid gespeichert werden kann.

Momentan sind 2,5 Millionen Menschen in der deutschen Baubranche beschäftigt.[74] Sie müssten nicht fürchten, ihre Arbeit zu verlieren, wenn der Neubau eingestellt wird. Denn fast alle bestehenden Gebäude müssen noch gedämmt und mit Wärmepumpen ausgerüstet werden.[75] Auch für die eigentliche Energiewende werden Bauarbeiter dringend benötigt: Bisher fehlen Tausende Windräder, Solaranlagen, Gaskraftwerke und Elektrolyseure. Momentan gibt es gar nicht genug Fachkräfte, um sie herzustellen und aufzubauen, sodass zusätzliche Arbeiter willkommen wären.

Arbeit ist aber nicht das Gleiche wie Wachstum oder steigendes Einkommen. In einer klimaneutralen Welt würde die Wirtschaftsleistung Deutschlands abnehmen, da weniger Güter entstehen. Unter anderem würde es weniger Autos, keine Flüge, weniger Chemikalien, kleinere Wohnungen und keine neuen Bürogebäude oder Logistikzentren mehr geben. Niemand würde hungern, und das Leben wäre weiterhin schön – aber es wäre kein »grünes Wachstum«, sondern »grünes Schrumpfen«.

Nur eine einzige Branche kann und soll expandieren: die Ökoenergie. Dies wäre aber kein Wachstum, wie wir es bisher kennen. Denn es entsteht ein Produkt, das früher umsonst war – menschliches Überleben auf der Erde. Bisher kostet es kein Geld, dass wir uns im Freien aufhalten, Ackerbau betreiben oder Süßwasser nutzen können. Künftig sind jährlich viele Milliarden nötig, um eine lebensgefährliche Erderwärmung zu verhindern.

Es entstehen also neue Kosten, während zugleich die Wirtschaftsleistung schrumpfen muss, um eine Klimakatastrophe abzuwenden. Dieser Spagat ist völlig neu. Bisher wurden alle gesellschaftlichen Ausgaben aus dem Wachstum finanziert. Niemand musste verzichten, um etwa das Gesundheits- oder Schulsystem zu bezahlen. Doch diese Zeiten sind vorbei. Die Aufgaben werden größer – und die Mittel geringer. Verzicht ist angesagt, was sofort zur Frage führt, wer sich in welcher Höhe einschränken soll. Verteilungskonflikte sind nicht zu vermeiden (siehe Kapitel 19).

Diese pessimistische Analyse lehnen viele Klimaökonomen ab und versprühen stattdessen Optimismus. Sie versprechen ein ökologisches Wirtschaftswunder und verbreiten den Eindruck, dass Klimaschutz sogar einen Boom auslösen würde. Agora Energiewende prognostiziert für Deutschland ein jährliches Wachstum von 1,3 Prozent[76], und das Potsdam-Institut für Klimafolgenforschung rechnet für die globale Wirtschaft sogar mit einem jährlichen Plus von 2,14 Prozent.[77]

Doch diese munteren Prognosen sind aus der Luft gegriffen. Wie die Autoren selbst zugeben, haben sie auf volkswirtschaftliche Untersuchungen verzichtet. So heißt es bei Agora Energiewende: »Die ökonomischen Effekte der Klimaschutzmaßnahmen wurden nicht explizit untersucht.«[78] Auch das Fraunhofer-Institut muss einräumen: »Es wurde keine volkswirtschaftliche Gesamtanalyse durchgeführt, bei der auch die Wertschöpfungs- und Beschäftigungsfragen mit berücksichtigt werden.«[79] Diese selbst gewählten Wissenslücken halten die Fraunhofer-Experten jedoch nicht davon ab, unbekümmert zu behaupten, dass der Klimaschutz günstig würde. Angeblich soll er, wie schon erwähnt, weit weniger kosten als die jährlichen Weihnachtseinkäufe.

Es ist wissenschaftlich unzulässig, Aussagen zu treffen, die gar nicht erforscht wurden. Unter Klimaökonomen ist dies aber leider die Regel. Da ein Abschied vom Wachstum so unerfreulich wäre, wird eben »grünes Wachstum« postuliert. Diese Scheinlogik findet sich etwa beim grünen Vordenker Ralf Fücks: »Wer glaubt, dass die Umweltkrise nur durch eine radikale Reduzierung der menschlichen Aktivitäten auf dem Planeten überwunden werden kann – weniger produzieren, weniger konsumieren, weniger reisen, weniger Daten produzieren –, landet bei einem ökologischen Notstandsregime.«[80] Diese Analyse ist völlig richtig. Es ist unangenehm, sich einzuschränken. Nur folgt daraus eben nicht, wie Fücks hofft, dass man »intelligent wachsen« könnte.

Der deutsche Staat finanziert sehr viele Klimaforscher und Klimainstitute. Trotzdem fehlt bisher ein seriöser Nachweis, dass »grünes Wachstum« machbar ist. So stellt das Umweltbundesamt fest: »Eine explizite Betrachtung der Möglichkeit der Einhaltung mehrerer bzw. aller planetaren Grenzen bei gleichzeitigem Wachstum der Wirtschaftsleistung ist den Autor/innen dieser Studie nicht bekannt.«[81] Stattdessen wird das Thema Wachstum meist ausgeklammert, wie das Wuppertal Institut in einer Metastudie konstatiert: »Eine Produktionsausweitung findet in den Szenarien im Wesentlichen nicht statt, aber auch kein starker Produktionsrückgang.«[82]

Die meisten Studien tun so, als würde sich das »grüne Wachstum« irgendwie von selbst einstellen. Damit verlassen sie sich erneut auf den »Genossen Trend«. Bisher hat der Kapitalismus noch jede Krise überstanden – also wird einfach angenommen, dass er auch die Klimakrise meistern kann. Genüsslich wird darauf verwiesen, dass die Mahner immer unrecht hatten. Schon oft wurde der Untergang des Kapitalismus prophezeit, aber bisher floriert er ungebrochen, weil rechtzeitig technische Lösungen gefunden wurden, um existenzielle Schwierigkeiten zu überwinden.

Auch diesmal wird eine neue Wundertechnik angepriesen: die Digitalisierung. Sie soll den Klimakollaps abwenden und grünes Wachstum möglich machen. Doch leider ist die Hoffnung verfehlt, dass technische Innovationen unser gegenwärtiges Lebensmodell noch retten könnten. In der Vergangenheit waren viele Untergangsszenarien tatsächlich falsch – aber diesmal wird der Kapitalismus wirklich enden.

# 15. Warum technische Innovationen und Digitalisierung das Klima nicht retten können

Es ist nicht originell, das Ende des Kapitalismus zu prognostizieren. Seine Dynamik wirkte von Anfang an unheimlich. Die neue Wirtschaftsordnung war noch jung, da wurde bereits ihr Tod vorhergesagt. Adam Smith machte sich schon 1776 darüber lustig, dass permanent der ökonomische Untergang beschworen wurde: »Die jährlichen Erzeugnisse in England, zum Beispiel, sind jetzt viel höher, als sie es vor etwas mehr als einem Jahrhundert zu Zeiten Karls II. waren. Doch obwohl, wie ich glaube, nur wenige Menschen dies bestreiten würden, sind in dieser Zeitspanne nur selten fünf Jahre vergangen, in denen nicht ein Buch oder Pamphlet erschienen wäre, […] das vorgab nachzuweisen, dass der Wohlstand der Nation rapide schrumpfen, das Land entvölkert, die Landwirtschaft vernachlässigt, die Produktion verfallen und der Handel versiegen würde.«[1]

Der englische Ökonom John Stuart Mill störte sich ebenfalls am permanenten Pessimismus seiner Zeitgenossen und unterstellte ihnen, dass sie sich nur wichtigmachen wollten. 1828 erklärte Mill: »Ich habe beobachtet, dass nicht der Mann, der Hoffnung hat, wenn andere verzweifeln, sondern der Mann, der verzweifelt, wenn andere hoffen, von den meisten Menschen als Weiser bewundert wird.«[2]

Marx war dann der erste Ökonom, der ein ganzes System entwarf, um das zwingende Ende des Kapitalismus zu begründen.[3] Doch selbst Sozialisten bezweifelten bald, dass eine Revolution nötig sei. Der SPD-Theoretiker Eduard Bernstein stellte schon 1899 kühl fest, dass die Lage der Arbeiter keineswegs hoffnungslos sei. Stattdessen würden viele Proletarier sogar aufsteigen, wie den Daten der Finanzämter zu entnehmen sei: »Dass die Zahl der Besitzenden zu- und nicht abnimmt, ist nicht eine Erfindung bürgerlicher Harmonie-Ökonomen, sondern eine von den Steuerbehörden oft sehr zum Verdruss der Betreffenden ausgekundschaftete Tatsache.«[4] Bernsteins »Revision« hatte Gewicht unter den Genossen, denn er war nicht nur ein enger Freund von Friedrich Engels gewesen, sondern sogar dessen Nachlassverwalter.

Während sich die Arbeiter mit dem Kapitalismus versöhnten, hatten die Unternehmer andere Sorgen. Sie bewegte früh eine Frage, die bis heute aktuell ist: Würden die Rohstoffe reichen, um den gefräßigen Kapitalismus auf Dauer zu füttern? Die Ruhrbarone fürchteten schon im 19. Jahrhundert, dass ihnen der Brennstoff ausgehen könnte. So berichtete der Stahlfabrikant Leopold Hoesch über Diskussionen, »ob überhaupt in der Welt genug Kohlen und Koks vorhanden seien, um das der Welt nötige Roheisen zu machen«[5].

Diese Rohstoffsorgen ließen nie völlig nach, konzentrierten sich aber zunehmend aufs Öl. Der US-amerikanische Ökologe Kenneth Watt prophezeite 1970, dass »im Jahr 2000, wenn die gegenwärtigen Trends anhalten, [...] kein Rohöl mehr vorhanden sein wird«[6]. Diese Prognose war bekanntlich ebenfalls falsch.

Auch die Naturzerstörung wirkte immer bedrohlicher: US-Forscher erwarteten damals, dass noch vor der Jahrtausendwende »zwischen 75 und 80 Prozent aller Tierarten ausgestorben« seien. Das *Life Magazine* meldete, dass »Wissenschaftler solide experimentelle und theoretische Beweise haben, [...] dass in zehn Jahren Stadtbewohner Gasmasken tragen müssen, um die Luftverschmutzung zu überleben, [...] die bis 1985 das Sonnenlicht halbieren wird, das die Erde noch erreicht«[7].

Auch schien es nicht mehr möglich, alle Menschen zu ernähren. 1968 erschien der Bestseller *Die Bevölkerungsbombe* des US-Biologen Paul Ehrlich, der ein Massensterben im globalen Süden vorhersagte. »In den 1970ern und 1980ern werden Hunderte von Millionen Menschen verhungern.« Vor allem Indien sei überfordert, die ständig wachsende Bevölkerung zu ernähren: »Indien kann bis 1980 unmöglich weitere 200 Millionen Menschen versorgen.«[8] Wieder trat das Gegenteil ein. Die Nahrungsmittel wurden nicht knapper, sondern die Ernten üppiger. Die indischen Getreide- und Reiserträge nahmen seither um das Dreifache zu, während sich die indische Bevölkerung nur etwas mehr als verdoppelt hat. Die indische Wirtschaftsleistung legte sogar um das 50-Fache zu.[9]

Die »Bevölkerungsbombe« ist nicht explodiert, weil neue, ertragreiche Sorten gezüchtet wurden, die kürzere Stängel und dafür größere Körner haben. Oder anders gerechnet: Würde die Menschheit heute noch die alten Sorten von 1960 anbauen, wären zusätzliche Äcker in der Größe der USA, Kanadas und Chinas nötig, um die wachsende Bevölkerung zu ernähren. Diese Flächen gibt es nicht; sie wurden aber auch nicht gebraucht, weil die biologischen Zuchterfolge so spektakulär waren.[10]

Ehrlich hatte den wissenschaftlichen Fortschritt unterschätzt, was auch dem Bestseller *Grenzen des Wachstums* von 1972 vorgeworfen wird. Der Club of Rome[11] hatte diese Studie in Auftrag gegeben, die erstmals Computersimulationen benutzte, um die Zukunft zu modellieren. Die Prognosen waren düster: »Wenn die gegenwärtige Zunahme der Weltbevölkerung, der Industrialisierung, der Nahrungsmittelproduktion und der Ausbeutung von natürlichen Rohstoffen unverändert anhält, werden die absoluten Wachstumsgrenzen auf der Erde im Laufe der nächsten hundert Jahre erreicht. Mit großer Wahrscheinlichkeit führt dies zu einem ziemlich raschen und nicht aufhaltbaren Absinken der Bevölkerungszahl und der industriellen Kapazität.«[12]

Dieser 100-jährige Prognosezeitraum ist noch nicht vorbei, aber zur Halbzeit 2022 erschienen viele Zeitungsartikel, die frohgemut verkündeten, dass der Klassiker »nichts mehr zur gesellschaftlichen Debatte beitragen« könne. Man solle das Werk besser »zurück ins Regal« stellen: »Die Ableitungen der Buchautoren haben sich als falsch erwiesen.«[13]

Tatsächlich sind diverse Vorhersagen nicht eingetreten. Gold sollte, wie schon erwähnt, nur noch maximal 29 Jahre reichen. Bei Silber waren es 42, bei Kupfer 48, bei Öl 50 und bei Aluminium 55 Jahre, bis die Reserven erschöpft sein sollten.[14] Doch ein Ende dieser Rohstoffe ist nicht abzusehen. Die Autoren haben allerdings nie bestritten, dass sie sich im Detail irren könnten: »Wir wollen noch einmal betonen, dass keine der gezeigten Computerberechnungen eine Vorhersage darstellt. Wir können nicht erwarten, dass sich die wirkliche Welt tatsächlich so verhalten wird wie das Weltmodell.«[15]

Zudem waren einige Prognosen erstaunlich korrekt. So

wurde der Anstieg der Treibhausgase präzise vorhergesagt,[16] wobei sich 1972 noch nicht detailliert einschätzen ließ, wie gefährlich diese Emissionen sein würden: »Es ist unbekannt, wie viel Kohlendioxid [...] man freisetzen kann, ohne dass sich das Klima der Erde unwiderruflich verändert.«[17]

Aber schon 1972 waren sich die Autoren sicher, dass es nicht reichen würde, allein auf den wissenschaftlichen Fortschritt zu setzen. Denn die Modellrechnungen ergaben: »Auch die optimistischen Annahmen über künftige Errungenschaften der Technologie [...] konnten den Zusammenbruch nicht einmal bis zum Jahr 2100 hinausschieben.«[18]

Technikoptimisten können diesen Fatalismus nicht nachvollziehen. Ihr wichtigstes Gegenargument lautet: In der Vergangenheit sei der wissenschaftliche Fortschritt immer unterschätzt worden, weil der Mensch dazu neigt, die Gegenwart für die Zukunft zu halten. Seitenlang können sie lustige Anekdoten zitieren, wie das Potenzial der Technik völlig verkannt wurde.

Um ein paar Beispiele herauszugreifen: Bereits 1870 waren viele deutsche Ingenieure überzeugt, dass das Innovationspotenzial der Elektrizität weitgehend erschöpft sei.[19] Auch dem Telefon wurde nichts zugetraut. Es hätte »zu viele Nachteile, um ernsthaft als Kommunikationsmittel in Betracht zu kommen«, urteilte 1876 William Orten, der der US-Telegrafengesellschaft Western Union vorstand.[20] Agrarökonomen wiederum konnten sich nicht vorstellen, dass Bauern überhaupt jemals Technik einsetzen würden. Die landwirtschaftliche Akademie Hohenheim befand 1893, dass »die Konstruktion der gebräuchlichsten Maschinen nahezu abgeschlossen« sei. Traktoren oder riesige Erntemaschinen waren damals undenkbar.[21] Zum Auto fiel dem britischen Politiker Scott-Montague 1903 ein: »Ich nehme nicht an, dass sich die Einführung von Motorwagen auf das Reiten von Pferden auswirken wird.«[22] Berühmt ist auch der Irrtum von IBM-Chef Thomas Watson, der 1943 glaubte, »dass es einen Weltmarkt von vielleicht fünf Computern gibt«[23]. Die kleinen PCs sah ebenfalls fast niemand vorher, stattdessen planten Siemens und AEG noch in den 1970er-Jahren eine »Großrechner-Union«.[24] Auch die Containerrevolution war eine Überraschung: Den Stahlboxen wurde anfangs nur zugetraut, die Eisenbahn an der amerikanischen Ostküste zu entlasten.[25] Über das Internet soll Bill Gates 1993 gesagt haben, es sei »ein Hype«. Die Beratungsfirma McKinsey wiederum ging 1985 davon aus, dass es im Jahr 2000 maximal eine Million Handys geben würde. Tatsächlich waren es 106 Millionen, und heute sind es mehr als sechs Milliarden.[26]

Die Liste der Fehlprognosen ist also lang. Doch folgt daraus im Umkehrschluss nicht, dass technisch alles möglich wäre. Für viele Probleme gibt es bis heute keine optimale Lösung, obwohl seit Jahrzehnten oder gar Jahrtausenden danach gesucht wird. So kamen Menschen bereits vor rund 13.000 Jahren auf die Idee, Zahnlöcher wieder zu stopfen. Damals nahmen sie eine Mischung aus natürlichem Bitumen, Haaren und Pflanzenfasern. Auch Bienenwachs, Baumharze, Steinmehle und Pflanzensamen wurden verwendet. Heute wird vor allem Keramik genutzt – aber die perfekte Füllung fehlt noch immer.[27] Auch ideale Schlaf-, Schmerz- und Beruhigungsmittel existieren nicht, obwohl schon seit mehr als 100 Jahren daran geforscht wird. Genauso fehlt ein Antidepressivum, das zuverlässig wirkt, keine unerfreulichen Nebenwirkungen hat und nicht abhängig macht.[28] Viele Krebsarten bleiben ebenfalls unbesiegt, obwohl jährlich Milliarden Euro in diesen Kampf fließen.

Manchmal ist Technik auch zu teuer, was sogar für scheinbare Selbstverständlichkeiten gelten kann. Die Wassertoilette wurde bereits vor 2.800 Jahren in Mesopotamien erfunden, doch bis heute haben etwa 2,5 Milliarden Menschen keinen Zugang zu Sanitäranlagen.[29] Die Ärmsten besitzen oft Handys – aber keine Toilette. Telefonieren kostet fast gar nichts mehr, aber leider haben diese Revolutionen in der Kommunikationstechnologie nicht dazu geführt, dass es billig geworden wäre, Abwasserrohre zu legen.

Auf die Technik ist kein absoluter Verlass. Mal gelingt es nicht, gute Lösungen zu finden – mal bleiben Erfindungen teuer, obwohl sie seit Jahrtausenden im Einsatz sind. Es wäre also gewagt, blind darauf zu vertrauen, dass technische Entwicklungen die Klimakatastrophe garantiert verhindern werden.

Vor allem aber werden die Zeitebenen verwechselt. Die lustigen Anekdoten sollen nahelegen, dass die technologische Zukunft immer besser war als gedacht. Das mag sein. Nur fehlt heute die Zeit, um auf eventuelle Durchbrüche zu warten. Wir müssen sofort handeln, wenn wir einen Klimakollaps verhindern wollen.

Auch dauert es meist sehr lange, bis sich Technologien auf breiter Front durchsetzen. Selbst wenn es demnächst zu bahnbrechenden Erfindungen käme, dürften Jahrzehnte vergehen, bis diese sensationellen Ökoideen marktreif wären. Der Fortschritt ist eine Schnecke: Die ersten Computer wurden gegen Ende des Zweiten Weltkriegs erfunden – aber erst 55 Jahre später setzte eine durchgängige »Digitalisierung« der Wirtschaft ein. Selbst heute ist die Vernetzung noch nicht überall Standard, wie sich in der Coronapandemie erleben ließ, als viele Gesundheitsämter ihre Daten per Fax verschicken mussten.

Die Klimakrise muss mit der Technik bewältigt werden, die jetzt vorhanden ist. Doch mit den heutigen Möglichkeiten lässt sich nicht genug billige Ökoenergie gewinnen, um grünes Wachstum zu befeuern. Also bleibt nur grünes Schrumpfen: weniger Neubauten, weniger Autos, weniger Chemieprodukte.

Diese rein quantitative Analyse betrachtet nur Produktmengen, was häufig die Frage auslöst, ob es nicht auch »qualitatives Wachstum« geben könnte. Schließlich ist bei vielen Gütern zu beobachten, dass sie weniger Material verbrauchen, aber gleichzeitig leistungsfähiger werden. Vor allem die Digitalisierung weckt große Hoffnungen, dass sich in den virtuellen Welten der Computer ganz neue Expansionsmöglichkeiten auftun könnten, die keinerlei Umweltweltfolgen nach sich ziehen. So schreibt der Harvard-Psychologe Steven Pinker enthusiastisch: »Während die erste Maschinenepoche, die aus der Industriellen Revolution hervorgegangen ist, durch physische Energie angetrieben wurde, wird die zweite Ära nun durch einen anderen, nicht-materiellen Rohstoff befeuert – Information.«[30]

Die Wissensrevolution soll den Menschen also von fast allen irdischen Bedürfnissen befreien. Dieses Konzept fand der renommierte Umweltökonom Herman E. Daly schon vor fast 30 Jahren absurd: »Es ist reine Einbildung, dass sich Rohstoffe durch Information ersetzen ließen. Wir können zwar weniger Fleisch konsumieren und dadurch die Umwelt entlasten – aber wir können keine Rezepte essen!«[31] Ähnlich äußerte sich auch der Wachstumskritiker Niko Paech: »Bis heute existiert kein Auto oder Flugzeug, das sich mit flüssigem Wissen anstelle mit Benzin bzw. Kerosin auftanken lässt.«[32] Zudem verbreitet sich Wissen nicht im luftleeren Raum, sondern benötigt einen materiellen Unterbau, wie schon Daly feststellte: »Information existiert nicht außerhalb von physischen Gehirnen, Büchern oder Computern, und zudem benötigen diese Gehirne die dazugehörigen Körper, Bücher brauchen Bibliotheken, und auch Computer laufen nur mit Strom.«[33]

Auch Pinker dürfte wissen, dass Computer ohne Strom nur tote Materie sind. Dennoch sieht er immense Potenziale, sich vom Fluch der Rohstoffe zu befreien, und knüpft an die Erfahrungen eines jeden Konsumenten an: »Die digitale Revolution, die Atome durch Bits ersetzt, entmaterialisiert die Welt vor unseren Augen. Die Kubikmeter Vinyl, aus denen meine Plattensammlung bestand, wurden zu Kubikzentimetern an CDs und dann zum Nichts der MP3. Der breite Strom an Zeitungstinte, der durch meine Wohnung floss, wurde durch ein einziges iPad ausgetrocknet.« Vor allem aber beflügelt das Smartphone die Fantasie, dass sich ein Konsum ohne Rohstoffe denken ließe. Noch einmal Pinker: »Man denke nur an all das Plastik, Metall und Papier, das nicht mehr für die rund 40 Konsumprodukte benötigt wird, die ein einziges Smartphone ersetzt, als da wären Telefon, Anrufbeantworter, Telefonbuch, Kamera, Videokamera, Tonbandgerät, Radio, Wecker, Taschenrechner, Wörterbuch, Adressbuch, Kalender, Stadtplan, Taschenlampe, Faxgerät, Kompass – und sogar Taktmesser, Thermometer und Wasserwaage.«[34]

Doch so eingängig diese Beispiele auch sein mögen – sie taugen nichts. Der Abschied vom Vinyl hat keine Treibhausgase verhindert. Im Gegenteil: Das digitale Musikstreaming frisst weit mehr Energie als die gute alte Schallplatte. 1977, als das Vinyl noch dominierte, sorgten die US-amerikanischen Musikfans für 140.000 Tonnen $CO_2$ im Jahr; 2016 waren es rund 300.000 Tonnen.[35]

Noch schlimmer sind Filme, die online auf Smartphones laufen. Handys ersetzen zwar Telefonbücher oder Stadtpläne, sind aber zu mobilen Kinos geworden, was enorme Strommengen verschlingt. Auch Videokonferenzen und Cloud-Computing, Google-Anfragen und Social Media sind nicht harmlos: Schon 2025 dürften die Digitaltechnologien mehr $CO_2$ ausstoßen als der gesamte globale Autoverkehr.[36]

Die ersten Mobiltelefone kamen 1983 auf den Markt, wogen knapp 800 Gramm und waren so teuer, dass sie nur bei Polizisten, Millionären – und in Hollywoodfilmen verbreitet waren. Im Blockbuster *Wall Street* hat der skrupellose Spekulant Gordon Gekko einen dieser »Ziegelsteine« am Ohr und dokumentiert damit seinen Status als Superreicher.

Heute kann sich fast jede ein Smartphone leisten, denn inzwischen sind sie rund 50-mal billiger als zu Gekkos Zeiten. Der technische Fortschritt hat es möglich gemacht, dass weit weniger Energie und Rohstoffe nötig sind, um ein Handy zu produzieren. Aber am Ende wurden keine Materialien eingespart, sondern stattdessen Milliarden Handys hergestellt. Gerade weil sie immer preiswerter wurden, vermehrten sie sich exponentiell.

Wieder schlägt der »Rebound-Effekt« zu, der sich schon im 19. Jahrhundert bei der Dampfkraft zeigte. Werden Maschinen oder Waren effizienter hergestellt, werden nicht etwa weniger Rohstoffe verbraucht – sondern mehr Güter produziert. Es entsteht neues Wachstum, das sonst unmöglich gewesen wäre.

Der Rebound-Effekt ist überall zu beobachten.[37] JedeR ComputernutzerIn kennt das Paradox, dass ein neuer Speicher anfangs zu groß und schon bald zu klein ist, weil größere Kapazitäten es erlauben, mehr Daten zu akkumulieren, was dann wiederum umfangreichere Speicher erfordert.[38] Fernsehgeräte wurden immer billiger, aber dafür sind jetzt viele Bildschirme fast so riesig wie eine Leinwand. Kühlschränke verbrauchen weniger Energie, werden jedoch größer und durch Zweitgeräte wie Weinkühler, Froster und Eismaschinen ergänzt. Die nötige Heizenergie pro Quadratmeter Wohnfläche ist von 2000 bis 2015 um 15 Prozent gesunken, aber gleichzeitig ist die Wohnfläche pro Kopf um 14 Prozent gewachsen.[39]

Auch im Verkehr macht der Rebound-Effekt alle Sparbemühungen zunichte: Automotoren werden zwar immer effizienter, aber der Diesel- oder Benzinbedarf ist nicht gesunken, stattdessen ist die PS-Leistung neuer Pkw in den vergangenen 15 Jahren um 29 Prozent gestiegen.[40] Bei Flugzeugen ist ein ähnlicher Trend festzustellen: Sie benötigen stets weniger Kerosin pro Passagier[41] – aber leider wird immer mehr geflogen. Bis 2050, so wird geschätzt, dürfte sich der weltweite Flugverkehr verdreifachen.[42]

Selbst ökologische Verkehrsmittel wie die Bahn haben mit dem Rebound-Effekt zu kämpfen. Ein schönes Beispiel ist die ICE-Schnellstrecke von Berlin nach München, die 2017 eingeweiht wurde, 17 Milliarden Euro kostete und die Fahrzeit von sechs auf vier Stunden gesenkt hat. Schon im ersten Jahr wurden 2,2 Millionen neue Passagiere auf dieser Strecke gezählt. Immerhin: Die eine Hälfte war vorher Auto gefahren oder geflogen. Aber die andere Hälfte, etwa 3.000 Menschen am Tag, war jetzt zusätzlich zwischen Berlin und München unterwegs, weil es so schön schnell ging.[43]

Zudem ist keineswegs sicher, dass tatsächlich Flüge eingespart werden, weil jetzt einige Passagiere die Bahn zwischen München und Berlin nutzen. Zwar könnten Flugverbindungen in die Hauptstadt gestrichen worden sein – aber damit wurden Slots für andere Ziele frei. Jedenfalls ist nicht zu erkennen, dass die Bayern weniger geflogen wären, nur weil 2017 die neue Bahnstrecke nach Berlin eröffnet wurde. Im Gegenteil: Der Münchner Flughafen setzte sein Wachstum ungebrochen fort. 2016 wurden dort 42,3 Millionen Passagiere abgefertigt, 2018 waren es schon 46,3 Millionen.[44]

In der Politik ist es populär, den WählerInnen attraktive »Angebote« zu machen, damit sie sich freiwillig für den Klimaschutz entscheiden. Die Züge sollen schnell und häufig fahren, um die BürgerInnen in die Bahn zu locken. Doch dieser Ansatz scheitert, weil die Mobilität insgesamt steigt. Neue Züge bedeuten neuen Verkehr, nicht mehr Klimaschutz.

Seit der Coronapandemie keimt die Hoffnung, dass wenigstens das Homeoffice für mehr Ruhe sorgen könnte. Doch leider ist nicht damit zu rechnen, dass der Verkehr abnimmt, wenn die Beschäftigten vor allem per Videoschalte kommunizieren. Die Angestellten pendeln dann zwar seltener ins Büro, machen dafür aber Extrafahrten – etwa zum Einkaufen, was früher oft mit dem Arbeitsweg verbunden wurde. Zugleich steigt die Motivation, sich weiter entfernt vom Arbeitgeber anzusiedeln, wenn Abstecher ins Büro nur noch gelegentlich fällig werden. Die Zahl der Dienstfahrten nimmt zwar ab, aber die Strecken werden länger.[45]

Der Rebound-Effekt ist sogar beim Fahrrad zu beobachten, obwohl es die Innenstädte eigentlich vom Krach und Gestank des Verkehrs befreien soll. In ganz Europa werden Amsterdam und Kopenhagen bewundert, weil allseits angenommen wird, dass in diesen selbst ernannten »Fahrradstädten« kaum Autos fahren würden.[46] Doch dieses schöne Bild trügt. In Wahrheit sind in beiden Städten sogar mehr Autos pro Einwohner unterwegs als etwa in Berlin.

In Berlin werden nur 26 Prozent aller Strecken mit dem Auto zurückgelegt, in Amsterdam sind es 31 Prozent und in Kopenhagen 32 Prozent. Das Fahrrad hat in beiden Städten nämlich nicht das Auto verdrängt, sondern man geht dort weniger zu Fuß als in Berlin. Außerdem verzerrt es die Wahrnehmung, nur auf den Verkehr in den Innenstädten zu starren, denn landesweit nehmen die Autofahrten stark zu. Die Niederländer legten 1994 rund 127 Milliarden Kilometer mit dem Pkw zurück, 2017 waren es 139 Milliarden. Die Fahrradkilometer stiegen aber zeitgleich nur von 14,1 auf 14,5 Milliarden. In Dänemark ging der Radverkehr in den vergangenen 30 Jahren sogar zurück – von 680 auf 487 Kilometer pro Jahr und Bürger –, während der Autoverkehr auch dort deutlich zunahm.[47]

Es ist illusorisch, allein auf technische Effizienz zu setzen. Sie kann das Klimaproblem nicht lösen, weil die eingesparten Rohstoffe prompt genutzt werden, um noch mehr Güter herzustellen und Wachstum zu erzeugen. Ein Rückblick auf das 20. Jahrhundert macht es möglich, diesen Rebound-Effekt genau zu quantifizieren: Von 1900 bis 2005 hat sich die globale Wirtschaftsleistung um das 23-Fache erhöht. Zugleich stieg der Rohstoffverbrauch um das Achtfache.[48] Eine gewisse »Entkopplung« gab es also, weil die Wirtschaft dreimal schneller wuchs als der Ressourcenkonsum. Aber das ist kein Trost. Der Umwelt wäre nur geholfen, wenn viel weniger Rohstoffe verbraucht würden. Dann aber wäre Wachstum unmöglich.

Die Rebound-Effekte zerschlagen jede Hoffnung, dass es »grünes Wachstum« geben könnte. Daher werden sie in den meisten Studien einfach ignoriert, wie das Wuppertal Institut feststellt: »Rebound-Effekte werden dabei implizit als entweder nur schwach ausgeprägt oder als durch äußere Bedingungen vermieden angesetzt.«[49] Wieder zeigt sich, dass die ökonomische Klimaforschung die wissenschaftlichen Standards nicht erfüllt. Zwar entstehen ständig neue Studien, aber die entscheidenden Probleme werden ausgeklammert.

Rein »qualitatives Wachstum« existiert also nicht. Der Kapitalismus kann sich nicht in eine Wissensgesellschaft verwandeln, die in den virtuellen Welten des Internets floriert. Die Digitalisierung frisst sogar enorme Mengen an Energie, und außerdem verschwinden die alten Konsummuster nicht, nur weil es neuerdings Smartphones gibt: Es wird weiterhin Auto gefahren – aber jetzt klebt auch noch ein Handy am Ohr.

Allerdings wird der Begriff »qualitatives Wachstum« gelegentlich völlig anders verstanden: Man könnte doch gezielt Tätigkeiten ausweiten, die für die Gesellschaft wichtig sind, zugleich aber wenig Emissionen hinterlassen.[50] Gedacht wird vor allem an Pflege, Bildung und Kunst. Zweifellos benötigt Deutschland mehr Personal in den Krankenhäusern und Altersheimen, und auch in den Schulen fehlen Lehrkräfte. Doch so sinnvoll es wäre, in Pflege und Bildung zu investieren – »qualitatives Wachstum« würde dabei nicht entstehen.

Stattdessen käme es zu einer Art »Konsumtausch«: Würde sich die Bundesrepublik entscheiden, mehr Pflegekräfte zu beschäftigen oder sie besser zu bezahlen, müssten die Beiträge für die Pflegeversicherung steigen, um diese zusätzlichen Kosten abzudecken. Die BürgerInnen hätten also weniger Geld netto übrig und könnten, zum Beispiel, weniger häufig nach Mallorca fliegen. Dafür hätten aber die Pflegekräfte mehr Geld – und könnten auf die Balearen reisen. Am Ende wären genauso viele Deutsche auf Mallorca wie vorher, nur andere.

Oder anders ausgedrückt: »Qualitatives Wachstum« gibt es nicht, weil auch Krankenpfleger Häuser bauen oder Autos kaufen wollen. Selbst wenn eine bestimmte Berufstätigkeit kaum Treibhausgase hinterlässt, wird der Lohn für Güter ausgegeben, die meist klimaschädlich sind. »Qualitatives Wachstum« würde voraussetzen, dass die zusätzlichen Lehrerinnen ebenfalls nur Bildungsangebote konsumieren und sonst gar nichts. Eine aberwitzige Vorstellung.[51] Der Wachstumskritiker Niko Paech hat es pointiert zusammengefasst: »Einen $CO_2$-neutralen Euro, Dollar oder Yen kann es schon deshalb nicht geben, weil er den Anspruch auf materielle Werte verkörpert.«[52]

Zudem stimmt es nicht, dass Pflege, Bildung oder Kunst rein immateriell wären und keine Treibhausgase hinterlassen würden. Die Schaubühne in Berlin hat jüngst ihre Klimabilanz untersuchen lassen, und die Ergebnisse waren erschütternd: Das Theater emittiert sehr viel $CO_2$, weil es auf alle Kontinente fliegt, um etwa 100 Gastspiele pro Jahr zu absolvieren.[53]

»Qualitatives Wachstum« existiert genauso wenig wie »grünes Wachstum«. Diese Begriffe vernebeln nur die Realitäten. Es gibt keine Wundertechnik, die den Kapitalismus plötzlich »dematerialisieren« würde. Also bleibt das Problem, dass die Ökoenergie nicht reichen wird, um die ganze Wirtschaft zu befeuern. Es wird Zeit, über »grünes Schrumpfen« nachzudenken. Dieses schwierige Thema ist bisher wenig erforscht, weil es an das Undenkbare rührt: Der Kapitalismus bricht zusammen, sobald das Wachstum ausbleibt. Es ist jedoch, wie schon zitiert, »einfacher, sich das Ende der Welt vorzustellen als das Ende des Kapitalismus«.

# III.

# DAS ENDE DES KAPITALISMUS

# 16. Grünes Schrumpfen: wenn die Wirtschaft zusammenbricht

Das Wort »schrumpfen« klingt unangenehm, erinnert an Verbot und Verzicht. Aber könnte es nicht auch befreiend sein, dem permanenten Wachstum zu entkommen? Viele Klimaaktivisten sind überzeugt, dass eine bessere Zukunft möglich ist. »Wir reden von einer Welt, die schöner, leiser, grüner, gesünder, stressfreier, nachhaltiger und gerechter sein wird«, schwärmt etwa der Solar-Ingenieur Volker Quaschning. »Wir werden in den Städten eine viel höhere Lebensqualität genießen als heute. Mit dem Umbau unserer Energieversorgung schaffen wir unzählige neue, zukunftsfähige, sichere Arbeitsplätze.«[1]

Auch die Glücksforschung zeigt, dass die Zufriedenheit nicht zunimmt, nur weil die Wirtschaft wächst. Seit 1978 hat sich die reale Wirtschaftsleistung in der Bundesrepublik und in Österreich ungefähr verdoppelt,[2] aber die Zufriedenheit ist seither nicht gestiegen. Auch früher lebte es sich gut. Niemand litt damals darunter, dass es Erdbeeren und Spargel nur im Frühsommer gab und keine Kiwis aus Neuseeland eingeflogen wurden.

Der Sinn des Lebens ist nicht, ständig mehr zu konsumieren. Oder wie es der Soziologe Harald Welzer ironisch formuliert: »Wenn Menschen schwer oder tödlich erkranken, möchten sie nicht, dass der Text ihrer Todesanzeige lautet: ›Fuhr einen Audi Q7 und machte fünf Aida-Kreuzfahrten, und eine sogar mit der MS Europa‹.« Die Sterbenden wollten »als guter, gütiger, liebender Mensch erinnerlich sein. Sie wollen also in Bezug auf andere gelebt haben«[3].

Viele Deutsche fühlen sich von ihren Besitztümern so erdrückt, dass sie zahllose Ratgeber kaufen, wie sie sich vom Überfluss wieder befreien können. Den Dauer-Bestseller »Simplify your life« gibt es inzwischen in verschiedenen Varianten. Detailliert wird durchgegangen, wie »Küche, Keller, Kleiderschrank entspannt in den Griff« zu bekommen seien, »um endlich mehr Zeit zu haben«. Denn Zeit ist das einzige Gut in unserer reichen Konsumgesellschaft, das tatsächlich knapp ist. Bekanntlich müssen alle sterben, und daher ist es eigentlich widersinnig, dass Menschen ihre begrenzte Lebenszeit damit verschwenden, Güter anzuhäufen und zu pflegen, die sie gar nicht benötigen.

Zudem müssen die nutzlosen Besitztümer erst einmal erarbeitet werden. Nur wer Einkommen hat, kann sich den Plunder in den Schränken leisten. Mit ihren Tätigkeiten sind jedoch viele Menschen höchst unglücklich, weil sie »Bullshit-Jobs« ausüben. Gemeint sind damit Stellen, die ihre Inhaber selbst für überflüssig halten.[4] Wie eine Umfrage in Großbritannien ergab, glauben dort 37 Prozent der Arbeitnehmer, dass ihre Tätigkeit entbehrlich sei. In den Niederlanden sind es sogar 40 Prozent. Meist handelt es sich um Bürojobs, die zwar gut bezahlt werden – aber unzufrieden machen, weil sie sinnlos sind.[5]

Die Lösung scheint daher nahezuliegen: Wir konsumieren weniger – und arbeiten auch weniger. Die vielen Bullshit-Jobs würde niemand vermissen, und alle hätten mehr Zeit, die wesentlichen Dinge des Lebens zu genießen. Es würde eine Kreislaufwirtschaft entstehen, in der nur so viel verbraucht wird, wie sich recyceln[6] lässt. Wie dieses klimaneutrale Dasein aussehen könnte, hat die wachstumskritische Degrowth-Bewegung inzwischen liebevoll beschrieben: Man würde nur noch regionale und saisonale Produkte nutzen, könnte Freunde treffen, notwendige Reparaturen selbst durchführen und Kleider nähen.[7]

In dieser »Share Economy« würde man viele Gebrauchsgegenstände mit den Nachbarn teilen, zum Beispiel Autos, Rasenmäher, Bohrmaschinen, Spielzeuge, Bücher oder Rührmaschinen.[8] Auf Spaß und Urlaub müsste niemand verzichten: Man hätte sogar genug Zeit, um ohne Flug in die Ferne zu reisen und etwa gemächlich auf einem Frachtschiff nach China mitzufahren.

Diese klimaneutrale Konsumwelt klingt vielleicht romantisch und nach alten Zeiten, aber eine Rückkehr in die Vormoderne ist nicht gemeint. Von einem »grünen Bullerbü« wird nicht geträumt. Auch die Degrowth-Bewegung schätzt die Maschinen, die der Kapitalismus entwickelt hat und die das Leben so bequem machen.[9] Waschmaschinen oder Computer sollen bleiben – zumal im Internet die angestrebte Share Economy bereits heute weit verbreitet ist. Nutzer schreiben gratis Rezensionen oder Wikipedia-Einträge, stellen Videos ins Netz oder programmieren gemeinsam neue Software. Geld ist dabei nicht wichtig, es geht um Anerkennung und Gemeinschaft.[10]

Doch so schön diese klimaneutrale Konsumwelt klingen mag – auch sie wird vom Kapitalismus eingeholt. So setzte die US-Soziologin Juliet Schor einst große Hoffnung auf das »Couchsurfing« von Airbnb: Wenn sich Menschen gegenseitig ihre ungenutzten Wohnflächen zur Verfügung stellten, könnten alle umsonst Urlaub machen.[11] Für die Ökovordenkerin war damals unvorstellbar, dass sich auch diese Idee kommerzialisieren lässt und Airbnb zu einem milliardenschweren Unternehmen heranreifen würde.

Zudem ist die Sharing Economy keineswegs so neu und revolutionär, wie gern behauptet wird. Schon immer kamen Menschen auf die naheliegende Idee, Gegenstände zu teilen und zu tauschen. Bibliotheken etwa sind uralt, nur dass dieses Prinzip jetzt neudeutsch »Book Sharing« heißt. In vielen Mietshäusern gibt es gemeinsame Waschmaschinen, und Landwirte haben schon früh Genossenschaften gegründet, um die Feldmaschinen kollektiv zu nutzen. Auch auf Flohmärkten werden seit jeher Kinderklamotten, Haushaltsutensilien und gebrauchte Campingausrüstung weiterverkauft.

Dem Wachstum hat es jedoch noch nie geschadet, wenn Gegenstände geteilt oder getauscht wurden, denn erneut schlägt der Rebound-Effekt zu: Wenn etwa Eltern alte Kinderkleidung auf dem Flohmarkt veräußern, haben sie Geld für neue Anschaffungen. Auch Couchsurfing schmälert nicht unbedingt den Kommerz, selbst wenn das Logis gratis ist und ohne Airbnb stattfindet. Denn die gesparten Hotelkosten werden gern genutzt, um weiter oder häufiger zu fliegen.[12]

Um den Rebound-Effekt zu brechen, wäre es also zwingend, nicht allein eine Share Economy einzuführen. Zugleich müssten die Einkommen stark sinken, damit das Geld fehlt, um neues Wachstum anzuschieben. Es ist daher nur konsequent, dass die Degrowth-Bewegung die kommerzielle Lohnarbeit halbieren will.

Bleibt nur ein Problem, das Wachstumskritiker gern ignorieren: Eine schrumpfende Wirtschaft endet schnell im Chaos. Sobald die Einkommen fallen, frisst sich die Krise unkontrolliert durch sämtliche Branchen. Man stelle sich einmal vor, viele Deutschen würden privat und unabhängig voneinander beschließen, ab sofort keine Autos mehr zu erwerben, weil sie endlich eingesehen haben, dass es sich um Klimakiller handelt. Plötzlich wären etwa 1,75 Millionen Menschen arbeitslos, die direkt oder indirekt für die deutsche Autobranche arbeiten. Diese Ex-Beschäftigten hätten nun kein Geld mehr, um in die Kneipe zu gehen, im Supermarkt einzukaufen oder ihre Häuser zu renovieren. Also würden auch die Einkommen der Barbetreiber, Ladenbesitzer und Handwerker sinken, die ihren Konsum dann ebenfalls einschränken müssten. Die Wirtschaft wäre im freien Fall (siehe Kapitel 7).

Dieses chaotische Schrumpfen darf man sich nicht friedlich vorstellen. Die Weltwirtschaftskrise ab 1929 hat vorgeführt, wie gefährlich es ist, wenn Menschen Arbeit, Einkommen, Hoffnung und Perspektive verlieren. Sie neigen dazu, populistische Führer zu wählen. In Deutschland kam 1933 Hitler an die Macht.

Die meisten Wachstumskritiker machen den Fehler, dass sie ihre Vision auch für den Weg halten. Die Kreislaufwirtschaft soll nicht nur Ziel sein, sondern zugleich den Übergang vom Kapitalismus in eine klimaneutrale Welt bahnen. So schreibt etwa Juliet Schor über ihre Variante der Share Economy: Sie sei »eine Strategie der Transformation«, bis die Kreislaufwirtschaft perfekt installiert ist. »Es wird viele

Jahre dauern, um ein wirklich nachhaltiges System zu schaffen, weil es der ökologischen Regeneration und der technologischen Innovationen bedarf.«[13]

Schor hat zweifellos recht, dass die Umwelt wieder aufgepäppelt werden muss und dass es sehr hilfreich wäre, wenn die Ökotechnik noch billiger und leistungsfähiger würde. Aber eine Leerstelle fällt auf: Die Wirtschaft wird gar nicht erwähnt – obwohl es doch der Kapitalismus ist, der die gigantischen Umweltprobleme erst geschaffen hat.

Über den Kapitalismus wird meist nicht näher nachgedacht, weil seine Kritiker so tun, als würde er einer Torte gleichen. Wird von einem Kuchen die Hälfte weggeschmissen, sind immer noch Stücke übrig, die sich herumreichen lassen. In gleicher Weise wollen die Wachstumskritiker das Einkommen halbieren und den Rest gerecht aufteilen. Doch der Kapitalismus ist keine Torte, die sich beliebig zerstückeln lässt: Wenn Einkommen sinken, sinken sie immer weiter, bis fast nichts mehr vorhanden ist. Ein schrumpfender Kapitalismus erinnert also am ehesten an einen Eisbecher, der in der Sonne steht und zudem ein Loch in seinem Boden hat. Das Eis schmilzt dann nicht nur in der Wärme, sondern die klebrige Soße, die übrig bleibt, verschwindet auch noch auf Nimmerwiedersehen im Erdreich. Am Ende ist alles weg, als hätte es nie existiert.

Der Kapitalismus ist weder ein Gegenstand noch ein Zustand, sondern ein dynamischer Prozess. Wenn er nicht wächst, schrumpft er. Zwar kommt es immer wieder zu Wirtschaftskrisen, aber sie werden nur deswegen überwunden, weil die Unternehmer davon ausgehen, dass das Wachstum irgendwann zurückkehrt, und daher weiter investieren. Sobald jedoch das Wachstum politisch abgewürgt wird und

Dauerschrumpfen angesagt ist, lohnt es sich für Firmen nicht mehr, neue Maschinen zu kaufen oder Beschäftigte anzuheuern – und das Schrumpfen setzt sich chaotisch fort.

Diesem Dilemma versuchen manche Umwelttheoretiker zu entkommen, indem sie die Salamitaktik propagieren. Man könnte doch scheibchenweise mit ganz kleinen Veränderungen beginnen, auf dass niemand merkt, dass die Wurst kürzer wird. So schreibt etwa der Umweltjurist Felix Ekardt: »Lege ich auf meiner Geburtstagsparty ein Stück Käse aufs Buffet, bleibt es liegen. Schneide ich es aber in Würfel, wird alles aufgegessen. Obwohl der Käse genau derselbe ist [...] Die Grenze zwischen ›dick werden‹/›nicht dick werden‹ verschwimmt durch die Häppchen [...] Dementsprechend eignet sich die Salamitaktik in gewisser Weise für Politiker und Unternehmen, um Reformen auf den Weg zu bringen.«[14] Auch der Soziologe Harald Welzer schlägt »die kleinstmögliche Zustandsveränderung« vor. »Das hat doch eine ganz andere Poesie als die ›Große Transformation‹, die ›Große Utopie‹, die ›Große Revolution‹.«[15]

Es ist nicht zu leugnen, dass es überaus bequem wäre, wenn der Kapitalismus einer Salami gleichen würde und scheibchenweise »kleinstmöglich« schrumpfen könnte. Aber leider ist der Kapitalismus auch keine Wurst, so wenig wie er eine Torte ist. Man kann es gar nicht oft genug sagen: Er ist ein dynamisches System. Selbst geringe Einkommensverluste sind nicht zu verkraften, wenn sie sich Jahr um Jahr wiederholen sollen. Der Kapitalismus ist auf Wachstum angewiesen. Fehlt es dauerhaft, kommt es zum chaotischen Zusammenbruch.

Diese Analyse mag abstrakt klingen. Anschaulicher ist es, vom Ende her zu denken und sich ein wirklich klimaneutrales

Deutschland vorzustellen. Um mit dem Offensichtlichen anzufangen: Sämtliche Flughäfen wären zu schließen, da Flugzeuge selbst dann nicht harmlos sind, wenn sie mit grünem Kerosin abheben. Sie hinterlassen weiterhin Kondensstreifen, die die Erde erwärmen. Derzeit sind fast 850.000 Menschen direkt oder indirekt in der deutschen Flugbranche beschäftigt, die nun alle einen neuen Arbeitsplatz benötigen würden.

Auch das private Auto hat keine große Zukunft, wie schon dargestellt (siehe Kapitel 14). Stattdessen würden Busse und Bahnen viel häufiger verkehren, sodass Landbewohner nicht fürchten müssten, an ihr Dorf gefesselt zu bleiben. Schwierig würde es hingegen für die Beschäftigten der Autobranche, denn die Konzerne konzentrieren sich auf wenige Regionen. Werden nicht mehr so viele Pkw gebaut, stellt sich sofort die Frage: Was soll aus dem Raum Stuttgart werden? Oder aus dem Gebiet zwischen Wolfsburg und Braunschweig?

Konsequenter Klimaschutz würde nicht nur die Industrie verändern. Auch viele Dienstleistungen entfallen, wenn die Wirtschaft schrumpft. So wäre es überflüssig, für Waren zu werben, wenn Güter sowieso knapp sind und garantiert Käufer finden. PR-Agenturen, Messelogistiker und Werbegrafiker hätten nichts mehr zu tun. Auch wäre unklar, wie sich Zeitungen oder Google noch finanzieren sollen, wenn die Anzeigen ausbleiben.

Lebensversicherungen wären ebenfalls obsolet. Jede kennt das Prinzip: Monatlich wird eine kleine Prämie eingezahlt, damit am Ende ein stattlicher Überschuss herauskommt. Dieser Gewinn lässt sich aber nur erzielen, wenn eine Wirtschaft wächst. Sobald sie schrumpft, gibt es keine Überschüsse mehr – und selbst die eingezahlten Gelder würden ihren Wert zum Teil verlieren.

Auch die Banken würden zusammenbrechen. Ihr Kerngeschäft besteht bekanntlich darin, Kredite zu vergeben. Darlehen lassen sich jedoch nur zurückzahlen, wenn die Wirtschaft wächst (siehe Kapitel 7). Sobald die Produktion sinkt, nimmt niemand mehr Kredite auf, und die Banken verlieren ihre ökonomische Basis. Vielleicht gäbe es noch kleine Institute, die das Bargeld der Kunden verwalten – aber diese Kontoführung war für die Banken immer ein Verlustgeschäft. Ihre Gewinne haben sie mit Krediten erzielt.

Ebenfalls enden würde das Investmentbanking, das mit Aktien, Zinsen, Währungen und Rohstoffen spekuliert. Zwar war dieses Finanzcasino auch bisher weitgehend[16] überflüssig, sodass kein Schaden entsteht, wenn es verschwindet, aber momentan leben Hunderttausende direkt oder indirekt davon. Zu den Profiteuren zählen nicht nur die Angestellten der Großbanken, sondern auch Wirtschaftsjuristen oder Steuerberater. Die meisten dieser Finanzakteure sind im Großraum Frankfurt ansässig, sodass die Frage diesmal wäre: Was soll aus dem Rhein-Main-Gebiet werden?

Wenn Industriebetriebe, Banken und Versicherungen zusammenbrechen, verlieren auch Aktien und Ersparnisse ihren Wert. Vom Börsenindex DAX bliebe wenig übrig: Die Papiere der Flugzeugbauer Airbus und MTU wären gänzlich wertlos, wenn es keine Flüge mehr gäbe. Die Aktien der Finanzkonzerne Deutsche Börse, Deutsche Bank, Allianz, Hannover Rück und Münchner Rück würden ebenfalls ins Nichts abstürzen, wenn sie ihre wichtigsten Geschäftsfelder verlören. Auch die Autobauer BMW, Porsche, Mercedes-Benz, VW und Continental wären nur noch Schatten ihrer selbst, wenn Menschen und Güter vor allem mit der Bahn transportiert würden.

Andere Unternehmen würden zwar überleben, aber große Teile ihres Umsatzes einbüßen, weil die Ökoenergie nicht reicht, um ihre Produkte klimaneutral herzustellen. Dieses Problem trifft unter anderem die Chemiekonzerne BASF, Bayer, Linde, Brenntag, Covestro, Henkel und Symrise sowie den Baustoffkonzern HeidelbergCement.

Etwa die Hälfte der DAX-Konzerne würde also eine Ökowende gar nicht oder nur stark geschrumpft überstehen. Allerdings gäbe es auch Firmen, die vom klimaneutralen Umbau wohl weniger betroffen wären, weil existenzieller Bedarf für ihre Güter herrscht. Dies gilt etwa für die Pharma- und Gesundheitskonzerne Fresenius Medical Care, Fresenius, Merck, Qiagen, Sartorius und Siemens Healthineers. Auch die Post und die Telekom würde man zumindest in Teilen weiterhin benötigen.

Digital- und Technikkonzerne wie SAP, Siemens und Infineon könnten in Einzelbereichen sogar profitieren, weil ihr Know-how für eine Ökowende wichtig ist. Auch das Geschäft der Energiegiganten RWE und E.ON dürfte expandieren, wenn die gesamte Wirtschaft auf grünen Strom umgestellt wird. Trotzdem könnten die eventuellen Gewinne bei Siemens oder RWE nicht die enormen Verluste kompensieren, die Aktienbesitzer bei Finanzkonzernen, Autobauern oder Chemieriesen hinnehmen müssten. In der Summe würden die Börsenwerte rasant fallen.

Die Finanzbranche schwärmt allzu gern von den »grünen Renditen«, die die Energiewende angeblich generieren wird. Doch Gewinne sind nicht möglich, wenn die Wirtschaft schrumpft. Klimaschutz ist kein »positiver Business Case«, wie die Beratungsfirma McKinsey begeistert behauptet,[17] sondern wird zunächst ungeheure Verluste produzieren.

Diese Verluste würden zunächst die Wohlhabenden treffen, denn nur 17,1 Prozent der Bundesbürger besitzen überhaupt Aktien.[18] Schadenfreude wäre dennoch unangebracht: Eine Ökowende würde alle beuteln, die ein bisschen Geld auf der hohen Kante haben, da auch normale Sparkonten an Wert verlieren würden. Die Deutschen besitzen derzeit ein Geldvermögen von acht Billionen Euro, für das es keinen ausreichenden Gegenwert mehr gäbe, wenn weit weniger Güter hergestellt würden.[19]

Wenn Umsätze und Einkommen fallen, nimmt natürlich auch der Staat weniger Geld ein. Die sinkenden Steueraufkommen würden es jedoch erschweren, die Ökowende zu finanzieren. Es ist ein Dilemma: Die Wirtschaft kann nur klimaneutral werden, wenn sie schrumpft, aber genau dieses Schrumpfen würde es fast unmöglich machen, den grünen Umbau zu finanzieren. Der Grüne Ralf Fücks kommentiert daher bissig: »Nullwachstum löst kein einziges Problem, es schafft nur neue.«[20]

»Grünes Wachstum« wäre zweifellos bequemer, nur ist es leider eine Illusion. Das Wuppertal Institut hat berechnet, wie stark der Rohstoffverbrauch eines jeden Bundesbürgers sinken müsste, damit wir die Umwelt nicht überlasten. Pro Kopf und Jahr werden in Deutschland derzeit rund 30 Tonnen an Ressourcen verschlissen; es dürften aber nur acht Tonnen sein.[21] Fast 75 Prozent der Materialien müssten also eingespart werden – da ist Wachstum unmöglich.

Diese Zahlen können erschrecken, und die Angst ist weit verbreitet, dass wir »in die Steinzeit zurückkehren« müssen, wenn der Kapitalismus endet. Doch diese Sorge ist unbegründet. Niemand muss fürchten, »wieder in Höhlen zu wohnen«. Die Wachstumskritiker haben klar gezeigt, dass klimaneutrales Leben auch schön sein kann. Das ungelöste Problem ist allein, wie sich diese ökologische Kreislaufwirtschaft erreichen lässt, ohne unterwegs eine schwere Wirtschaftskrise zu provozieren, die die Bevölkerung in Panik versetzt und einen Diktator an die Macht bringt.

Menschen brauchen und wollen Sicherheit, wie auch die Klimaaktivistin Luisa Neubauer erleben musste. Sie stellte ihren Bekannten immer dieselbe Frage: »Was kommt dir in den Sinn, wenn du an die Zukunft denkst?« Die Antworten fielen ganz anders aus, als von ihr erwartet. »Viele erzählten von dem Wunsch nach einem stabilen Einkommen, einer bezahlbaren Wohnung, einem lebenswerten Umfeld, in dem man sich keine Sorgen machen müsse, wenn die Kinder zum Spielen rausgehen. Wir waren irritiert […] Während wir uns mit dem Desaster beschäftigten, auf das die Weltgesellschaft zusteuerte, sorgten sich viele in unserem Umfeld um ihr Einkommen, ihren Wohnort und ihr Stadtviertel.«[22]

Wenn der Kapitalismus endet, wäre diese ersehnte Sicherheit bedroht: Millionen Menschen würden ihren Arbeitsplatz und die Ersparnisse verlieren. Klimaschutz hat daher nur eine Chance, wenn allen Bürgern in jeder Sekunde deutlich ist, wovon sie leben sollen und wie es für sie weitergeht.

Für diesen Übergang hat die Degrowth-Bewegung keine Lösung, weil sie zwar eine Kreislaufwirtschaft anstrebt, aber diese Vision zugleich für den Weg hält.

Manche Wachstumskritiker erkennen an, dass ihr Konzept noch Lücken hat. So schreibt der alternative Volkswirt Tim Jackson: »Bisher gibt es keine voll ausgearbeitete Makroökonomie für eine Postwachstumsgesellschaft.«[23] Dieser Satz mag harmlos wirken, ist aber eine Bombe. Denn ohne eine ökonomische Modellierung ist es nicht möglich, den Kapitalismus zu verlassen.

Eigentlich wären die Volkswirte gefragt, Konzepte zu entwickeln, wie sich eine klimaneutrale Welt ansteuern lässt. Doch von den Ökonomen kommt bisher wenig. Das ist bedauerlich, aber kein Zufall.

# 17. Das Versagen der Ökonomen

Die meisten Ökonomen halten es für völlig unproblematisch, Klimaschutz zu betreiben. Sie sind überzeugt, dass »grünes Wachstum« möglich sei, weil sie eine schrumpfende Wirtschaft gar nicht denken können. Ihre Theorien würden allesamt zusammenbrechen, wenn der Kapitalismus endet. Also fabulieren sie davon, welch wunderbare »Renditen« in einer klimaneutralen Welt zu erwarten wären.[1]

Volkswirte unterteilen sich, grob gesagt, in zwei Schulen: die Keynesianer und die Neoklassiker. Die Keynesianer gehen, wie der Name schon verrät, auf den britischen Ökonomen John Maynard Keynes zurück, der 1936 seine *Allgemeine Theorie* veröffentlichte. Sie sollte dauerhaftes Wachstum sichern, denn die Weltwirtschaftskrise ab 1929 hatte gezeigt, dass der Kapitalismus politisch gesteuert werden muss, um schwere Turbulenzen zu vermeiden. Keynes entwickelte daher die sogenannte »Nachfragetheorie«: In Krisenzeiten soll der Staat Schulden machen, um die Konjunktur anzukurbeln.[2] Zuletzt wurden diese Vorschläge in der Coronapandemie beherzigt, indem der deutsche Staat etwa 500 Milliarden Euro mobilisierte, um Kurzarbeiter und Firmen zu unterstützen.

Keynesianer haben also große Verdienste, wenn es gilt, Wirtschaftskrisen zu meistern. Aber gerade weil das Wachstum im Zentrum ihrer Theorie steht, sind sie völlig ratlos, wie sich dauerhaftes Schrumpfen gestalten ließe. Eine sinkende Produktion ist in ihren Konzepten nirgends vorgesehen.[3]

Die »Neoklassiker« wiederum setzen beim »Markt« an. Er soll die Wirtschaft regeln, während dem Staat eine eher bescheidene Rolle zugewiesen wird. Vielen Menschen leuchtet intuitiv ein, dass sich eine Wirtschaftstheorie auf den »Markt« konzentriert, schließlich gehen alle tagtäglich einkaufen. Daher fällt meist gar nicht auf, dass auf Märkten fertige Güter getauscht werden. Wenn jedoch nur das Endprodukt interessiert, gerät die eigentliche Herstellung schnell aus dem Fokus. In der Neoklassik spielen daher Investitionen, Kredite, Großbanken, Technik oder Energie kaum eine Rolle – diese sind aber für den realen Kapitalismus zentral.[4]

Den Neoklassikern geht es vor allem um das »Gleichgewicht«, das sich auf den Märkten einstellen soll, indem die Preise dafür sorgen, dass Angebot und Nachfrage zur Deckung kommen. Gibt es beispielsweise zu viele Kartoffeln, sinkt der Preis so lange, bis auch die überschüssigen Knollen einen Abnehmer gefunden haben.

Die Neoklassiker konstruieren ihre Modelle, als würde die Wirtschaft nur aus Tauschhandel bestehen und als hätte es die Industrialisierung nie gegeben. Sie beschreiben eine Art fiktives Mittelalter, wo auf kleinen Wochenmärkten nur Äpfel und Birnen gehandelt werden. Diese Theorie ist zwar dürftig, aber für Ökonomen ungemein attraktiv, weil sie sich in mathematische Formeln kleiden lässt.

Da die Neoklassiker ein statisches Gleichgewicht beschreiben wollen, können sie die Dynamik des Kapitalismus nicht erfassen und auch keine solide Wachstumstheorie entwickeln.[5] Trotzdem setzen auch sie implizit voraus, dass die Wirtschaft expandiert. Denn optimale Märkte, die stets zum Gleichgewicht tendieren, kann es nicht geben, wenn die Warenmengen schrumpfen – weil dann eine rasante Inflation droht.

Man stelle sich einmal vor, es wären nur noch wenige Flüge erlaubt, um das Klima zu schonen. Prompt würden die Ticketpreise steigen, weil es kaum Sitzplätze gäbe. Am Ende könnten sich nur noch die Reichen die teuren Billetts leisten, während alle anderen am Boden bleiben müssten. Diese Ungerechtigkeit ließe sich vielleicht noch verkraften, wenn allein Flüge knapper würden. Aber in einer klimaneutralen Welt müsste die gesamte Wirtschaft schrumpfen, sodass sich die Verteilungsfrage ständig stellen würde. Da gäbe es kein faires »Gleichgewicht« mehr, das sich mit »Marktmechanismen« erreichen ließe.

Keynesianer und Neoklassiker diskutieren fast alle Wirtschaftsthemen höchst kontrovers – ob Mindestlöhne, Staatsschulden oder Exportüberschüsse. Nur bei der Klimapolitik herrscht traute Einigkeit. Beide Schulen glauben an das »grüne Wachstum« und setzen daher auf Preise, um die Umweltprobleme zu lösen.

Kernidee ist, dass es nicht mehr gratis sein darf, das Klima zu ruinieren. Firmen und Verbraucher sollen für die Schäden zahlen, die durch die $CO_2$-Emissionen entstehen. Die Umwelt erhält also einen Preis, wofür es diverse Modelle gibt. Unter anderem werden $CO_2$-Steuern, $CO_2$-Zertifikate oder staatliche Preispfade für fossile Energien vorgeschlagen.

Doch diese feinen Unterschiede[6] sind nachrangig, denn die allermeisten Ökonomen wollen die »Lenkungswirkung der Preise« nutzen.[7]

Die Behauptung ist: Wenn Emissionen nur teuer genug werden, lohnt sich Klimaschutz automatisch. Denn nun spart es ja Geld, auf Ökotechnik zu setzen. Umgekehrt wird die fossile Energieverschwendung unrentabel, da hohe $CO_2$-Abgaben zu zahlen sind. Auf diese Weise soll die Kreativität der Unternehmen angestachelt werden, nach den besten Lösungen zu suchen, wie sich Treibhausgase reduzieren lassen.

Auf den ersten Blick wirkt es ungemein elegant, die »Marktkräfte« zu nutzen, weil sich der Staat dann nicht ständig in die Wirtschaft einmischen müsste, um Klimapolitik zu betreiben. Die Regierung brauchte nicht detailliert vorzuschreiben, welche Branche wie viele Treibhausgase emittieren darf und welche Technologie dabei zu nutzen sei. Automatisch würde der $CO_2$-Preis dafür sorgen, dass Emissionen dort eingespart werden, wo dies am schnellsten und billigsten möglich ist.[8]

Zugleich würde der $CO_2$-Preis wie ein Sieb wirken, das überflüssige Güter aussortiert, weil sie nun zu teuer wären für ihren bescheidenen Nutzen. Hoffnungsfroh erwartet Harald Welzer, dass »Smart Watches, Apfelentkerner und kapselschluckende Espressomaschinen« wieder vom Markt verschwinden würden.[9]

Doch bei aller Eleganz hat es gehörige Tücken, auf einen $CO_2$-Preis zu setzen. Die Probleme fangen schon damit an, dass es unmöglich ist, die Schäden der Treibhausgase genau zu kalkulieren. Zum Beispiel trocknen immer mehr Feuchtgebiete aus, weil zu wenig Regen fällt. Wie viel sind also die

Kröten wert, die dadurch ihren Lebensraum verlieren und sterben? Das lässt sich monetär gar nicht bewerten.

Offensichtlich ist nur, dass die Schäden der Treibhausgase enorm sind, sodass der $CO_2$-Preis möglichst hoch liegen sollte. Das Umweltbundesamt hat ausgerechnet, dass er mindestens 195 Euro pro Tonne betragen sollte. Dieses Ziel scheint für Deutschland derzeit unerreichbar: Im Verkehr und für die Heizwärme soll der $CO_2$-Preis bis 2025 auf mickrige 55 Euro steigen.

Klimaschützer blicken daher neidisch auf die Schweiz oder nach Schweden. Bei den Eidgenossen beträgt die »nationale Lenkungsabgabe auf fossile Brennstoffe« derzeit stattliche 120 Franken pro Tonne Kohlendioxid,[10] und die Skandinavier kassieren umgerechnet 114 Euro pro Tonne.[11] Das klingt nach Ökoparadies, doch zeigt sich in beiden Ländern ein irritierendes Phänomen: Obwohl die offiziellen $CO_2$-Preise viermal höher liegen als in Deutschland, schneiden die Schweiz und Schweden im internationalen Umweltranking nicht besser ab als die Bundesrepublik.[12] Auch sie sind westliche Industriestaaten, die enorm viele Rohstoffe verbrauchen.[13] Wie kann es sein, dass hohe $CO_2$-Preise wirkungslos bleiben?

Es ist bereits ein Fehler, nur auf die offiziellen $CO_2$-Abgaben zu starren. Damit der Ländervergleich nicht hinkt, müssen alle Energiesteuern einbezogen werden. Dann aber zeigt sich, dass zumindest Sprit auch in Deutschland sehr stark belastet wird. Für einen Liter Diesel fallen 47,04 Cent an Energiesteuern an.[14] Da jeder Liter Diesel 2,65 Kilogramm Kohlendioxid emittiert, entspricht dies einem $CO_2$-Preis von 177,50 Euro pro Tonne. Bei Benzin werden pro Liter 65,45 Steuercents fällig und 2,37 Kilo Kohlendioxid in die

Luft geblasen, sodass sogar ein $CO_2$-Preis von 276,16 Euro pro Tonne herauskommt. Das ist weit mehr, als selbst das Umweltbundesamt vorschlägt.

Deutschland stellt übrigens keine Ausnahme dar; auch in allen anderen europäischen Ländern wird der Sprit stark belastet.[15] Würde die Theorie stimmen, dass hohe Energiesteuern stark lenken, wäre eigentlich zu erwarten, dass die Europäer massenhaft ihre Autos abschaffen und stattdessen Busse nehmen. Doch eine Flucht aus dem Auto ist nirgends zu erkennen. Die Preishydraulik scheint also nicht so einfach zu sein, wie viele marktgläubige Klimaschützer annehmen.

Deutschland hat zudem das spezielle Problem, dass das »Dienstwagenprivileg«[16] viele Angestellte verleitet, auf Kosten ihrer Firma überdimensionierte Karossen anzuschaffen. Dieser Klimafrevel kostet den deutschen Staat jährlich 3,1 Milliarden Euro und soll die hiesigen Autokonzerne päppeln.[17] Trotzdem lässt sich das Klimadesaster auf den deutschen Straßen nicht allein durch die billigen Dienstwagen erklären. In anderen EU-Staaten werden Luxuskarossen nicht gefördert, aber auch dort kleben die Autofahrer an ihrem geliebten Gefährt. In vielen Ländern sind die $CO_2$-Emissionen pro Pkw zwar etwas niedriger als in Deutschland,[18] aber überall lässt sich beobachten, dass die emittierten Treibhausgase im Autoverkehr bisher kaum gesunken sind.

Die Lenkungswirkung von Ökosteuern ist schon deswegen begrenzt, weil der Preis für die meisten Menschen nicht alles ist. Beim Auto zählen nicht nur die schnöden Kosten, sondern für viele Besitzer ist es ein heiß begehrtes Statussymbol, das Erfolg, Freiheit und Genuss suggeriert.

Vor allem aber ist es für die meisten Autofahrer mühelos möglich, die hohen Spritsteuern zu berappen. Denn die Abgaben verschwinden nicht in einem tiefen Brunnen, um dort zu verschimmeln, sondern kreisen weiter durch die Wirtschaft. Die Autobesitzer müssen zwar tief ins Portemonnaie greifen, wenn sie tanken, aber ihre Steuern landen dann beim Staat, der diese Mittel sofort wieder ausgibt, was Arbeitsplätze und Einkommen schafft. Am Ende ist genauso viel Geld unterwegs wie vorher.

Ökosteuern können den Energieverbrauch kaum bremsen, weil sie die gesamten Einkommen nicht senken, sondern höchstens etwas umverteilen. Besonders klar zeigt sich dieser Effekt beim »Energiegeld«, das jetzt in verschiedenen Varianten diskutiert wird: Der Staat soll die $CO_2$-Steuern nicht selbst ausgeben, sondern wieder an die Bürger ausschütten, sodass alle Einwohner pro Kopf den gleichen Betrag erhalten. Arme Familien profitierten, weil sie eher wenig Energie verbrauchen, während Reiche belastet würden. So gerecht diese Umverteilung wäre: In der Summe hätten die Haushalte genauso viel Geld wie vorher, um zu reisen, Auto zu fahren und im Internet zu streamen.[19]

Der einzelne Flug nach Mallorca würde zwar teurer, wenn es eine $CO_2$-Abgabe auf Kerosin gäbe. Trotzdem wäre es für die meisten kein Problem, diesen höheren Ticketpreis aufzubringen, denn es würde ja noch das Energiegeld zur Verfügung stehen. Am Ende könnten sich genauso viele Deutsche auf den Balearen sonnen wie bisher – nur dass ein großes Steuerkarussell dazwischengeschaltet wäre.

Die Ökonomen denken allerdings anders: Sie hoffen, dass $CO_2$-Steuern den Energieverbrauch senken, weil die Abgaben das gesamte Preisgefüge in Deutschland verändern. Es würden ja nicht nur die Flüge nach Mallorca teurer, sondern zugleich wären Bahnreisen in den Pfälzer Wald oder an die Ostsee billig, da sie wenig Energie benötigen und kaum $CO_2$ produzieren. Die Ökonomen erwarten daher, dass sich die deutschen Badetouristen gegen Mallorca und für Mecklenburg entscheiden würden. Wanderfans würden dann nicht mehr im fernen Nepal touren, sondern nur noch in den nahen Alpen.

Ganz falsch dürfte die Annahme nicht sein, dass viele Touristen das billigste Angebot wählen und brav an die Ostsee reisen würden. Trotzdem wäre nicht gesagt, dass diese Pfennigfuchser am Ende deutlich weniger $CO_2$ ausstoßen. Denn bei ihnen dürfte sich der sattsam bekannte Rebound-Effekt zeigen: Da die einzelne Bahnreise billig ist, könnten sie geneigt sein, sehr viele Fahrten zu unternehmen. Also würde nicht nur in den Pfälzer Wald gereist, sondern auch nach Rom, Kopenhagen und Paris, zumal die Pfennigfuchser ja auch noch das Energiegeld hätten, um pfennigfuchsend ihr Leben zu genießen. In der Summe würde vielleicht ein wenig $CO_2$ eingespart, aber keinesfalls genug, um bei den Treibhausgasen auf Nettonull zu kommen.

Die Ökonomen würden es sogar begrüßen, wenn die Deutschen weiterhin viel konsumierten, denn sonst würde die Wirtschaft abstürzen, wofür der ökonomische Mainstream keinerlei Modell hat. Um noch einmal auf die Flüge nach Mallorca zurückzukommen: Jeder Flug ist derart klimaschädlich, dass der $CO_2$-Preis eigentlich so hoch sein müsste, dass Flüge extrem teuer werden und niemand mehr fliegt – ob auf die Balearen oder nach Bali. Doch was sollte dann aus jenen 850.000 Menschen werden, die derzeit direkt oder indirekt in der deutschen Luftfahrt arbeiten? Dazu äußern sich die Ökonomen nie.

Also lässt sich gefahrlos wetten, dass die $CO_2$-Preise auch in Zukunft stets zu niedrig liegen werden. Weiterhin werden sie nicht die Gefahren der Klimagase abbilden – sondern immer so moderat ausfallen, dass sie das Wachstum nicht gefährden. Den allermeisten Ökonomen fällt dieser Widerspruch nur deswegen nicht auf, weil sie sowieso ans »grüne Wachstum« glauben.

Auch Ländervergleiche machen deutlich, wie absurd es ist, auf die »Lenkungswirkung von Preisen« zu vertrauen. Malawi emittiert, wie schon erwähnt, pro Jahr und Kopf nur 0,1 Tonnen Kohlendioxid. Diese nachhaltige Lebensweise kommt aber nicht zustande, weil im Süden Afrikas viel höhere $CO_2$-Preise gelten würden als in Deutschland – dort gibt es gar keine $CO_2$-Preise. Stattdessen sind die Malawis schlicht zu arm, um sich Autos zu leisten oder in den Urlaub zu fliegen. Ihnen fehlt das Einkommen, um die ganze Erde zu ruinieren.

Es ist extrem ungerecht, dass die gesamte Menschheit unter dem Klimawandel leiden muss, den eine reiche Minderheit verursacht (mehr dazu in Kapitel 19). An diesem Zustand wird sich garantiert nichts ändern, wenn die wohlhabenden Länder weiterhin an $CO_2$-Preisen herumdoktern.

Klimaschützer verstehen oft nicht, dass sich Ökonomen in ihren eigenen Modellen bewegen. Daher kommt es zu gravierenden Missverständnissen, was sich besonders häufig bei der Frage zeigt, ob fossile Energie »subventioniert« würde.[20] Diese Sicht vertritt der Internationale Währungsfonds (IWF), der die weltweiten »Subventionen« für Kohle, Öl und Gas auf ungeheure 5,9 Billionen Dollar beziffert. Das wären 6,8 Prozent der globalen Wirtschaftsleistung.[21] Nicht wenige Klimaschützer glauben nun, dass diese »Subventionen«

echtes Geld seien, das man nur in den Umweltschutz umlenken müsste, und schon wäre die Energiewende finanziert. Doch diese Milliarden gibt es nicht. Der IWF benutzt einen außerordentlich weiten Begriff von Subvention, und zumeist handelt es sich gar nicht um reales Geld.

Als »Subvention« zählt beim IWF nämlich auch, wenn Umwelt- oder Gesundheitsschäden bei den Preisen nicht berücksichtigt werden. In Deutschland sterben 43.407 Menschen pro Jahr vorzeitig, weil die Luft so schlecht ist.[22] Doch diese Toten gehen nicht in die deutschen Energiepreise ein, was der IWF als indirekte Subvention betrachtet.

Weitere »Subventionen« entstehen, weil Energieträger unterschiedlich besteuert werden. Wie schon erwähnt, wird Diesel mit 47,04 Cent belastet, während es bei Benzin 65,45 Cent sind. Für den IWF wird Diesel also subventioniert, obwohl er in Wahrheit stark besteuert wird – nur nicht ganz so hoch wie Benzin.

Man kann darüber streiten,[23] inwieweit die IWF-Definitionen überhaupt sinnvoll sind. Aber auf jeden Fall ist klar, dass die Bundesregierung kein Geld in die Hand nimmt, damit die BürgerInnen Öl verbrauchen. Ganz im Gegenteil. Im Jahr 2021 hat der deutsche Staat satte 33 Milliarden Euro durch die Energiesteuern auf Diesel und Benzin eingenommen.[24] Er verdient also sehr gut am Öl.[25] Natürlich spricht nichts dagegen, Diesel genauso hoch zu besteuern wie Benzin, was weitere 8,2 Milliarden Euro bringen dürfte.[26] Aber es wäre ein Irrtum anzunehmen, dass der Staat bisher enorme Summen in den fossilen Verkehr gelenkt hätte.

Echtes Geld hingegen kostet die Energiewende. Solaranlagen und Windräder haben sich nur gelohnt, weil ihre Eigentümer eine Einspeisevergütung bekamen.[27] Auch Wärmepumpen, Elektroautos oder Passivhäuser erhalten öffentliche Zuschüsse, damit sie überhaupt Käufer finden. Es ist richtig, Ökotechnik zu fördern, damit sie immer effizienter wird. Aber billig ist es nicht.

Der Kernfehler der marktorientierten Ökonomen ist, dass sie die Ökoenergie für ein normales Produkt halten, das sich beliebig vermehren lässt, wenn die Nachfrage steigt. Also glauben sie, dass nur »Preissignale« nötig wären, um den Ausbau von Windrädern und Solarpaneelen zu forcieren. Die Idee ist: Wenn die $CO_2$-Steuern hoch genug sind, wird fossile Energie so teuer, dass alle Firmen und Haushalte begeistert auf Ökostrom umsteigen. Die Ökoenergie ist aber nicht beliebig steigerbar – sondern wird knapp bleiben (siehe Kapitel 13 und 14). Doch mit diesen physischen und technischen Tatsachen befassen sich Ökonomen nicht, sondern verharren in ihrer Welt der Preise.

Die Debatte hat sich inzwischen festgefahren, und zwei Lager stehen sich unversöhnlich gegenüber: Die meisten Politiker, Klimaforscher und Ökonomen hoffen auf »grünes Wachstum«, obwohl die Ökoenergie nicht reichen dürfte. Umgekehrt fordern daher die Wachstumskritiker, dass Einkommen und Verbrauch sinken müssen. Ihnen fehlt jedoch ein Plan, wie sie dabei eine schwere Wirtschaftskrise vermeiden können, die Millionen Menschen in Armut und Verzweiflung stürzt.

Gesucht wird also eine Idee, wie sich die Wirtschaft schrumpfen lässt, ohne dass Chaos ausbricht. Zum Glück bietet die Geschichte ein Vorbild. Ausgerechnet die britische Kriegswirtschaft ab 1939 taugt als Anregung, wie sich eine klimaneutrale Welt geordnet anstreben ließe. Natürlich wäre es aberwitzig, die damaligen Maßnahmen einfach zu kopieren – schließlich leben wir fast ein Jahrhundert später und befinden uns auch nicht im Krieg mit dem Klima. Aber einige Parallelen gibt es, die für eine nachhaltige Zukunft sehr instruktiv sind.

Um möglichen Missverständnissen vorzubeugen: Hier wird nur die britische Kriegswirtschaft ab 1939 geschildert. Sie war keineswegs die einzige Kriegswirtschaft, die es in der Weltgeschichte je gegeben hat. Zuletzt hat Putins brutaler Angriff auf die Ukraine gezeigt, dass jede militärische Auseinandersetzung dramatische Folgen auch für die Wirtschaft hat. Zudem kann es in einem einzigen Krieg gleich mehrere Modelle geben, wie die Ökonomie umgestaltet wird. Im Zweiten Weltkrieg hatten nicht nur die Briten und Amerikaner, sondern auch Hitler und Stalin ihre je eigenen Formen einer Kriegswirtschaft.

Nicht jede Kriegswirtschaft eignet sich als Analogie, wie sich eine ökologische Transformation gestalten ließe. Bei der britischen Kriegswirtschaft ab 1939 kommen jedoch mehrere Faktoren zusammen, die sie als Anregung interessant machen. Erstens: Die Briten lebten in einer Demokratie; ihr Premierminister Churchill war frei gewählt. Eine »Ökodiktatur« wird zu Recht gefürchtet, doch wie die Briten bewiesen haben, sind auch Demokratien fähig, entschlossen zu handeln.

Zweitens: Die Briten führten keinen Angriffskrieg, sondern mussten sich gegen Hitler verteidigen. Sie befanden sich in einer unfreiwilligen Notsituation, die zudem verspätet erkannt wurde. Lange Zeit hatten die Briten noch gehofft, sie könnten Hitler durch »Appeasement« befrieden und von einem Krieg abhalten. Ähnlich erleben wir heute den Klimawandel. Seine Dramatik wurde nur verzögert verstanden, zwingt uns aber jetzt zum Handeln. Drittens: Die Briten mussten ihre normale Wirtschaft in kürzester Zeit stark herunterfahren, damit in den Fabriken Kapazitäten frei wurden, um Militärgüter herzustellen. Von den Briten lässt sich also lernen, wie sich eine schrumpfende Wirtschaft organisieren lässt.

Wachstumskritikern wird gern unterstellt, dass sie große Freude daran hätten, ihre Mitmenschen zu quälen. »Bevormundung macht denjenigen Spaß, die sich die Verbote ausdenken«, klagt etwa die *Bild*-Journalistin Nena Schink, der davor graut, dass Deutschland »zu einer Verbotsnation mutieren« könnte.[28]

Leider wird es ohne Verbote nicht gehen. Unsere Lebensweise kann nur dann ökologisch sein, wenn nicht jede jederzeit unbegrenzt konsumiert. Die Analogie zum Zweiten Weltkrieg ist daher passend: Sie macht klar, dass es Opfer kostet, eine ökologische Kreislaufwirtschaft aufzubauen. Nur Verzicht sichert das Überleben – wie im Krieg.

# 18. Ein Vorbild: die britische Kriegswirtschaft ab 1939

Es ist nicht ungewöhnlich, vom »Krieg« zu sprechen, sobald ein Problem zu lösen ist. So wurden schon Kriege gegen die Armut, gegen die Drogen oder gegen den Krebs ausgerufen. Allerdings wird das Wort »Krieg« hierbei nur als Metapher verwendet und soll herausstreichen, dass höchste Anstrengung geboten ist.[1]

Auch während der Coronapandemie war es üblich, militärische Vergleiche zu ziehen. US-Präsident Trump sagte gleich in seiner ersten Pressekonferenz: »Wir sind im Krieg, und wir bekämpfen einen unsichtbaren Feind.« Der französische Präsident Macron sah sich ebenfalls im Krieg, der eine »Generalmobilmachung« erforderte, während die britische Königin Elisabeth II. von Pflegekräften »an der Front« sprach.

Diesmal waren die Analogien zum Zweiten Weltkrieg wortwörtlich gemeint, und in einigen Staaten wurden sogar Verordnungen aus Kriegszeiten reaktiviert. Trump holte beispielsweise den »Defence Production Act« wieder hervor, den man 1950 im Koreakrieg erlassen hatte, um den Autokonzern General Motors zu zwingen, Beatmungsgeräte herzustellen.

So wie früher Panzer für die Schlacht produziert worden waren, so galten jetzt Masken und Impfstoffe als »Waffen gegen den Virus«[2]. Und wie im Krieg zog der Staat alle wichtigen Entscheidungen an sich: Binnen Tagen wurden Schulen und Gaststätten geschlossen, die Angestellten ins Homeoffice geschickt, riesige Rettungspakete geschnürt und Grenzen teilweise abgeriegelt. Geld spielte keine Rolle mehr, es ging allein um den »Sieg« gegen die Pandemie.

Der Staat kann handeln, wenn er will. Diese Tatsache ist auch den Klimaschützern nicht entgangen: Sie neigen ebenfalls dazu, den Kampf gegen die Klimakrise mit dem Zweiten Weltkrieg zu vergleichen. Schon 2018 wünschte sich der Weltklimarat IPCC eine globale »Mobilmachung«[3], und auch der Ökonomie-Nobelpreisträger Joseph Stiglitz propagiert diese Idee.[4]

Klimaschützer begeistert vor allem, wie schnell es den Alliierten im Zweiten Weltkrieg gelang, die nötigen Waffenarsenale zu produzieren, um Deutschland und seine Verbündeten zu besiegen. Ähnlich schnell sollen nun Windräder, Solarpaneele und E-Autos hergestellt werden. Die meisten Autoren interessieren sich allerdings nicht so sehr für Großbritannien, sondern vor allem für die USA, weil dort aus dem Nichts riesige Waffenschmieden errichtet wurden, nachdem die Japaner im Dezember 1941 Pearl Harbor angegriffen hatten. Unter anderem bauten die Amerikaner in nur sechs Monaten eine Flugzeugfabrik in Michigan, in der täglich 24 B-24-Bomber produziert wurden, obwohl jedes einzelne Flugzeug 1.225.000 Teile und 313.237 Nieten benötigte.[5]

Ähnlich beeindruckend war die US-Produktion der standardisierten »Liberty«-Frachter. Diese Schiffe sollten die Verluste ausgleichen, die durch die deutschen U-Boote im Atlantik entstanden. Anfangs dauerte es acht Monate, um einen einzigen Frachter herzustellen, der aus 250.000 Teilen bestand. Am Ende wurde alle fünf Tage ein Schiff gebaut.[6]

Gleichzeitig wurden bestehende Fabriken einfach umgewidmet: Heizungsfirmen stellten Helme her, aus Unterwäsche wurden Tarnnetze, Rechenmaschinen verwandelten sich in Pistolen, und Staubsaugerbeutel fanden sich in Gasmasken wieder. Die Stoffe für Autositze wurden zu Fallschirmen, während die Autokonzerne Maschinengewehre, Kanonen, Flugzeugmotoren, Jagdflugzeuge, Panzer und Panzerabwehrwaffen bauten.[7]

Zwischen 1942 und 1945 gab die US-Regierung mehr Geld aus, als sie insgesamt von 1789 bis 1941 verbraucht hatte. In den Kriegsjahren stellten die USA 87.000 Marineschiffe, 300.000 Flugzeuge, 100.000 gepanzerte Fahrzeuge und Panzer sowie 44 Milliarden Schuss Munition her. Auch US-Präsident Roosevelt staunte über dieses »Wunder der Produktion«[8].

Diese gigantische Materialschlacht hat das Wachstum damals kräftig angekurbelt, und ähnlich optimistische Visionen entfalten viele Klimaschützer, wenn es um die Zukunft geht. So schwärmt der US-amerikanische Aktivist Bill McKibben: »Den Klimawandel zu stoppen, würde einen enormen sozialen und ökonomischen Nutzen erzeugen, genau wie es der Zweite Weltkrieg tat.«[9] Auch der philippinische Ökonom Laurence Delina will »lähmenden Pessimismus« vermeiden und glaubt, mit der Kriegswirtschaft das richtige Mittel gefunden zu haben, um »höchst optimistische Strategien« zu entwickeln, damit der Klimaschutz »zu einer der größten

Chancen für sozialen, technischen, politischen, ökonomischen und kulturellen Wandel werden kann«.[10]

Bei Klimaschützern ist die US-Kriegswirtschaft auch deshalb so beliebt, weil sie weitgehend schmerzfrei war. Die Amerikaner mussten sich im Krieg zwar ein wenig einschränken, da die Firmen keine Autos oder Nylonstrumpfhosen mehr herstellten, sondern Panzer und Fallschirmseide produzierten. Aber insgesamt hielt sich der Verzicht in Grenzen. Pro Person und Woche gab es immer noch mehr als ein Kilo Fleisch – was genau der Menge entspricht, die auch die Deutschen heute im Wochendurchschnitt essen.[11]

Auch die eigentliche Aufrüstung ließ sich mühelos finanzieren. Das Militär verschlang zwar bis zu 42 Prozent der Wirtschaftsleistung,[12] aber die Gesamtwirtschaft expandierte noch weit schneller. In den USA legte sie insgesamt um 90,5 Prozent zu,[13] und in Kanada verdoppelte sie sich sogar um mehr als 100 Prozent. Die Nordamerikaner sind im Krieg reicher geworden.

Doch genau weil das damalige Wachstum in den USA so unglaublich war, kann es nicht die grüne Zukunft sein, die Kriegswirtschaft der Nordamerikaner zu kopieren. Die Ökoenergie würde niemals reichen, um diese Materialflut zu erzeugen. Natürlich müssen wir maximal in Windräder, Solarpaneele, Wärmepumpen, Elektrolyseure, Stromnetze, Bahnschienen oder Batterien investieren – insofern passt der Vergleich mit der amerikanischen Mobilmachung im Zweiten Weltkrieg. Aber rasantes und exorbitantes Wachstum darf daraus nicht entstehen.

Die britische Kriegswirtschaft ist daher besser geeignet, um ein Modell für die Zukunft abzugeben. Denn im Vereinigten Königreich musste die zivile Produktion tatsächlich stark schrumpfen, um Kapazitäten für das Militär freizuräumen. Der Krieg beanspruchte etwa 50 Prozent der britischen Wirtschaftsleistung[14] – die in dieser Zeit aber kaum expandierte. Von 1939 bis 1945 erreichte das Wachstum insgesamt nur 27 Prozent.[15] Zwar konnten die Briten Waren und Waffen auch aus Nordamerika und dem Commonwealth beschaffen, aber diese Importe reichten bei Weitem nicht aus, um den Lebensstandard aus Friedenszeiten zu sichern.[16] Der Krieg ging an die Substanz.

Für die meisten Briten kam der Zweite Weltkrieg überraschend. Die Affenforscherin Jane Goodall wuchs an der englischen Südküste auf und hat dort den Kriegsbeginn erlebt: »Unsere Verteidigung gegen die Nazis waren hier am Strand ein paar Rollen Stacheldraht. England war nicht auf den Krieg vorbereitet. Trotzdem waren wir das einzige europäische Land, das nicht besiegt wurde und nicht kapituliert hat. Obwohl ich nur ein kleines Kind war, hat sich mir damals eingeprägt, dass es immer Hoffnung gibt.«[17]

Die Briten hatten Hitler lange unterschätzt, weil sie auf gar keinen Fall erneut kämpfen wollten. »Niemals wieder« lautete das Motto, weil der Erste Weltkrieg so furchtbar gewesen war. Zwischen 1914 und 1918 waren mehr als 16,5 Millionen Menschen umgekommen, dazu gehörten 723.000 Briten und weitere 230.000 Soldaten aus dem britischen Commonwealth.[18] Zudem schreckten die Kosten eines Krieges: Die Weltwirtschaftskrise hatte schwere Schäden hinterlassen, und um den Staatshaushalt zu entlasten, waren die britischen Verteidigungsausgaben bis 1934 um ein Viertel gekürzt worden.[19]

Zur Wahrheit gehört aber auch, dass Teile der britischen Oberschicht Hitler gar nicht so schlimm fanden. Vor allem der Hochadel reiste immer wieder gern ins »Dritte Reich«, um vor Ort zu besichtigen, wie »Ordnung geschaffen« und die »kommunistische Gefahr gebannt« wurde. Die britische Elite fürchtete geradezu panisch, dass es zu Hause zu einer bolschewistischen Revolution kommen könnte – obwohl es in Großbritannien nur ganze 6.000 eingetragene Kommunisten gab. Aber die Ermordung der russischen Zarenfamilie 1918 hatte tiefes Entsetzen ausgelöst. Also galt der Faschismus als willkommenes Bollwerk, der italienische genauso wie der deutsche.[20]

Der konservative Premier Stanley Baldwin, der zu den wichtigsten Politikern Großbritanniens gezählt wird, befand 1936: »Wir alle wissen von dem deutschen Wunsch [...], nach Osten vorzudringen, und falls er [Hitler] gen Osten ziehen sollte, würde es mir nicht das Herz brechen [...] Wenn es zu Kämpfen in Europa kommen sollte, dann wäre es mir am liebsten, wenn die Bolschies und die Nazis das tun.«[21] Zwar lehnte Baldwin die Nazis ebenso ab wie die Kommunisten, aber auch er konnte sich nicht vorstellen, dass sich Hitler zu einer existenziellen Gefahr für Großbritannien entwickeln würde.

Der liberale Ex-Premier David Lloyd George ging sogar so weit, Hitler 1936 auf seinem Berghof bei Berchtesgaden zu besuchen, wo er den Diktator mit dem Lob erfreute, er sei »der größte Deutsche der Gegenwart«. Auch zu Hause in Großbritannien sparte Lloyd George nicht mit Elogen und nannte den Führer »den George Washington von Deutschland«[22]. Der Ex-Premier legte also nahe, dass das »Dritte Reich« eine aufstrebende junge Demokratie wie einst die USA sei.

Die britischen Geheimdienste waren bestens über Hitlers Aufrüstung informiert, aber lange Zeit beruhigte sich die Regierung damit, dass die Deutschen nur ihre »nationale Einheit« wiederherstellen wollten. 1936 marschierte Hitler in das entmilitarisierte Rheinland ein, was durch die Verträge von Versailles und Locarno eigentlich verboten war. Doch die Briten ließ dies kalt. Kriegsminister Duff Cooper erklärte dem deutschen Botschafter Joachim von Ribbentrop ganz offen, dass in England »kein Hahn danach kräht, dass die Deutschen ihr eigenes Land wieder besetzen«[23]. Ähnlich war es bei Hitlers Einmarsch in Österreich im März 1938: Dieser »Anschluss« wirkte auf die meisten Briten wie die logische Vereinigung von zwei deutschen Völkern.[24]

Erst die »Sudetenkrise« schreckte die Engländer auf, als Hitler 1938 ultimativ verlangte, dass das Sudetenland an das Deutsche Reich angeschlossen wurde. Die Sudeten hatten früher zur Habsburger Monarchie gehört und waren nach dem Ersten Weltkrieg Teil der Tschechoslowakei geworden. Auch diesmal konnten die Briten verstehen, dass ein mehrheitlich deutschsprachiges Gebiet zu Deutschland gehören wollte[25] – nur war die Tschechoslowakei als Staat nicht lebensfähig, wenn das Sudetenland abgetrennt würde. In diesen Grenzgebieten befanden sich die meisten Industriebetriebe und das beste Ackerland der Tschechoslowakei, und zudem fungierte der Gebirgszug als natürliche Verteidigungslinie, die durch Festungen und Kasernen noch weiter ausgebaut worden war. Ohne das Sudetenland war die Tschechoslowakei den Deutschen schutzlos ausgeliefert, was natürlich genau Hitlers Absichten entsprach.

Dennoch ließen sich die Briten im September 1938 auf das »Münchner Abkommen« ein. Die Deutschen durften das Sudetenland besetzen, während Hitler zusagte, die

Souveränität der restlichen Tschechoslowakei zu achten. Dass dies eine Täuschung war, verstanden die meisten Briten erst am 15. März 1939, als deutsche Panzer in Prag einrollten.[26] Am 1. September begann dann der Zweite Weltkrieg, als Hitler Polen überfiel.

Im Rückblick wirkt es naiv, dass der britische Premier Chamberlain lange Zeit überzeugt war, dass »Herrn Hitlers Ziele absolut begrenzt« seien und er »die Wahrheit sagen« würde, wenn er versicherte, dass er die Tschechen nicht »heim ins Reich« holen wollte.[27] Aber damals schien es tatsächlich kaum vorstellbar, dass Hitler einen weiteren Weltkrieg anzetteln wollte. Denn es war immer klar, dass er diesen Krieg verlieren würde. Das Deutsche Reich war schlicht zu arm, um ganz Europa zu unterwerfen.

Hitler hatte zwar bis 1939 ein Heer aus dem Boden gestampft, das 2,6 Millionen Soldaten umfasste. Aber die meisten Männer waren kaum ausgerüstet und kämpften oft noch mit Maschinengewehren aus dem Ersten Weltkrieg. Von 54 Divisionen waren überhaupt nur 15 Divisionen motorisiert, alle anderen zogen zu Fuß oder mit Pferden in die Schlacht. Das Heer zählte zwar 3.600 Panzer, aber »die meisten davon waren für einen modernen Krieg zu schwach bewaffnet«, wie der Militärhistoriker Sönke Neitzel urteilt.[28]

Die Briten hingegen waren damals eine militärische Supermacht. Sie besaßen die größte Flotte und die größte Flugzeugproduktion der Welt. Das Heer war zwar klein, aber voll motorisiert.[29] Kein britischer Soldat ging zu Fuß, sondern alle saßen in gepanzerten Wagen.

Allerdings kam es auch zu Pannen. Gleich zu Kriegsbeginn versagte ein Teil des britischen Kriegsgeräts, wie der englische Technikhistoriker David Edgerton hervorhebt:

»Die Briten legten großen Wert auf moderne Waffen, die aber nicht sehr gut funktionierten. Großbritannien hatte eine Flotte großer Bomber, die 1940 bis 1941 wenig oder gar keinen Schaden in Deutschland anrichten konnten. Umgekehrt waren in Großbritannien die teuren Abwehrsysteme gegen nächtliche Luftangriffe bis 1941 völlig wirkungslos. Mit anderen Worten: Das Problem war nicht ein Mangel an modernen Waffen, sondern dass man zu viele davon angeschafft hatte.«[30]

Jedenfalls musste teuer nachgebessert und nachgerüstet werden, zumal der Krieg viel länger dauerte, als die Briten anfangs angenommen hatten. Im September 1940 glaubte die britische Militärführung noch, dass schon 1942 mit einem Sieg zu rechnen sei.[31] Stattdessen wurden es noch fünf quälend lange Jahre.

Als der Zweite Weltkrieg begann, wollte man die Fehler des Ersten möglichst vermeiden. Ab 1914 hatte man meist ad hoc entschieden und erst spät erkannt, dass ein totaler Krieg eine umfassende Planung benötigte.[32] 1939 verloren die Briten daher keine kostbare Zeit mehr, sondern organisierten sofort eine Art »privater Planwirtschaft«. Der Staat gab vor, was produziert wurde – aber die Unternehmen blieben im Eigentum ihrer Besitzer. Firmen, Handwerksbetriebe, Restaurants oder Läden wurden nicht verstaatlicht, sondern konnten weiterhin selbst entscheiden, wie sie ihre Betriebe führten.

Die britische Planwirtschaft unterschied sich also fundamental vom Sozialismus, der zeitgleich unter Stalin in der Sowjetunion praktiziert wurde. In dieser »zentralen Planwirtschaft sowjetischen Typs« waren alle Betriebe staatlich, und es wurde bis zur letzten Schraube reglementiert, wie die Fabriken ihre Waren herzustellen hatten.

Die britische Regierung hingegen lenkte die Betriebe indirekt – indem sie Rohstoffe, Kredite und Arbeitskräfte zuteilte.[33] Vor allem Beschäftigte waren so knapp, dass Unternehmen nur produzieren konnten, wenn sie Angestellte zugewiesen bekamen: Das »Manpower Budget« wurde zum zentralen Steuerungsinstrument der Regierung.[34]

Eine Menge »Manpower« benötigten auch die Planungsbehörden selbst. Allein das neue Ernährungsministerium beschäftigte im April 1940 bereits 3.500 Menschen, 39.000 Mitarbeiter waren es dann 1943. Trotzdem führten diese riesigen Bürokratien kein Eigenleben fern des Alltags, denn die Behörden waren durchsetzt von Experten und Geschäftsleuten. Gezielt wurden Ökonomen, Wissenschaftler, Ingenieure und Unternehmer angeheuert.[35]

Anfangs fehlten jedoch die nötigen Zahlen, um überhaupt planen zu können. Eine volkswirtschaftliche Gesamtrechnung existierte noch nicht. Niemand konnte sagen, wie viele Waffen, Flugzeuge und Panzer sich produzieren ließen, ohne dass die Bevölkerung hungern musste. Um diese Wissenslücken zu schließen, wurde damals das Bruttoinlandsprodukt (BIP) als Messgröße erfunden. Es war, wenn man so will, eine britische Kriegswaffe. Der Erfolg war so durchschlagend, dass es später weltweit von fast allen Ländern übernommen wurde: Das BIP hat sich zur wichtigsten statistischen Größe in der Ökonomie entwickelt, weil es die Wirtschaftsleistung und damit auch das Wachstum misst (siehe Kapitel 7).[36]

Dank des BIP ließ sich nun genau einschätzen, dass 66 Prozent der britischen Industriekapazitäten benötigt wurden, um das Militär aufzurüsten.[37] Für die Zivilbevölkerung blieben also kaum noch Güter übrig. Dabei war der Bedarf weit größer als zu Friedenszeiten, weil deutsche Bomben über eine Million englischer Wohnungen zerstörten.[38] Zudem musste bei der Lebensmittelversorgung gekürzt werden, weil Großbritannien nicht autark, sondern zu 70 Prozent auf Importe angewiesen war.[39] Diese Einfuhren mussten unbedingt sinken, da die Schiffe nun gebraucht wurden, um Waffen und Militärrohstoffe aus Übersee herbeizuschaffen. Lebensmittel kosteten wertvollen Platz.[40]

Es wurde genau ausgerechnet, wie viele Kalorien sich mit welchem Nahrungsmittel importieren ließen. Dabei kam heraus: 1.000 Kubikfuß Schiffsraum konnten 83.000 Zuckerkalorien, über 100.000 Fettkalorien und 56.000 Getreidekalorien transportieren – aber nur 12.000 Kalorien, wenn frische Eier verschifft werden sollten.[41] Also wurden diese gestrichen und das getrocknete Eipulver erfunden.[42]

Die Briten haben im Zweiten Weltkrieg nicht gehungert, denn pro Kopf und Tag gab es 2.800 Kalorien.[43] Das war ausreichend: Heute raten Krankenkassen, dass Männer maximal 2.400 Kalorien zu sich nehmen sollten. Bei Frauen sind es sogar nur 1.900 Kalorien.[44]

Aber Quantität ist nicht gleich Qualität. Fleisch, Käse, Fett, Zucker, Tee und Seife waren so knapp, dass sie rationiert werden mussten. Echter Mangel herrschte aber auch bei diesen raren Gütern nicht. So reichte es weiterhin für mindestens 540 Gramm Fleisch pro Woche; Militärbeschäftigte erhielten sogar stattliche 1,2 Kilo.[45] Nur Milch und Eier gab es für normale Erwachsene fast nie, sondern waren Kindern, Schwangeren und stillenden Müttern vorbehalten.

Nicht rationiert waren Kartoffeln, Mehl und Brot.[46] Auch Fisch, Geflügel, Wild, Innereien, Gemüse und Früchte wurden nicht limitiert. Denn sie waren entweder schnell verderblich, nur zu bestimmten Zeiten vorhanden oder nicht ausreichend verfügbar, um Rationen für alle zu garantieren.

Knapp waren natürlich auch Extras wie Konserven, Kekse, Schokolade, Süßigkeiten oder getrocknete Früchte. Für sie gab es ein Punktesystem. Jeder Kunde konnte individuell entscheiden, für welche Waren er seine Punkte aufwenden wollte. Je nach Gesamtangebot veränderte die Regierung die Punktzahl, die für ein bestimmtes Produkt nötig war.[47]

Dieses Punktesystem galt auch für Möbel und Kleider. Um Material und Arbeitsaufwand zu sparen, wurden sie normiert, sodass Stühle oder Teller immer gleich aussahen. Für Kleider gab es ebenfalls strikte Vorschriften, damit keine unnötigen Verzierungen aufgenäht wurden. So durfte ein Frauenkleid nur maximal zwei Taschen und fünf Knöpfe aufweisen.

Die Mengen- und Preiskontrollen waren in Großbritannien ungemein populär. Wie die britische Regierung bereits 1941 feststellen konnte, war das Rationierungsprogramm »einer der größten Erfolge an der Heimatfront«. Die staatlich verordnete Gleichmacherei erwies sich als ein Segen: Ausgerechnet im Krieg waren die unteren Schichten besser versorgt als je zuvor. In Friedenszeiten hatte ein Drittel der Briten nicht genug Kalorien erhalten, weitere 20 Prozent waren zumindest teilweise unterernährt. Nun, mitten im Krieg, war die Bevölkerung so gesund wie nie, wobei »die Fitness der Babys und Schulkinder besonders hervorstach«[48].

Die Rationierungsprogramme waren so beliebt, weil jeder Brite genau das Gleiche bekam. Allerdings war es nur die halbe Wahrheit, dass der Wohlstand gar nicht mehr zählte. Denn die Eliten hatten das nötige Geld, um nicht rationierte Waren wie Fisch oder Wild zu kaufen, und konnten auch teure Restaurants aufsuchen.[49] Aber diese Ungerechtigkeiten waren später vergessen. Im Rückblick wurde der Krieg als eine »Zeit des Gemeinsinns« verklärt, »in der Klassen- und Standesunterschiede verblassen und die Namenlose genauso wichtig ist wie der Prinz«[50].

Der Konsum fiel damals um ein Drittel[51] – und zwar in kürzester Zeit. Dieser enorme Rück- und Umbau macht die britische Kriegswirtschaft zu einem faszinierenden Modell für heute: Der deutsche Verbrauch muss ähnlich drastisch sinken, wenn das Klima gerettet werden soll. Allerdings muss niemand fürchten, dass es wieder nur Kartoffeln, Brot und zwei Kleider pro Jahr geben könnte. So trist würde es nicht werden. In den vergangenen 80 Jahren ist die deutsche Wirtschaft real um das Zehnfache gewachsen. Selbst wenn von diesem gewaltigen Wohlstand nur die Hälfte übrig bliebe, wären wir immer noch so reich wie im Jahr 1978.[52]

Wer damals dabei war, erinnert sich: »Krieg der Sterne« füllte die Kinosäle, und Argentinien wurde Fußballweltmeister. Kinder spielten mit Bonanzarädern und Slime. Das Leben fühlte sich kaum anders an als heute, war aber etwas gemächlicher. Statt mehrfach für ein verlängertes Wochenende nach Mallorca zu jetten, fuhr man einmal im Jahr mit dem eigenen Auto für drei Wochen nach Italien. In einer klimaneutralen Welt wäre man zwar mit dem Zug unterwegs, aber Urlaub wäre immer noch selbstverständlich.

Eine Kreislaufwirtschaft könnte schön sein. Die »Share Economy« hat betörende Visionen entwickelt, wie ein angenehmes Leben aussehen könnte, das nur so viel verbraucht, wie sich recyceln lässt (siehe Kapitel 16). Das Ziel ist klar, nur der Weg fehlt. Bisher gibt es keinen Plan, wie sich der dynamisch wachsende Kapitalismus beenden ließe, ohne dass eine schwere Wirtschaftskrise droht. Die britische Kriegswirtschaft könnte ein solches Modell liefern: Sie zeigt, wie eine private Planwirtschaft die zivile Produktion geordnet schrumpfen kann – und wie sich dann knappe Güter rationieren lassen, damit der soziale Frieden erhalten bleibt.

Heutzutage haben Planung und Rationierung einen schlechten Ruf. Wer nicht auf den »freien Markt« setzt, dem wird unterstellt, dass er seine Mitmenschen triezen will. In einem Interview empörte sich der Grüne Anton Hofreiter: »Sollen Leute ein Kontingent kriegen, wie viel sie Auto fahren dürfen? Soll es Bezugsscheine für Fleisch geben? Das ist absurd. Wir sind in einer freien Gesellschaft, da gibt es zum Glück keine solchen Instrumente.«[53]

Viele Menschen glauben, »freier Markt« und staatliche Lenkung seien Gegensätze, die sich absolut ausschließen. Doch das ist ein Irrtum. Auch im Kapitalismus wurde schon immer geplant – von den Unternehmen[54] und von den Regierungen. Die britische Kriegswirtschaft konnte nur deswegen so gut funktionieren, weil sie nichts radikal Neues einführte, sondern nur radikalisierte, was im Kapitalismus ohnehin schon angelegt ist. Denn selbst in normalen Zeiten spielt der Staat eine tragende Rolle, weswegen es jederzeit möglich wäre, wieder in eine Art Kriegswirtschaft zu wechseln, um das Klima zu retten.

# 19. Wie wir in Zukunft leben

Von US-Präsident Ronald Reagan stammt ein Satz, der eine weitverbreitete Aversion gegen den Staat bestens zusammenfasst: »In der englischen Sprache sind die furchtbarsten neun Wörter ›Ich bin von der Regierung und will Ihnen helfen‹.« Der Markt gilt als Hort von Freiheit und Leistung, während der Staat angeblich nur stört.

Doch diese Sicht ist grundfalsch, wie zuletzt die Coronakrise zeigte. Als die Pandemie im März 2020 Europa erreichte, gerieten die Börsianer in Panik: Der deutsche Aktienindex DAX brach um 40 Prozent ein – und wäre noch weiter in die Tiefe gerauscht, wenn die Bundesregierung nicht eingegriffen und Milliarden Euro in die Wirtschaft gepumpt hätte. Ohne den Staat hätte es gar keinen »Markt« mehr gegeben.

Der Staat bekämpft jedoch nicht nur Krisen, sondern sorgt auch für technischen Fortschritt. Neoliberale glauben hartnäckig, dass allein der »freie Markt« Innovationen hervorbringen könne.[1] Doch tatsächlich stammen heutzutage fast alle wichtigen Erfindungen aus staatlichen Laboren oder wurden öffentlich subventioniert. Dies gilt fürs Internet genauso wie für Solarpaneele. Auch die leistungsstarken Coronaimpfstoffe würde es nicht geben, wenn die Staaten nicht schon seit Jahren die Biotechnologie der mRNA-Botenstoffe gefördert hätten.

Selbst die Ikone der Digitalisierung, das Smartphone, wäre ohne den Staat niemals erfunden worden. Apple-Gründer Steve Jobs war zweifellos genial, aber geforscht hat er nicht. Seine Leistung bestand darin, vorhandenes Wissen zu einem neuen Produkt zusammenzuführen. Die entscheidenden Zutaten für sein iPhone – nämlich Touchscreens, GPS oder Lithium-Ionen-Batterien – waren bereits in staatlichen Laboren entwickelt worden.[2]

Die meisten Milliardäre wissen genau, was sie am Staat haben. Bill Gates gab kürzlich zu: »Das PC-Geschäft – inklusive Microsoft – wäre niemals ein so großer Erfolg geworden, wenn nicht die US-Regierung in die Entwicklung von kleineren, schnelleren Mikroprozessoren investiert hätte.«[3] Und Anlegerpapst Warren Buffet wirbt seit Jahren dafür, dass die Superreichen mehr Steuern zahlen, denn »ein sehr bedeutsamer Anteil« seiner Einkünfte sei der Gesellschaft zu verdanken.[4]

Es ist nicht neu, dass der Staat die private Wirtschaft lenkt. Die heutige Weltfirma Siemens wäre im 19. Jahrhundert früh gescheitert, wenn nicht das russische Zarenreich und das preußische Königreich immer wieder Telegrafenleitungen bestellt hätten.[5] Auch effiziente Flugzeuge gibt es heute nur, weil der Staat seit mehr als 100 Jahren kontinuierlich in diese Technik investiert.[6]

Wer den »freien Markt« propagiert, vergisst zudem gern, dass private Unternehmen nur einen Teil der Wirtschaft ausmachen. Oft ist es nämlich effizienter, auf kommerzielle

Betriebe zu verzichten. Ob Schulen, Straßen, Bahnen, Krankenkassen, Wasserwerke oder Stromnetze: Die Versorgung der Allgemeinheit funktioniert besser und ist billiger, wenn der Staat übernimmt.[7] Wie ineffizient der »freie Markt« sein kann, führt etwa das US-amerikanische Gesundheitssystem vor, das keine gesetzlichen Krankenkassen kennt und daher extrem teuer ist. Pro Kopf geben die USA fast doppelt so viel für ihr Gesundheitssystem aus, wie es in allen anderen Industrieländern üblich ist. Aber diese Unsummen verpuffen. Die durchschnittliche Lebenserwartung liegt in den USA drei Jahre niedriger als in Schweden.[8] Auch die Amerikaner selbst sind mit ihrem Gesundheitssystem höchst unzufrieden: Sie haben deutlich weniger Vertrauen in die heimische Krankenversorgung als die viel ärmeren Kubaner, Inder oder Vietnamesen.[9]

Auch die Klimakrise wird sich nur bewältigen lassen, wenn der Staat eingreift. Denn der Ökostrom wird nicht von selbst fließen. Fotovoltaik, Windräder, Wärmepumpen, neue Stromnetze, Ladesäulen, Batteriespeicher, grünen Wasserstoff, weitere Bahnstrecken und zusätzlichen Nahverkehr kann es nur geben, wenn der Staat lenkt, forscht, finanziert und subventioniert.

Die meisten Klimaschützer würden jederzeit zugeben, dass umfassende Planung nötig ist, um die Wirtschaft ökologisch umzubauen.[10] Der Knackpunkt ist die Rationierung. Wer an das »grüne Wachstum« glaubt, findet es völlig überflüssig, Verzicht zu fordern. Stattdessen soll der Ökostrom üppig fließen, auf dass sich sämtliche Wünsche befriedigen lassen.

Da Rationierung so unbeliebt ist, fällt oft gar nicht auf, dass auch die Wachstumsoptimisten auf eine Form der

Zuteilung setzen. Sie nennen sie nur anders – nämlich $CO_2$-Budget.[11] Damit sind die Treibhausgase gemeint, die jedes Land noch emittieren darf. Dieser Ansatz ist so richtig wie fair. Zunächst wird ausgerechnet, wie viele Treibhausgase die gesamte Menschheit noch ausstoßen kann, damit sich die Welt nur um 1,5 oder 1,75 Grad Celsius erwärmt. Diese $CO_2$-Restmenge wird dann auf alle Erdbewohner umgelegt. Für Deutschland kommt dabei heraus, dass wir spätestens 2035 klimaneutral sein müssen. Indien hingegen müsste erst 2090 nachhaltig sein, weil es nur 1,8 Tonnen $CO_2$ pro Einwohner und Jahr emittiert und sein Budget daher nicht so schnell aufbraucht wie die Deutschen.[12]

Das Ziel steht auch schon fest: Klimaneutral sind alle Länder, die nicht mehr als eine Tonne $CO_2$ pro Bewohner und Jahr ausstoßen. Ganz auf null müssen die Emissionen nicht sinken, weil die Natur einen Teil des Kohlendioxids absorbieren kann.

Diese Eine-Tonne-Grenze halten viele Länder schon heute ein, und oft liegen sie sogar weit darunter. Dazu gehören: Afghanistan, Angola, Bangladesch, Benin, Burkina-Faso, Burundi, Kambodscha, Kamerun, Tschad, Äthiopien, die Zentralafrikanische Republik, die Komoren, die beiden Kongos, die Elfenbeinküste, Dschibuti, El Salvador, Gambia, Ghana, Guinea, Guinea-Bissau, Haiti, Honduras, Kenia, Kiribati, Nordkorea, Liberia, Madagaskar, Malawi, Mali, Mauretanien, Mosambik, Myanmar, Nepal, Nicaragua, Niger, Nigeria, Pakistan, Papua-Neuguinea, Ruanda, Senegal, Sierra Leone, Somalia, der Südsudan, Sudan, Sri Lanka, Tadschikistan, Tansania, Togo, Uganda, Vanuatu, Jemen, Sambia und Zimbabwe.[13]

Große Klimasünder sind hingegen nur wenige Länder:

Ganz vorn liegt das Ölscheichtum Katar, das pro Einwohner und Jahr 32,4 Tonnen $CO_2$ im Jahr ausstößt. Auch Bahrain, Brunei, Kuweit, Oman, Saudi-Arabien und die Vereinigten Arabischen Emirate fallen ungut auf. Enorme Mengen an Energie verbrauchen zudem die USA, Kanada und Australien, die jeweils rund 15 Tonnen $CO_2$ pro Einwohner emittieren. Die Eurozone schlägt mit 6,5 Tonnen zu Buche, Japan liegt bei 8,7 und China bei 7,4 Tonnen.[14]

Die reichen Länder haben die Klimakrise zu verantworten, nicht die armen. Trotzdem wird gern der globale Süden beschuldigt, die Umweltprobleme zu verursachen – weil er angeblich »überbevölkert« sei. Doch würde sich an der Klimakatastrophe selbst dann nichts ändern, wenn Afrika gar keine Einwohner hätte, denn von dort stammen kaum $CO_2$-Emissionen.[15] Nicht zu viele Menschen sind das Problem, sondern Menschen, die zu viel verbrauchen. Der *Zeit*-Journalist Bernd Ulrich hat es pointiert zusammenfasst: »Es geht also nicht um Über-Bevölkerung, sondern um Über-Menschen.«[16]

Die Zahlen sind erschütternd: Die reichsten zehn Prozent der Menschheit emittieren 48 Prozent des gesamten $CO_2$, während die unteren 50 Prozent zusammen nur auf ganze zwölf Prozent kommen.[17] Obwohl die Ärmsten nichts zum Klimawandel beitragen, werden sie von ihm besonders hart getroffen. Dürren und Hitze werden vor allem dem Amazonas, Afrika, Indien, Pakistan und Indonesien zusetzen.

Die reichsten zehn Prozent der Weltgemeinschaft erzielen im Durchschnitt ein Jahreseinkommen von 87.200 Euro.[18] Deutschland ist bekanntlich reich, aber auch hierzulande zählt nicht jede zu den obersten zehn Prozent der globalen Bestverdiener. Denn die unteren 50 Prozent der Bundesbürger kommen im Durchschnitt auf ganze 15.200 Euro im Jahr.[19]

Die Einkommen sind also sehr ungleich verteilt, was sich prompt bei den $CO_2$-Emissionen widerspiegelt. Das reichste Hundertstel der Deutschen stößt pro Kopf und Jahr enorme 117,8 Tonnen an Klimagasen aus. Die obersten zehn Prozent kommen im Durchschnitt auf 34,1 Tonnen. Die »Mitte« emittiert 12,2 Tonnen – und die unteren 50 Prozent nur ganze 5,9 Tonnen.[20] Die Reichen produzieren also 20-mal so viel $CO_2$ wie die Armen.

Diese krasse Ungerechtigkeit ist vielen wohlhabenden Deutschen nicht bewusst. Im Gegenteil. Gerade Gutverdiener neigen dazu, sich für besonders umweltbewusst zu halten. Sie kaufen Biogemüse und Energiesparlampen und merken gar nicht, dass sie meist sehr üppig wohnen und häufig fliegen. Wie das Umweltbundesamt feststellte, sei bei den Wohlhabenden »die Auffassung weit verbreitet, sparsam mit Ressourcen umzugehen«. Die Behörde vermutet, dass sich diese umweltbewussten Gutverdiener vor allem mit Mitgliedern der eigenen Schicht vergleichen – und dabei völlig aus dem Blick verlieren, dass die ärmeren Milieus deutlich weniger konsumieren können.[21]

Es klingt sehr demokratisch, wenn Anton Hofreiter die »freie Gesellschaft« lobt, in der jeder so viel konsumieren darf, wie er gern möchte. Aber in Wahrheit heißt Hofreiter damit gut, dass die Wohlhabenden auf Kosten aller anderen die Welt ruinieren. Diese extreme Ungerechtigkeit fällt nur deswegen nicht auf, weil Hofreiter zugleich behauptet, dass »grünes Wachstum« möglich sei. Für ihn ist schrankenloser Konsum erlaubt, weil er angeblich nachhaltig sein kann.

Wenn sich »grünes Wachstum« aber als Illusion erweist, bleibt nur die Rationierung. Sie müsste genau so aussehen, wie Klimaschützer ohnehin rechnen: Jeder Erdbewohner dürfte nicht mehr als eine Tonne $CO_2$ pro Jahr emittieren. Für Malawi bliebe dennoch viel Raum, um sich weiterzuentwickeln, denn seine Bewohner stoßen derzeit im Durchschnitt nur 100 Kilogramm Kohlendioxid im Jahr aus.

Verzichten müsste der globale Norden – und dort vor allem die Wohlhabenden. Für die Reichen Deutschlands wäre es natürlich sehr schmerzhaft, wenn sie nicht mehr jährlich 117,8 Tonnen $CO_2$ emittieren dürften. Ihr flotter Lebensstil wäre dahin.

Für die Gutsituierten sind das keine angenehmen Aussichten, weswegen manche Autoren eine Art Mittelweg vorschlagen: »Jeder Mensch bekommt ein privates $CO_2$-Konto. Zwei Tonnen im Jahr darf er umsonst verbrauchen – danach wird es teurer.«[22] Doch dieser gut gemeinte Vorschlag würde den Klimaschutz torpedieren. Für Reiche wäre es gar kein Problem, sich einfach weitere Emissionsrechte zu kaufen, sodass erneut zu viele Treibhausgase ausgestoßen würden. Vor allem aber würde das Projekt Klimaschutz diskreditiert, wenn jeder verzichten müsste – nur die Wohlhabenden nicht.

In Großbritannien wurde die Rationierung im Krieg nur deswegen so willig hingenommen, weil sie für alle galt. Die Regierung wusste genau, wie schädlich sichtbare Standesunterschiede gewesen wären. Der englische Schriftsteller George Orwell schrieb Ende 1940: »Die Dame im Rolls-Royce lädiert den Kampfgeist weit mehr als eine ganze Flotte von Görings Flugzeugbombern.«[23]

Der Klimaschutz hat nur eine Chance, wenn alle gleich belastet werden. Aber was würde es bedeuten, wenn jede

Deutsche nur noch eine Tonne $CO_2$ emittieren dürfte? Diese Frage lässt sich heute nicht eindeutig beantworten, sondern hängt davon ab, wie effizient die Ökotechnik künftig sein wird. Je mehr grüne Energie sie liefern kann, desto bequemer wird das Leben. »Grünes Wachstum« ist zwar nicht möglich, aber ein großer Teil der heutigen Wirtschaftsleistung könnte erhalten bleiben. Die Deutschen könnten weiterhin in den Urlaub fahren, ihr Smartphone nutzen, Bücher lesen und in Restaurants gehen.

Flüge allerdings würde es nicht mehr geben, Autos wären kaum noch unterwegs, und Immobilien müssten rationiert werden: Wenn der Flächenfraß enden soll, dürfen nicht ständig neue Erstwohnungen, Zweitwohnungen, Ferienhäuser, Büros und Gewerbegebiete entstehen. Die Bauten, die jetzt in Deutschland existieren, müssten für alle reichen.

Auch Fleisch muss limitiert werden, denn das Vieh ist ein Klimakiller. Die intensive Landwirtschaft verursacht derzeit 21 bis 37 Prozent aller globalen Treibhausgase. Vor allem Rinder, Ziegen und Schafe sind extrem schädlich, weil Wiederkäuer Methan ausstoßen. Rund eine Milliarde Rinder trampeln über die Erde, und aus jeder ausgewachsenen Kuh entweichen vorn und hinten mindestens 300 Liter Methan pro Tag. Um diese enorme Menge fassbar zu machen, hat Gesundheitsminister Karl Lauterbach eine kleine Rechnung angestellt: »Mit den Jahresabgasen einer einzigen Kuh ließe sich das Heim einer vierköpfigen Familie im Winter einen Monat lang heizen – inklusive Warmwassererzeugung.«[24] Zwar bleibt ein Methanmolekül im Durchschnitt nur rund zwölf Jahre in der Atmosphäre. Aber in dieser kurzen Zeit richtet es große Schäden an, weil es 25-mal wirksamer als ein $CO_2$-Molekül ist.

Zudem entsteht bei der Viehzucht nicht nur Methan, sondern auch noch Lachgas, das sogar fast 300-mal schädlicher als Kohlendioxid ist und sich rund 100 Jahre in der Atmosphäre hält. Dieses Spurengas macht derzeit nur ganze 0,0000334 Prozent der Luftpartikel aus, aber diese winzige Menge reicht bereits, um etwa sieben Prozent der globalen Erwärmung zu erzeugen.[25] Lachgas entweicht vor allem, wenn Äcker und Weiden übermäßig mit Stickstoff gedüngt werden. Zum Teil produziert das viele Vieh diesen Dünger sogar selbst, durch Harn und Kot, aber deswegen ist die Gülle noch lange nicht »bio«. Auch sie enthält Stickstoff, der sich ebenfalls zu Lachgas umwandelt.

Fleisch ist ein Luxusprodukt, weil – je nach Rechnung – etwa zehn Pflanzenkalorien nötig sind, um eine Fleischkalorie zu erzeugen. Diese aufwendige Aufzucht lässt sich auch nicht ändern. Ein großer Teil des Futters geht verloren, da das Tier erst einmal am Leben bleiben muss, bevor es Gewicht ansetzen kann. Es wäre also viel effizienter, wenn Menschen das Getreide selbst essen würden, statt es ans Vieh zu verfüttern. Doch findet das Gegenteil statt: Da auch der globale Süden reicher wird, kann man sich dort nun ebenfalls üppige Fleischmahlzeiten leisten.

Ständig werden weitere Wälder abgeholzt, um neue Weiden und Äcker für die Futtermittel zu schaffen. Die gefällten Bäume können kein Kohlendioxid mehr binden, was die Klimakatastrophe beschleunigt. Vor allem der Amazonas wird entwaldet, sodass in Brasilien inzwischen genauso viele Rinder wie Menschen leben.

Die intensive Landwirtschaft verschärft nicht nur die Klimakrise, sondern zerstört und verschwendet auch Süßwasserreserven, vernichtet Humusböden und rottet zahllose

Arten aus. Alarmierend ist etwa das Insektensterben. Wer früher eine längere Strecke mit dem Auto fuhr, musste hinterher eine dicke Kadaverschicht von der Windschutzscheibe kratzen. Das ist vorbei. In Deutschland ist die Biomasse der fliegenden Insekten um 75 Prozent zurückgegangen, weltweit ist ein Drittel aller Insektenarten vom Aussterben bedroht.[26]

Eine Welt ohne Insekten ist gar nicht vorstellbar: Sie bestäuben fast 90 Prozent aller Blütenpflanzen und 75 Prozent der wichtigen Nutzpflanzen. Ohne diese natürliche Dienstleistung würde es ein Drittel aller Nahrungsmittel nicht geben. Die »Arbeit« der Insekten ist pro Jahr geschätzte 235 bis 577 Milliarden US-Dollar wert. Die kleinen Sechsfüßler machen nicht nur Lebensmittel möglich; auch die Herstellung von Fasern, Medikamenten, Biokraftstoffen und Baumaterialien hängt davon ab, dass Insekten ausfliegen, um in die Blüten zu kriechen.[27]

Sobald die Insekten fehlen, kollabieren ganze Ökosysteme. Allein die Vögel fressen weltweit etwa 400 bis 500 Millionen Tonnen Insekten, aber auch Amphibien, Fische und kleine Säugetiere ernähren sich von ihnen.[28] »Das Insektensterben ist ein Drama, aber (noch) keine Tragödie«, urteilt der Umweltforscher Josef Settele.[29] Damit die Insekten überleben können, muss sich die Landwirtschaft wandeln: Sie darf nicht mehr auf Monokulturen setzen und muss auf Pestizide verzichten.

Der Ökolandbau benötigt aber mehr Fläche, weil er zum Beispiel nicht so stark düngt und daher die Erträge pro Hektar niedriger ausfallen. Diese zusätzlichen Äcker stehen nur zur Verfügung, wenn die Menschen das Getreide selbst essen, statt es an Tiere zu verfüttern. So schließt sich also der

Kreis: Wer eine ökologische Landwirtschaft will, muss das Fleisch rationieren.

Rationieren – nicht abschaffen. Niemand müsste zum reinen Vegetarier werden und für immer auf die geliebte Grillwurst verzichten. Gelegentlich sind Geflügel, Schwein oder Steak erlaubt. Das liebe Vieh muss nicht völlig verschwinden, denn zwei Drittel der weltweiten Nutzflächen sind nicht als Äcker geeignet. Dort wächst nur Gras, das Menschen aber nicht verdauen können, sodass der Umweg über Tierprodukte zwingend ist. Zudem können selbst Rinder dem Klimaschutz dienen, wenn sie weit gestreut auf einer großen Weide stehen. Dann binden sie nämlich mehr Kohlendioxid, als sie an Methan ausscheiden. Mit ihrem Kot und Harn düngen sie die Wiesen, die dann besser wachsen. Gleichzeitig trampeln sie die Pflanzen in den Boden, sodass Kohlenstoff eingelagert wird. Außerdem ist der Viehdung Lebensraum für andere Tiere: Ein einziges Rind kann durch seine Ausscheidungen jährlich mehr als 100 Kilogramm an Insekten erzeugen.[30]

Rationierung klingt unschön. Aber vielleicht wäre das Leben sogar angenehmer als heute, denn Gerechtigkeit macht glücklich. Gesellschaften sind entspannter, gesünder und toleranter, wenn der Abstand zwischen Arm und Reich gering ist. Von dieser guten Stimmung profitieren nicht nur die unteren Schichten, wie globale Erhebungen zeigen: Auch die Eliten leben länger, wenn sie einer fairen Gesellschaft angehören.[31]

Um ein letztes Missverständnis auszuräumen: Rationierung würde zwar bedeuten, dass knappe Güter gerecht verteilt werden. Aber dies wäre kein bedingungsloses Grundeinkommen, bei dem jede BürgerIn bis zu 1.500 Euro pro

Monat erhalten würde.[32] Diese Modelle gehen explizit oder implizit davon aus, dass die Wirtschaft weiter wächst. Sonst würde schlicht das Geld fehlen, um solch hohe Summen an alle auszuschütten. Der Philosoph Richard David Precht gehört zu den Befürwortern eines bedingungslosen Grundeinkommens (BGE) und sieht ganz klar: »Um allen Bürgern in Deutschland ein BGE zahlen zu können, bedarf es einer boomenden Volkswirtschaft und einer hohen Produktivität.«[33] Unsere Volkswirtschaft könnte aber nicht mehr boomen, wenn nur noch so viel verbraucht wird, wie sich recyceln lässt.

Allerdings würde nicht nur der Konsum rationiert, sondern auch die Produktion gelenkt. Da grüne Energie knapp sein wird, müssten manche Branchen deutlich schrumpfen oder wären gänzlich obsolet. Vor allem Luftfahrt, Banken, Versicherungen, Autofirmen und Teile der Chemieindustrie hätten keine große Zukunft (siehe Kapitel 16). Millionen Menschen würden arbeitslos und müssten neue Stellen finden, etwa im Klimaschutz. Dieser ökologische Umbau wäre nur geordnet möglich, wenn der Staat steuert und alle Betroffenen absichert.

Die Briten haben im Zweiten Weltkrieg vorgeführt, wie eine Regierung effektiv lenken kann, um die Wirtschaft radikal umzustellen. Wie schon erwähnt, griff der Staat damals nicht in die einzelnen Betriebe ein, sondern überließ es weiterhin den Eigentümern und Managern, wie sie ihre Unternehmen intern führen wollten. Die Regierung legte nur fest, was überhaupt hergestellt wurde – und wie viel. Die Betriebe erhielten dann die nötigen Arbeitskräfte und Rohstoffe zugewiesen, um die staatlichen Ziele zu erfüllen. Die britische Regierung lenkte also indirekt, indem sie rare Ressourcen gezielt verteilte.

Mit Knappheit steuern: Dieses Prinzip bietet sich jetzt wieder an. Heute wären allerdings nicht Arbeitskräfte und Rohstoffe rar, sondern die grüne Energie wird nicht reichen, um alle Branchen und Bedürfnisse zu befriedigen. Die Regierung müsste also festlegen, was mit dem begrenzten Ökostrom noch hergestellt wird. Medikamente dürften weit oben landen, private Autos sehr weit hinten.

Das Ziel wäre eine Kreislaufwirtschaft, in der nur noch so viel produziert wird, wie sich recyceln lässt. Trotzdem wäre diese klimaneutrale Welt nicht statisch. Technische Innovationen wären weiterhin dringend erwünscht: Wenn es etwa gelingen würde, die Energieeffizienz zu steigern, dann wären mit derselben Zahl an Windrädern und Solarpaneelen mehr Güter möglich.

Es käme wieder zu Wachstum, wenn auch auf niedrigerem Niveau. So paradox es ist: Zunächst muss die Wirtschaft schrumpfen, bevor sie wieder expandieren darf. Dieses eventuelle Wachstum hätte jedoch mit dem heutigen Kapitalismus nichts mehr gemein, denn die Hierarchien hätten sich umgekehrt. Künftig bestimmt die Natur, wie viel Wachstum möglich ist – und nicht das Wachstum, was von der Natur übrig bleibt.

Doch das sind ferne Ziele. Zunächst einmal wäre das Schrumpfen zu organisieren, wofür die britische Kriegswirtschaft ein historisch erprobtes Vorbild abgibt. Die Regierung lenkt, aber die Betriebe bleiben privat. Ein Ökosozialismus[34] ist also nicht gemeint. Die Geschichte hat gezeigt, dass staatliche Planung nicht funktioniert, wenn sie zugleich fast das gesamte Eigentum abschafft.

Bleibt ein letzter Einwand: Die britische Kriegswirtschaft mag ein interessantes Vorbild sein, aber wir befinden uns nicht in einem Ökokrieg. Wir kämpfen nicht gegen das Klima, sondern wollen es retten. Die Unterschiede zwischen dem Zweiten Weltkrieg und der Klimakrise sind also markant. Die Briten wollten einen Menschen besiegen, Hitler, der wie das personifizierte Böse wirkte. Die Bedrohung war zudem ganz nah, denn die Deutschen standen direkt auf der anderen Seite des Ärmelkanals, nachdem sie 1940 die Franzosen besiegt hatten. Vor allem aber blieb die britische Kriegswirtschaft kapitalistisch. Die Produktion von Konsumgütern schrumpfte zwar, aber die Militärbranchen expandierten. Es handelte sich nicht um einen generellen Abschied vom Wachstum, stattdessen legte die Gesamtwirtschaft in den Kriegsjahren um 27 Prozent zu.

Wie anders ist dagegen die Klimakrise: Die Bedrohung geht nicht von einer konkreten Person aus, sondern entspringt planetaren Kettenreaktionen. Die Gefahr trifft nicht einzelne Nationen, sondern erfasst den ganzen Globus. Die tödliche Bedrohung zeigt sich zudem nicht immer sofort, sondern entfaltet sich oft über Jahre und Jahrzehnte. Zugleich wäre der Einschnitt viel drastischer: Wenn der Klimaschutz gelingen soll, muss die Wirtschaft schrumpfen.

Diese Unterschiede sind nicht zu leugnen und machen Klimapolitik schwierig. Viele Menschen ignorieren lieber, dass die Zukunft bedroht ist. Zwar leugnen nur noch wenige BürgerInnen, dass es einen menschengemachten Klimawandel gibt – aber deswegen gleich den ganzen Kapitalismus abschaffen? Dieses radikale Ende erscheint den allermeisten BürgerInnen dann doch übertrieben und abwegig.

Viele Menschen hängen immer noch dem Irrtum an, dass sie die Wahl hätten. Nach dem Motto: Wenn der Abschied vom Kapitalismus so mühsam ist, dann behalten wir ihn eben. Doch diese Wahl gibt es nicht. Die Industrieländer stehen vor einer Alternative, die eigentlich keine ist. Entweder sie verzichten freiwillig auf Wachstum – oder die Zeit des Wachstums endet später gewaltsam, weil die Lebensgrundlagen zerstört sind.

In jedem Fall wird der Kapitalismus untergehen und eine neue Wirtschaftsordnung entstehen. Sie ließe sich wohl am besten als »Überlebenswirtschaft« bezeichnen, denn es geht um die Rettung der Menschheit.

# Schluss: Die »Überlebenswirtschaft« hat schon längst begonnen

Die Menschheit kann nur überleben, wenn sie keine Treibhausgase mehr emittiert. Diese Erkenntnis ist schlicht, aber schwer umzusetzen. Denn die deutsche Wirtschaftsleistung müsste um mindestens 30 Prozent schrumpfen. Damit steht das V-Wort im Raum, das kein Politiker gern ausspricht: Verzicht.

Alle Parteien wissen, dass sie sofort Stimmen verlieren würden, wenn sie Verzicht anmahnen. Selbst kleinste Beschränkungen werden verhetzt, wie die Grünen im Bundestagswahlkampf 2013 mit dem »Veggie Day« erleben mussten. Donnerstags sollte es in öffentlichen Kantinen nur noch vegetarische Gerichte geben. Diese Idee war als Anregung gemeint, nicht als Gesetz. Doch die *Bild*-Zeitung startete sofort eine Gegenkampagne und titelte: »Grüne wollen uns das Fleisch verbieten!« Bei der Wahl kamen die Grünen nur auf 8,4 Prozent, was sie so schockierte, dass sie sich seither als »Freiheitspartei« inszenieren. 2014 schrieben sie sogar eigens ins Parteiprogramm: »Ob jemand am Donnerstag Fleisch isst oder nicht, ist uns herzlich egal.«

Auch alle anderen Parteien fürchten panisch, dass sie als

»Verbotspartei« gelten könnten. So stellt SPD-Gesundheitsminister Karl Lauterbach fest: »Jede auch noch so geringe Verteuerung des Benzins wird von den Populisten voll ausgenutzt.«[1] Die freie Fahrt für freie Bürger darf nie infrage stehen, weswegen der heutige FDP-Finanzminister Christian Lindner einst polemisierte: »Wir werden den Planeten nicht retten, indem wir [...] die Deutschen zu veganen Radfahrern machen.«[2]

Es ist in Ordnung, dass Parteien nur Forderungen erheben, mit denen sie Stimmen gewinnen können. So funktioniert die Demokratie. Parteien führen nicht, sondern folgen ihren Wählern. Der Wandel kommt nie von oben, sondern immer von unten. Ein breites Umdenken ist jedoch nicht in Sicht: Die allermeisten BürgerInnen wollen an der Illusion festhalten, dass »grünes Wachstum« machbar sei. Also bedienen die Parteien diesen Traum – von den Grünen bis zur CSU.

Eine »Überlebenswirtschaft« scheint derzeit politisch nicht durchsetzbar. Trotzdem folgt daraus nicht, dass die Analyse falsch wäre, dass der Kapitalismus enden muss. Es wäre fatal, wenn nur noch gedacht würde, was politisch als mehrheitsfähig gilt. Dann könnte man das Denken ganz einstellen – und würde die Gegenwart zur Zukunft erklären.

Noch leben wir in einer Überflussgesellschaft, sodass genereller Mangel kaum vorstellbar ist und die Idee fremd wirkt, dass staatliche Planung und Rationierung nötig sein könnten. Doch erste Zuteilungen sind schon abzusehen – vor allem beim Wasser. Deutschland wird auch künftig nicht zur Wüste, aber die Monate, in denen flächendeckend fast gar kein Regen fällt, werden sich häufen. Ein Dürrejahr wie 2018 wird keine seltene Ausnahme mehr sein, sondern sich regelmäßig wiederholen. Sobald Niederschläge lange ausbleiben, stellt sich automatisch die Frage, an wen das knappe Wasser gehen soll: die Haushalte, die Landwirtschaft oder die Industrie?[3]

Die Bundesregierung hat bereits eine »Nationale Wasserstrategie« verabschiedet, die »Wassernutzungshierarchien« erlaubt – was nichts anderes als Rationierung meint.[4] Im östlichen Brandenburg ist die Not schon jetzt so groß, dass die ersten Wasserbetriebe den Verbrauch drosseln wollen. Der Wasserverband Straußberg-Erkner hat angekündigt, dass Zuziehende ab 2025 im Durchschnitt nur noch 105 Liter pro Person und Tag entnehmen dürfen. Wer diese Grenze überschreitet, muss mit Geldstrafen rechnen, deren Höhe noch unbekannt ist.[5] Momentan verbrauchen die Deutschen durchschnittlich 128 Liter pro Tag.[6] In Straußberg-Erkner wird man also ernsthaft Wasser sparen müssen.

Wenn wichtige Güter knapp werden, kann allein der Staat für eine gerechte und effiziente Verteilung sorgen, indem er die raren Mengen lenkt und rationiert. Der »Markt« hilft dabei überhaupt nicht weiter. Diese Erfahrung mussten auch die Australier machen, die schon lange unter extremem Wassermangel leiden und zunächst versuchten, privatwirtschaftliche Methoden anzuwenden, um die Verteilung zu organisieren. Also schuf man eine Art Börse für Wasserrechte: Zunächst erhielt jeder Landwirt einen fairen Anteil am verfügbaren Nass zugewiesen. Ein Teil des Wassers durfte dann gehandelt werden. Benötigten Bauern mehr Wasser, konnten sie es an der Börse zukaufen. Wer seine Ration nicht verbrauchte, durfte Wasserrechte veräußern. Schon bald wurde dieses System wieder eingestellt, weil mit den Wasserrechten wild spekuliert wurde, während die Landwirte um ihre Existenz kämpften.[7]

Auf den Finanzmärkten führt Mangel immer zu Spekulation, was die Preise treibt, die Börsianer reich macht und die Not vergrößert. Wenn alle BürgerInnen zu ihrem Recht kommen sollen, muss der Staat eingreifen.

Auch Lebensmittel könnten demnächst weltweit so knapp werden, dass eine Koordinierung durch die Staaten nötig wird. Der Weltklimarat IPCC prognostiziert, dass jedes Grad globaler Erwärmung die Erträge beim Mais um rund sieben Prozent sinken lässt, beim Weizen um sechs Prozent und bei Reis und Soja um rund drei Prozent.[8]

Wenn die Nahrung künftig für alle Erdbewohner reichen soll, müssen Lebensmittel rationiert werden. Führende Wissenschaftler haben bereits einen idealen Speiseplan namens »Planetary Health Diet« entwickelt, der sämtliche Menschen gesund ernähren könnte und zugleich die Umwelt schonen würde. Heraus kamen 2.500 Kalorien pro Kopf und Tag: 500 Gramm Obst und Gemüse, 232 Gramm Vollkorngetreide oder Reis, 75 Gramm Hülsenfrüchte, 50 Gramm Kartoffeln, 50 Gramm Nüsse, 250 Gramm Milchprodukte, sieben Gramm rotes Fleisch, sieben Gramm Schwein, 29 Gramm Geflügel, 13 Gramm Eier, 31 Gramm Zucker, 50 Gramm Fett und 28 Gramm Fisch.[9]

Auf den ersten Blick mag dieser Speisezettel etwas mager wirken, aber die Deutschen wären viel gesünder, wenn sie ihre Essgewohnheiten umstellten. Heute nehmen deutsche Erwachsene im Durchschnitt nicht 2.500, sondern 3.500 Kalorien pro Tag zu sich – was ihnen nicht gut bekommt. 67 Prozent der Männer und 53 Prozent der Frauen sind übergewichtig; knapp ein Viertel ist sogar »stark übergewichtig«.[10] Die vielen Pfunde sind nicht harmlos, sondern befördern chronische Krankheiten wie Diabetes, Herz-

Kreislauf-Probleme, dauerhafte Entzündungen oder Krebs. Fettleibigkeit verursacht inzwischen knapp elf Prozent aller deutschen Sterbefälle.[11] Es kann heilsam sein, weniger zu konsumieren.

Die »Überlebenswirtschaft« stellt also keine ferne Zukunft dar, denn erste Rationierungen deuten sich schon an. Allerdings werden sie bisher nur als vereinzelte Notfallpläne betrachtet. Sie sollen Ausnahmen bleiben, während der Kapitalismus weiter expandiert. Doch diese Hoffnung wird scheitern, weil die Ökoenergie nicht reichen wird, um »grünes Wachstum« zu befeuern.

Klimaschutz ist nur möglich, wenn die Wirtschaft schrumpft. Veränderungen machen immer Angst, zumal, wenn sie mit Verzicht einhergehen sollen. Trotzdem darf man sich die Zukunft nicht trübe vorstellen. Eine ökologische Kreislaufwirtschaft kann schön sein. Sie würde alles bieten, was ein gelungenes Leben ausmacht: Anregung, Abwechslung, Erkenntnis, Austausch, Freundschaft, Liebe, Anerkennung, Spaß, Genuss, Entspannung, Spiel und Sport. Aber auch Sicherheit, Mobilität, Pflege, Arbeit und Erfüllung.

Bisher war nur unklar, wie sich diese ökologische Kreislaufwirtschaft erreichen lässt, ohne dass es zu schweren Wirtschaftskrisen kommt. Für ein »grünes Schrumpfen« gab es kein Konzept. Die »Überlebenswirtschaft« zeigt, wie der Übergang gelingen könnte, ohne dass Chaos ausbricht. Die Betriebe bleiben privat, aber der Staat legt fest, was noch hergestellt wird, und verteilt die knappen Güter. Dieses Konzept orientiert sich an der britischen Kriegswirtschaft ab 1939, ist aber nicht das gleiche. Jetzt geht es um das Ende des Kapitalismus.

## Dank

Jedes Buch ist nur so gut wie die ersten Korrekturleser. Daniel Haufler, Andrew James Johnston, Jörgen Pisarz und Hugo Winters haben mir sehr viel Zeit geschenkt. Als Historiker, Literaturwissenschaftler, Ingenieur und Volkswirt waren sie ein ideales Team. Ohne ihr Wissen, ihre Ideen und ihre Einwände wäre dieser Text nicht möglich gewesen.

# Literatur


Agora Energiewende/Agora Verkehrswende/Stiftung Klimaneutralität, Klimaneutrales Deutschland 2050 (Berlin 2020)

Agora Energiewende/Agora Verkehrswende/Stiftung Klimaneutralität, Klimaneutrales Deutschland 2045 (Berlin 2021)

Allen, Robert C., The British Industrial Revolution in Global Perspective (Cambridge University Press 2009)

Allen, Robert C., Global Economic History. A Very Short Introduction (Oxford University Press 2011)

Allen, Robert C., The Industrial Revolution. A Very Short Introduction (Oxford University Press 2017)

Appleby, Joyce, Relentless Revolution. A History of Capitalism (Norton 2010)

Bach, Stefan/Andreas Thiemann/Aline Zucco, Looking for the Missing Rich: Tracing the Top Tail of the Wealth Distribution (DIW 2018, Discussion Papers 1717)

Bach, Stefan/Michelle Harnisch/Niklas Isaak, Verteilungswirkungen der Energiepolitik – Personelle Einkommensverteilung. Endbericht. Forschungsprojekt im Auftrag des Bundesministeriums für Wirtschaft und Energie (Berlin, 23.11.2018)

Bähr, Johannes, Werner von Siemens, 1816–1892. Eine Biographie (Beck 2016)

Beckert, Sven, King Cotton. Eine Geschichte des globalen Kapitalismus (Beck 2014)

Berg, Axel, Energiewende einfach durchsetzen. Roadmap für die nächsten zehn Jahre (Oekom 2019)

Binswanger, Mathias, Der Wachstumszwang. Warum die Volkswirtschaft immer weiterwachsen muss, selbst wenn wir genug haben (Wiley 2019)

Boer, Lukas, Steigende Metallpreise als mögliches Hindernis der Energiewende. In: DIW Wochenbericht 4/2022, S. 48–54

Bollard, Alan, How a Handful of Economists Helped Win and Lose the World Wars (Oxford University Press 2020)

Bouverie, Tim, Appeasing Hitler. Chamberlain, Churchill and the Road to War (Bodley Head 2019)

Brand, Ulrich/Markus Wissen, Imperiale Lebensweise. Zur Ausbeutung von Mensch und Natur im globalen Kapitalismus (Oekom 2017)

Braudel, Fernand, Civilization & Capitalism 15th – 18th Century, Volume I: The Structures of Everyday Life (Fontana Press 1985)

Braudel, Fernand, Civilization & Capitalism 15th – 18th Century, Volume III: The Perspective of the World (Fontana Press 1985)

Broadberry, Stephen, Lessons learned? British economic management and performance during the World Wars. In: Broadberry, Stephen/Mark Harrison (Ed.), The Economics of the Second World War: Seventy-Five Years On (CEPR Press 2020), S. 30–39

Broadberry, Stephen/Kevin O'Rourke, The Cambridge Economic History of Modern Europe, Volume 1:1700–1870 (Cambridge University Press 2010)

Brüggemeier, Franz-Josef, Sonne, Wasser, Wind: Die Entwicklung der Energiewende in Deutschland (Friedrich-Ebert-Stiftung 2017)

Brüggemeier, Franz-Josef, Grubengold. Das Zeitalter der Kohle von 1750 bis heute (Beck 2018)

Bundesamt für Naturschutz, »Mehr Flächen für Windenergie« – natur- und landschaftsverträglich verteilt (Bonn Juni 2021)

Bundesministerium für Wirtschaft und Klimaschutz, Jahreswirtschaftsbericht 2022 (Berlin, 26.1.2022)

Bundeszentrale für politische Bildung/Statistisches Bundesamt, Datenreport 2021 (Bonn 2021)

Büscher, Wolfgang, Heimkehr (Rowohlt 2020)

Chancel, Lucas/Thomas Piketty/Emmanuel Saez/Gabriel Zucman, World Inequality Report 2022 (World Inequality Lab 2021)

Chang, Ha-Joon, Kicking Away the Ladder. Development Strategy in Historical Perspective (Anthem Press 2003)

Chang, Ha-Joon, 23 Things They Don't Tell You about Capitalism (Penguin 2011)

Clark, Christopher, Iron Kingdom. The Rise and Downfall of Prussia 1600–1947 (Penguin 2007)

Conrad, Sebastian, Deutsche Kolonialgeschichte (Beck 2012)

Daly, Herman E., Beyond Growth (Beacon Press 1996)

Darwin, John, Unfinished Empire. The Global Expansion of Britain (Penguin 2013)

Deaton, Angus, The Great Escape. Health, Wealth and the Origins of Inequality (Princeton University Press 2013)

Dechema/FutureCamp (Hg.), Roadmap Chemie 2050: Auf dem Weg zu einer treibhausgasneutralen Chemie in Deutschland (Berlin 2019)

Delina, Laurence E., Strategies for Rapid Climate Mitigation. Wartime mobilisation as a model for action? (Routledge 2016)

Deutsche Umwelthilfe, Versorgungssicherheit mit 100 % Erneuerbaren Energien (Berlin, November 2021)

Deutscher Bundestag, Evaluierungsbericht der Bundesregierung über die Anwendung des Kohlendioxid-Speicherungsgesetzes sowie die Erfahrungen zur CCS-Technologie, Drucksache 19/6891 (21.12.2018)

Dörre, Klaus, Die Utopie des Sozialismus. Kompass für eine Nachhaltigkeitsrevolution (Matthes & Seitz 2021)

Eckert, Andreas, Geschichte der Sklaverei. Von der Antike bis ins 21. Jahrhundert (Beck 2021)

Edenhofer, Ottmar/Michael Jakob, Klimapolitik. Ziele, Konflikte, Lösungen (Beck 2017)

Edgerton, David, Britain's War Machine. Weapons, Resources and Experts in the Second World War (Penguin 2012)

Edgerton, David, The Shock of the Old. Technology & Global History Since 1900 (Profile Books 2008, updated 2019)

Ekardt, Felix, Wir können uns ändern. Gesellschaftlicher Wandel jenseits von Kapitalismuskritik und Revolution (Oekom 2017)

Energy Brainpool, Kalte Dunkelflaute. Robustheit des Stromsystems bei Extremwetter (Berlin, 12.5.2017)

FAO, The State of the World's Forests 2020. In Brief (Rom 2020)

Fellmeth Ulrich, Pecunia non olet. Die Wirtschaft der antiken Welt (Wissenschaftliche Buchgesellschaft 2008)

Flassbeck, Heiner, Der begrenzte Planet und die unbegrenzte Wirtschaft. Lassen sich Ökonomie und Ökologie versöhnen? (Westend 2020)

Foer, Jonathan S., Wir sind das Klima. Wie wir unsere Welt schon beim Frühstück retten können (Kiepenheuer & Witsch 2019)

Franzen, Jonathan, Wann hören wir auf, uns etwas vorzumachen? Gestehen wir uns ein, dass wir die Klimakatastrophe nicht verhindern können (Rowohlt 2019)

Fraunhofer-Institut für Solare Energiesysteme ISE, Stromgestehungskosten Erneuerbare Energie (Freiburg, Juni 2021)

Fraunhofer-Institut für Solare Energiesysteme ISE, Wege zu einem klimaneutralen Energiesystem. Die deutsche Energiewende im Kontext gesellschaftlicher Verhaltensweisen (Freiburg, Update 12.11.2021)

Fücks, Ralf, Intelligent wachsen. Die grüne Revolution (Hanser 2013)

Fuhrhop, Daniel, Verbietet das Bauen! Streitschrift gegen Spekulation, Abriss und Flächenfraß (Oekom 2020)

Galbraith, John Kenneth, The Affluent Society, 1958 (Penguin 1999)

Gates, Bill, How to Avoid a Climate Disaster. The Solutions We Have and the Breakthroughs We Need (Allen Lane 2021)

Göke, Leonard/Claudia Kemfert/Mario Kendziorski/Christian v. Hirschhausen, 100 Prozent erneuerbare Energien für Deutschland: Koordinierte Ausbauplanung notwendig. DIW-Wochenbericht 29 und 30/2021, S. 508–513

Göpel, Maja, Unsere Welt neu denken. Eine Einladung (Ullstein 2020)

Gössling, Stefan/Andreas Humpe, The global scale, distribution and growth of aviation: Implications for climate change. In: Global Environmental Change, 1.11.2020

Graeber, David, Bullshit Jobs. A Theory (Allen Lane 2018)

Hasters, Alice, Was weiße Menschen nicht über Rassismus hören wollen, aber wissen sollten (Hanser 2020)

Henderson, Rebecca, Reimagining Capitalism. In a World on Fire (Penguin 2021)

Hentschel, Karl-Martin, Handbuch Klimaschutz. Wie Deutschland das 1,5-Grad-Ziel einhalten kann (Oekom 2020)

Herrmann, Ulrike, Freihandel – Projekt der Mächtigen (Rosa-Luxemburg-Stiftung 2014)

Herrmann, Ulrike, Der Sieg des Kapitals. Wie der Reichtum in die Welt kam: Die Geschichte von Wachstum, Geld und Krisen (Piper 2015)

Herrmann, Ulrike, Kein Kapitalismus ist auch keine Lösung. Die Krise der heutigen Ökonomie – oder was wir von Smith, Marx und Keynes lernen können (Piper 2018)

Herrmann, Ulrike, Deutschland, ein Wirtschaftsmärchen. Warum es kein Wunder ist, dass wir reich geworden sind (Piper 2022)

Hesse, Jan-Otmar, Abkehr vom Kartelldenken? Das Gesetz gegen Wettbewerbsbeschränkungen als ordnungspolitische und wirtschaftstheoretische Zäsur der Ära Adenauer. In: Hockerts, Hans Günter/Günther Schulz (Hg.), Der »Rheinische Kapitalismus« in der Ära Adenauer (Ferdinand Schöningh 2016), S. 29–50

Hirschhausen, Eckart v., Mensch, Erde! Wir könnten es so schön haben (DTV 2021)

Hobsbawm, Eric, The Age of Revolution: Europe 1789–1848 (Abacus 2010)

Hobsbawm, Eric, The Age of Capital: 1848–1875 (Abacus 1997)

Hobsbawm, Eric, The Age of Empire: 1875–1914 (Abacus 1994)

Holler, Christian/Joachim Gaukel/Harald Lesch/Florian Lesch, Erneuerbare Energien zum Verstehen und Mitreden (Bertelsmann 2021)

Holthaus, Eric, The Future Earth. A Radical Vision for What's Possible in the Age of Warming (HarperOne 2020)

International Energy Agency, The Role of Critical Minerals in Clean Energy Transitions (Washington May 2021)

Jackson, Tim, Prosperity Without Growth. Foundations for the Economy of Tomorrow. Second Edition (Routledge 2017)

Jackson, Tim, Post Growth. Life after Capitalism (Polity 2021)

Jensen, Annette, Wir steigern das Bruttosozialglück. Von Menschen, die anders und besser wirtschaften (Herder 2011)

Keen, Steve, The New Economics. A Manifesto (Polity 2022)

Kennedy, Margrit, Occupy Money. Damit wir zukünftig ALLE die Gewinner sind (J. Kamphausen 2011)

Kern, Bruno, Das Märchen vom grünen Wachstum. Plädoyer für eine solidarische und nachhaltige Gesellschaft (Rotpunkt 2019)

Kleinschmidt, Christian, Wirtschaftsgeschichte der Neuzeit. Die Weltwirtschaft 1500–1850 (Beck 2017)

Klingholz, Reiner, Zu viel für diese Welt. Wege aus der doppelten Überbevölkerung (Edition Körber 2021)

Kocka, Jürgen, Geschichte des Kapitalismus (Beck 2013)

Kopatz, Michael, Ökoroutine. Damit wir tun, was wir für richtig halten (Oekom 2019)

Kreutzfeldt, Malte, Das Strompreis-Komplott. Warum die Energiekosten wirklich steigen und wer dafür bezahlt (Knaur 2014)

Latif, Mojib, Heißzeit. Mit Vollgas in die Klimakatastrophe – und wie wir auf die Bremse treten (Herder 2020)
Lauterbach, Karl, Bevor es zu spät ist. Was uns droht, wenn die Politik nicht mit der Wissenschaft Schritt hält (Rowohlt Berlin 2022)
Lepenies, Philipp, Die Macht der einen Zahl. Die politische Geschichte des Bruttoinlandsprodukts (Suhrkamp 2013)
Levinson, Marc, The Box. How the Shipping Container Made the World Smaller and the World Economy Bigger. Second Edition (Princeton University Press 2016)
Li, Bowen/Basu, Sukanta/Watson, Simon J./Russchenberg, Herman W. J., Brief Climatology of Dunkelflaute Events over and Surrounding the North and Baltic Sea Areas. In: Energies 2021, 14, 6508
Lomborg, Bjorn, False Alarm. How Climate Change Panic Costs Us Trillions, Hurts the Poor, and Fails to Fix the Planet (Hachette 2020)
Maddison, Angus, The World Economy. A Millenial Perspective (OECD 2001)
Malm, Andreas, Fossil Capital. The Rise of Steam Power and the Roots of Global Warming (Verso 2016)
Malm, Andreas, Corona, Climate, Chronic Emergency. War Communism in the 21st Century (Verso 2020)
Marx, Karl, Das Kapital. Kritik der politischen Ökonomie. Vierte Auflage 1890 (Dietz 1962)
Marx, Karl/Friedrich Engels, Manifest der Kommunistischen Partei, 1848. In: MEW, Band 4 (Dietz 1959), S. 459–493
Maxton, Graeme/Jorgen Randers, Reinventing Prosperity. Managing Economic Growth to Reduce Unemployment, Inequality and Climate Change. A Report to the Club of Rome (Greystone 2016)
Mazzucato, Mariana, The Entrepreuneurial State. Debunking Public vs. Private Sector Myths (Anthem Press 2014)
Mazzucato, Mariana, The Value of Everything. Making and Taking in the Global Economy (Penguin 2019)
Mazzucato, Mariana, Mission Economy. A Moonshot Guide to Changing Capitalism (Allen Lane 2021)
McAfee, Andrew, More From Less. The Surprising Story of How We Learned to Prosper Using Fewer Resources – and What Happens Next (Scribner 2019)
McKibben, Bill, A World at War. We're under attack from climate

change – and our only hope is to mobilize like we did in WWII. In: The New Republic, 15.8.2016
McKinsey, Net-Zero Deutschland. Chancen und Herausforderungen auf dem Weg zur Klimaneutralität 2045 (Oktober 2021)
Meadows, Dennis/Donella Meadows/Erich Zahn/Peter Milling, Die Grenzen des Wachstums. Bericht des Club of Rome zur Lage der Menschheit (DVA 1972)
Milward, Alan S., War, Economy and Society 1939–1945 (Allen Lane 1977)
Monbiot, George, Heat. How to Stop the Planet Burning (Allen Lane 2006)
Monbiot, George, Think big on climate: the transformation of society in months has been done before. In: The Guardian, 20.10.2021
Mundell, Robert, The Birth of Coinage. In: Columbia University Discussion Papers (September 1999)
Neitzel, Sönke, Deutsche Krieger. Vom Kaiserreich bis zur Berliner Republik – eine Militärgeschichte (Propyläen 2020)
Neubauer, Luisa/Alexander Repenning, Vom Ende der Klimakrise. Eine Geschichte unserer Zukunft (Tropen 2019)
Öko-Institut, Wasserstoff sowie wasserstoffbasierte Energieträger und Rohstoffe. Eine Überblicksuntersuchung (Berlin, 4.9.2020)
Osterhammel, Jürgen, Die Verwandlung der Welt. Eine Geschichte des 19. Jahrhunderts (Beck 2011)
Osterhammel, Jürgen/Niels P. Petersson, Geschichte der Globalisierung. Dimensionen, Prozesse, Epochen (Beck 2004)
Paech, Niko, Befreiung vom Überfluss. Auf dem Weg in die Postwachstumsökonomie (Oekom 2012)
Parrique, T./Barth, J./Briens, F./Kerschner, C./Kraus-Polk, A./Kuokkanen, A./Spangenberg, J. H., Decoupling Debunked. Evidence and arguments against green growth as a sole strategy for sustainability (July 2019)
Parry, Ian/Simon Black/Nate Vernon, Still Not Getting Energy Prices Right: A Global and Country Update of Fossil Fuel Subsidies. IMF Working Paper 21/236 (Washington 2021)
Pettifor, Ann, The Case for the Green New Deal (Verso 2019)
Phillips, Leigh, Austerity Ecology & The Collapse-Porn Addicts. A Defence of Growth, Progress, Industry and Stuff (Zero Books 2015)
Phillips, Leigh/Michal Rozworski, People's Republic of Walmart. How

the World's Biggest Corporations Are Laying the Foundation for Socialism (Verso 2019)
Phillipson, Nicholas, Adam Smith. An Enlightened Life (Penguin 2010)
Pinker, Steven, Enlightment Now. The Case for Reason, Science, Humanism, and Progress (Penguin 2019)
Pinzler, Petra/Günther Wessel, Vier fürs Klima. Wie unsere Familie versucht, $CO_2$-neutral zu leben (Droemer 2018)
Pistor, Katharina, Der Code des Kapitals. Wie das Recht Reichtum und Ungleichheit schafft (Suhrkamp 2020)
Plöger, Sven, Zieht Euch warm an, es wird heiß! Den Klimawandel verstehen und aus der Krise für die Welt von morgen lernen (Westend 2020)
Pötter, Bernhard, Klimawandel. 33 Fragen – Antworten (Piper 2020)
Pötter, Bernhard, Die grüne Null. Der Kampf um Deutschlands Zukunft ohne Kohle, Öl und Gas (Piper 2021)
Precht, Richard David, Freiheit für alle: Das Ende der Arbeit, wie wir sie kannten (Goldmann 2022)
Quaschning, Volker und Cornelia, Energie-Revolution jetzt! Mobilität, Wohnen, grüner Strom und Wasserstoff: Was führt uns aus der Klimakrise – und was nicht? (Hanser 2022)
Radkau, Joachim, Natur und Macht. Eine Weltgeschichte der Umwelt (Beck 2000)
Radkau, Joachim, Technik in Deutschland. Vom 18. Jahrhundert bis heute (Campus 2008)
Rahlf, Thomas (Hg.), Deutschland in Daten. Zeitreihen zur Historischen Statistik (Bundeszentrale für politische Bildung 2015)
Rahmstorf, Stefan/Hans Joachim Schellnhuber, Der Klimawandel. Diagnose, Prognose, Therapie (Beck 2018)
Raeworth, Kate, Doughnut Economics. Seven Ways to Think Like a 21st-Century Economist (Random House 2017)
Reimer, Nick/Toralf Staud, Deutschland 2050. Wie der Klimawandel unser Leben verändern wird (Kiepenheuer & Witsch 2021)
Richters, Oliver/Andreas Siemoneit, Marktwirtschaft reparieren. Entwurf einer freiheitlichen, gerechten und nachhaltigen Utopie (Oekom 2019)
Ritchie, Hannah/Max Roser, Why did renewables become so cheap so fast? (Our World in Data, 1.12.2020)
Rosling, Hans, Factfulness. Ten Reasons We're Wrong About the World – and Why Things Are Better Than You Think (Flatiron Books 2019)

Russell, Ben, James Watt. Making the World Anew (Reaktion Books 2014)

Samtleben, Claire, Auch an erwerbsfreien Tagen erledigen Frauen einen Großteil der Hausarbeit und Kinderbetreuung. In: DIW-Wochenbericht 10/2019, S. 139–144

Schink, Nena, Ich bin nicht grün. Ein Plädoyer für die Freiheit (FinanzBuch 2021)

Schmelzer, Matthias/Andrea Vetter, Degrowth/Postwachstum zur Einführung (Junius 2019)

Schneidewind, Uwe, Die Große Transformation. Eine Einführung in die Kunst gesellschaftlichen Wandels (Fischer 2018)

Schor, Juliet, True Wealth. How and Why Millions of Americans Are Creating a Time-Rich, Ecologically Light, Small-Scale, High-Satisfaction Economy (Penguin 2011)

Schularick, Moritz, Der entzauberte Staat. Was Deutschland aus der Pandemie lernen muss (Beck 2021)

Schulmeister, Stephan, $CO_2$-Emissionen müssen stetig teurer werden – durch einen Preispfad für fossile Energie. In: Wirtschaftsdienst 2020/10, S. 812–814

Schulte, Ulrich, Die grüne Macht. Wie die Ökopartei das Land verändern will (Rowohlt 2021)

Schumpeter, Joseph A., The Theory of Economic Development. An Inquiry into Profits, Capital, Credit, Interest, and the Business Cycle (Transaction Publishers 2008)

Seba, Tony, Clean Disruption of Energy and Transportation. How Silicon Valley Will Make Oil, Nuclear, Natural Gas, Coal, Electric Utilities and Conventional Cars Obsolete by 2030 (Clean Planet Ventures 2014)

Settele, Josef, Die Triple-Krise. Artensterben, Klimawandel, Pandemien. Warum wir dringend handeln müssen (Edel 2020)

Sinn, Hans-Werner, Das grüne Paradoxon. Plädoyer für eine illusionsfreie Klimapolitik (Econ 2008)

Skidelsky, Robert/Edward Skidelsky, How Much is Enough? Money and the good life (Other Press 2013)

Smith, Adam, An Inquiry into the Nature and Causes of the Wealth of Nations, Erstausgabe 1776. A Selected Edition (Oxford University Press 2008)

Statistisches Bundesamt, Statistisches Jahrbuch 2019 (Wiesbaden 2020)

Statistisches Bundesamt, Bautätigkeit und Wohnungen, Bestand an Wohnungen, Fachserie 5, Reihe 3 (Wiesbaden 2021)
Stelter, Daniel, Ein Traum von einem Land. Deutschland 2040 (Campus 2021)
Stimpel, Roland, Wer langsam macht, kommt eher an. Verkehr abrüsten – Mobilität gewinnen (Edition Fuss 2021)
Straubhaar, Thomas, Grundeinkommen Jetzt! Nur so ist die Marktwirtschaft zu retten (NZZ Libro 2021)
Tooze, Adam, The Wages of Destruction. The Making & Breaking of the Nazi Economy (Penguin 2007)
Ulrich, Bernd, Alles wird anders. Das Zeitalter der Ökologie (Kiepenheuer & Witsch 2019)
Umweltbundesamt, Repräsentative Erhebung von Pro-Kopf-Verbräuchen natürlicher Ressoucen in Deutschland (nach Bevölkerungsgruppen) (Dessau 2016)
Umweltbundesamt, Gesellschaftliches Wohlergehen innerhalb planetarer Grenzen. Der Ansatz einer vorsorgeorientierten Postwachstumsposition (Dessau 2018)
Umweltbundesamt, Umweltbewusstsein in Deutschland 2018. Ergebnisse einer repräsentativen Bevölkerungsumfrage (Dessau 2019)
Umweltbundesamt, Aktualisierung und Bewertung der Ökobilanzen von Windenergie- und Photovoltaikanlagen unter Berücksichtigung aktueller Technologieentwicklungen (Dessau 2021)
Umweltbundesamt, Umweltschädliche Subventionen in Deutschland. Aktualisierte Ausgabe 2021 (Dessau 2021)
Van de Mieroop, Marc, The Ancient Mesopotamian City (Oxford University Press 1997)
Vries, Peer, Escaping poverty. The origins of modern economic growth (Vienna University Press 2013)
Wallace-Wells, David, The Uninhabitable Earth. Life After Warming (Tim Duggan Books 2019)
Waller, John, The Real Oliver Twist. Robert Blincoe: A Life That Illuminates an Age (Icon Books 2005)
Way, Rupert/Matthew Ives, Penny Mealy/J. Doyne Farmer, Empirically grounded technology forecasts and the energy transition, INET Oxford Working Paper No. 2021–01 (14.9.2021)
Wealer, Ben/Simon Bauer/Leonard Göke/Christian v. Hirschhausen/Claudia Kemfert, Zu teuer und zu gefährlich: Atomkraft ist keine

Option für eine klimafreundliche Energieversorgung. In: DIW-Wochenbericht 30/2019, S. 511–520
Wehler, Hans-Ulrich, Deutsche Gesellschaftsgeschichte, zweiter Band, 1815–1845/49 (Beck 1987)
Wehler, Hans-Ulrich, Deutsche Gesellschaftsgeschichte, dritter Band, 1849–1914 (Beck 1995)
Weizsäcker, Ernst Ulrich von/Karlson Hargroves/Michael Smitz, Faktor Fünf. Die Formel für nachhaltiges Wachstum (Droemer 2010)
Welzer, Harald, Alles könnte anders sein. Eine Gesellschaftsutopie für freie Menschen (Fischer 2019)
Wilkinson, Richard/Kate Pickett, The Spirit Level. Why More Equal Societies Almost Always Do Better (Allen Lane 2009)
Wirth, Harry, Aktuelle Fakten zur Photovoltaik in Deutschland (Fraunhofer ISE, 16.12.2021)
Wuppertal Institut, $CO_2$-neutral bis 2035: Eckpunkte eines deutschen Beitrags zur Einhaltung der 1,5-Grad-Celsius-Grenze. Diskussionsbeitrag für Fridays for Future Deutschland mit finanzieller Unterstützung durch die GLS Bank (Wuppertal 2020)
Ziegler, Dieter, Die industrielle Revolution, 2. Auflage (Wissenschaftliche Buchgesellschaft 2009)
Zweiniger-Bargielowska, Ina, Food Consumption in Britain during the Second World War. In: Berghoff, Hartmut/Jan Logemann/Felix Römer, The Consumer on the Home Front. Second World War Civilian Consumption in Comparative Perspective (Oxford University Press 2017), S. 75–92

# ANMERKUNGEN

## Einleitung

1 Neubauer/Repenning, S. 65 und 76
2 Zitiert nach Lauterbach, S. 21
3 Quaschning, S. 263
4 Latif, S. 23 ff.
5 Zitiert nach Neubauer/Repenning, S. 47
6 Lauterbach, S. 14
7 Holthaus, S. 40
8 Sinn, S. 324

# I. DER AUFSTIEG DES KAPITALS

## 1. Ein Segen: Wachstum schafft Wohlstand

1 Deutsche zweifeln am Kapitalismus. In: faz.net, 21.1.2020
2 Osterhammel, S. 193. Am schlimmsten traf es damals Irland: 1841 hatten dort noch 8,2 Millionen Menschen gelebt, 1901 waren es nur noch 4,5 Millionen. Mindestens eine Million war verhungert, der Rest nach Amerika oder England ausgewandert.
3 Osterhammel, S. 302
4 Deaton, S. 82 f. und 93. Erst ab 1750 lässt sich beobachten, dass die durchschnittliche Lebenserwartung der englischen Adligen deutlich steigt: 1850 lag sie schon bei 60 Jahren. Diese Lebenszeit erreichten normale Briten erst 1930.
5 Deaton, S. 148

6 2016 betrug die gesunde Lebenszeit bei Frauen in Deutschland durchschnittlich 67,3 Jahre; bei den Männern waren es 65,3 Jahre.

7 Pinker, S. 82; Welzer, S. 22

8 Pinker, S. 251

9 Der Apollo-Computer verarbeitete zwischen 50.000 und 100.000 Instruktionen pro Sekunde. Ein hochwertiges Smartphone von 2022 kommt auf acht bis 16 Milliarden Instruktionen pro Sekunde. Damit ist es 160.000-mal so schnell (Berechnung von Jörgen Pisarz).

10 Pinker, S. 251

11 Chang 2011, S. 31

12 Samtleben, S. 141

13 Zum Leben und Werk von Karl Marx siehe Herrmann 2018, S. 75 ff.

14 Dieser Ausspruch wird dem US-amerikanischen Marxisten Fredric Jameson zugeschrieben (Malm 2016, S. 278).

15 Das erste preußische Mädchengymnasium wurde 1903 in Köln eröffnet.

16 Statistisches Bundesamt, Statistisches Jahrbuch 2019, S. 88

17 Statistisches Bundesamt, Statistisches Jahrbuch 2019, S. 93

18 Maxton, S. 28 f.

19 Von 1918 bis 1928 durften nur Britinnen wählen, die über 30 Jahre alt waren und ein Mindestvermögen besaßen.

20 Ein Sonderfall sind Siedlungskolonien wie die USA, Australien oder Kanada: Sie waren von Anfang an Demokratien, weil sich alle Einwanderer als gleichberechtigt verstanden.

21 Rosling, S. 201. Dieser Vergleich ist kaufkraftbereinigt, berücksichtigt also, wie viel sich für eine Geldeinheit in den jeweiligen Ländern real erwerben lässt.

22 Deaton, S. xi und 101. Das Pro-Kopf-Einkommen in Indien liegt heute in etwa so hoch wie in Großbritannien um 1860.

23 Neubauer/Repenning, S. 164. Ähnlich Raworth, S. 4 f.

24 Bach/Thiemann/Zucco, S. 21

25 Deaton, S. 102

## 2. England, ab 1760: wie das Wachstum erfunden wurde

1 Vries, S. 44 f.

2 Vries, S. 61. Diese Beispiele variieren eine Einsicht des Ökonomen Josef Schumpeter (1883–1950), der die revolutionäre Kraft des Kapi-

talismus mit den Worten beschrieb: »Man kann beliebig viele Postkutschen aneinanderreihen – und trotzdem wird daraus niemals eine Eisenbahn« (Schumpeter, S. 64).

3 Der Begriff »Industrialisierung« wird seit 1837 gebraucht. Der Ausdruck »industrielle Revolution« ist erstmals 1799 belegt (Osterhammel, S. 909).

4 Dieses Kapitel deckt sich in Teilen mit Herrmann 2015, S. 34 ff.

5 Appleby, S. 10. Ähnlich auch Osterhammel (S. 915), der den britischen Wirtschaftshistoriker Patrick O'Brien zitiert: »Fast drei Jahrhunderte der empirischen Forschung und des Nachdenkens durch eine Abfolge der besten Köpfe in den Geschichts- und Sozialwissenschaften haben zu keiner allgemeinen Theorie der Industrialisierung geführt.« Der niederländische Wirtschaftshistoriker Peer Vries hat inzwischen 20 verschiedene Theorien ausgemacht, die den Beginn des Kapitalismus erklären wollen (siehe Vries 2013).

6 In Frankreich war das Privateigentum sogar stärker geschützt als in Großbritannien, was sich aber als Problem erwies: In der Provence konnten lukrative Bewässerungsprojekte nicht verwirklicht werden, weil sich einige Landbesitzer sträubten. In Großbritannien hingegen war es möglich, dass das Parlament die Rechte von Eigentümern einschränkte (Allen 2009, S. 5).

7 Pistor, S. 59 und 95 f. Das römische Privatrecht prägt uns bis heute, weil es in das Bürgerliche Gesetzbuch (BGB) von 1900 eingegangen ist.

8 Der schottische Ökonom Adam Smith (1723–1790) war der Erste, der den »Wohlstand der Nationen« auf die Arbeitsteilung zurückführte. Er illustrierte das Prinzip anhand einer Stecknadelfabrik: Genau 18 Arbeitsschritte seien nötig, um eine Nadel herzustellen. Wahrscheinlich hat Smith dieses Stecknadel-Beispiel einfach abgeschrieben – bei dem französischen Aufklärer Denis Diderot. In dessen *Encyclopédie* von 1755 stand auch schon zu lesen, dass genau 18 Arbeitsschritte benötigt würden, um eine Nadel herzustellen. Zu Leben und Werk von Adam Smith siehe Herrmann 2018, S. 15 ff.

9 Fellmeth, S. 129. Zur Wirtschaftsgeschichte der Antike siehe auch Herrmann 2015, S. 20 ff.

10 Vries, S. 353

11 Für eine ausführlichere Darstellung der Wirtschaft im chinesischen Kaiserreich siehe Herrmann 2015, S. 25 ff.

12 Kocka, S. 42. Warum der Kapitalismus keine Marktwirtschaft ist: Herrmann, 2015, S. 65 ff., sowie Herrmann 2018, S. 139 ff.

13 Kontinentaleuropäer und Briten hingen damals der Theorie des Merkantilismus an: Alle Nationen versuchten, möglichst viel zu exportieren und möglichst wenig zu importieren, um ihren Besitz an Gold und Silber zu steigern. Um Einfuhren zu erschweren, wurden hohe Zölle verlangt.

14 Vries, S. 351 f.

15 Vries, S. 238 ff.

16 Hobsbawm, S. 52; Beckert, S. 149 ff. Es wird geschätzt, dass in den Jahren 1809/10 etwa 400.000 Pfund in die Textilindustrie investiert wurden – dies entsprach nur einem Prozent der Militärausgaben, die zeitgleich 45 Millionen betrugen (Vries, S. 238).

17 Beckert, S. 75

18 Allen 2009, S. 184 und 207

19 Allen 2009, S. 190

20 Allen 2017, S. 37

21 Mit seinen Textilfabriken verdiente Arkwright 20.000 Pfund im Jahr – was sein Sohn sogar noch auf 40.000 Pfund steigerte (Allen 2017, S. 67). Für die industrielle Keramikherstellung gilt ebenfalls, dass wichtige Erfinder keinerlei wissenschaftliche Ausbildung hatten und aus den unteren Schichten stammten (Allen 2017, S. 54).

22 Joel Mokyr/Hans-Joachim Voth, Understanding Growth in Europe, 1700–1870, in: Broadberry/O'Rourke, S. 7–42, hier S. 37

23 Beckert, S. 79

24 Allen 2017, S. 70

25 Allen 2009, S. 192 ff. Ähnliche Rechnungen gibt es auch für die »Spinning Jenny«: In England erwirtschaftete sie eine Rendite von 38 Prozent, in Frankreich waren es aber nur 2,5 Prozent, und in Indien wäre eine »Spinning Jenny« sogar ein Verlustgeschäft gewesen und hätte ein Minus von 5,2 Prozent bedeutet. Also setzte sich die »Spinning Jenny« zunächst nur in England durch: Bis zum Jahr 1788 hatten die Briten bereits 20.070 »Spinning Jennys« aufgestellt.

26 Allen 2011, S. 35; Kleinschmidt, S. 40

27 Zitiert nach Braudel, Volume III, S. 562

28 Braudel, Volume I, S. 197

29 Vor der Dezimalreform von 1971 bestand ein Pfund aus 240 Pennys. Das Einkommen der britischen Tagelöhner am Ende des 18. Jahr-

hunderts ist bekannt, weil der adlige Sozialreformer Sir Frederik Eden wissen wollte, ob sich die Arbeiter die stark steigenden Getreidepreise noch leisten konnten. Das Ergebnis war das dreibändige Werk *The State of the Poor*, das 1797 erschien (Allen 2009, S. 29).

30 Das Schulgeld für die beiden älteren Kinder betrug sechs Pennys pro Woche – genauso viel Geld gab ihr Vater für sein Bier aus (Allen 2009, S. 55).

31 Allen 2009, S. 35 f.

32 Allen 2009, S. 30 und 48

33 Allen 2009, S. 48, und Allen 2017, S. 32

34 Radkau 2000, S. 186 f.

35 Allen 2009, S. 68

36 Allen 2009, S. 109 f.

37 Allen 2009, S. 87

38 Allen 2011, S. 28 f. Fast das gesamte britische Agrarland gehörte nur etwa 15.000 Familien (Allen 2017, S. 4).

39 Dan Bogart/Mauricio Drelichan/Oscar Gelderblom/Jean-Laurent Rosenthal, State and private institutions. In: Broadberry/O' Rourke, S. 78

40 Allen 2009, S. 105

41 Radkau 2008, S. 31 und 130 f. Um 1800 zählte der Bergbau an der Ruhr gerade einmal 1.200 Beschäftigte. Ein Problem war auch der Transport: Der Landweg war zu teuer. Noch Mitte des 19. Jahrhunderts war britische Kohle, die auf dem Wasser nach Berlin gelangte, preiswerter als die Konkurrenz aus dem Ruhrgebiet (Brüggemeier 2018, S. 10 und 21).

42 Braudel, Volume I, S. 368 f. Noch vor der eigentlichen Industrialisierung, zwischen 1560 und 1800, nahm der Kohleverbrauch in England um das 66-Fache zu (Allen 2009, S. 81). Die Briten waren aber nicht die Ersten, die Kohle gewerblich nutzten: Im griechischen Tiryns wurde bereits vor 3.600 Jahren Braunkohle verbrannt, um Keramiköfen zu befeuern (Industrialisierung in der Bronzezeit, Süddeutsche Zeitung, 23.12.2021). Neu war in England, dass die gesamte Wirtschaft auf Kohle umgestellt wurde.

43 Zitiert nach Braudel, Volume III, S. 553. Auf Deutsch würde es sinngemäß lauten (ohne den Versuch eines Reims): »England ist eine perfekte Welt, hat auch Schätze, korrigiert eure Karten, Newcastle ist unser Peru.« Cleveland spielt auf Peru an, weil in Potosí 1545 die

größte Silbermine der Welt entdeckt worden war. (Heute gehört Potosí zu Bolivien, doch in der spanischen Kolonialzeit war es Teil von Peru.)

44 Bereits in den 1960er-Jahren vertrat der indische Historiker Irfan Habib die These, dass das Lohngefälle erklärt, warum sich Indien nicht industrialisieren konnte (siehe Braudel, Volume III, S. 505).

45 Russell, S. 145

46 Marx, Das Kapital, S. 258

47 Marx, Das Kapital, S. 671

48 Auf dem Land lebten arme Tagelöhner im Durchschnitt doppelt so lang wie in der Stadt, weil die Luft besser war und sich Krankheitskeime schlechter verbreiten konnten (Waller, S. 4). Allerdings ging es selbst den ärmsten Briten in der Frühindustrialisierung immer noch besser als Kontinentaleuropäern: Englische Almosenempfänger konnten sich 1846 etwa doppelt so gut ernähren wie durchschnittliche Italiener (Allen 2017, S. 66).

49 Allen 2011, S. 32. In den 1830ern arbeiteten etwa 425.000 Menschen in der britischen Baumwollindustrie (Allen 2009, S. 182).

## 3. Ohne Energie geht es nicht: Der Kapitalismus wird fossil

1 Bereits 1675 hatte der französische Physiker Denis Papin eine Proto-Dampfmaschine entwickelt, indem er einen Zylinder mit Dampf füllte, der dann kondensiert wurde, um einen Kolben zu bewegen. Auf dieser Idee baute der englische Ingenieur Thomas Savary auf, der 1698 eine kolbenlose Dampfpumpe unter dem Namen »The Miner's Friend« patentieren ließ. Da dieses Patent bis 1733 lief, musste Newcomen eine Geschäftsbeziehung mit Savary eingehen, um seine Dampfmaschine vermarkten zu können.

2 Allen 2017, S. 45 f. Galileo Galilei (1564–1641) vermutete als Erster, dass die Atmosphäre ein Gewicht haben könnte. Er beschäftigte sich damals ebenfalls mit der Frage, wie man Bergwerke entwässern könnte. Dabei fiel ihm auf, dass Saugpumpen das Grubenwasser nur etwa um zehn Meter nach oben befördern konnten. Offenbar gab es eine Gegenkraft, die den Aufstieg des Wassers bremste. Sein Mitarbeiter Evangelista Torricelli erfand dann das Quecksilber-Barometer, mit dem sich der Luftdruck messen ließ.

3 Russell, S. 73 f.

4 Allen 2011, S. 36 f. Zunächst wurde versucht, die Newcomen-Ma-

schine zu optimieren. Weltberühmt wurde der Schotte James Watt, der 1769 den separaten Kondensator patentieren ließ. Watt hatte erkannt, dass sehr viel Energie verloren geht, wenn immer der gesamte Metallzylinder erst erhitzt und dann wieder abgekühlt wird. Stattdessen trennte er diese beiden Vorgänge räumlich: Der Zylinder blieb immer heiß – und der Dampf wurde in einen getrennten Kondensator geleitet, um dort abzukühlen und das Vakuum zu erzeugen. Mit den ersten Lokomotiven wurde auf eine andere Technik umgestellt, auf die sogenannten Hochdruckdampfmaschinen. Der Dampf wurde auf weit über 100 Grad Celsius erhitzt, damit seine Expansion Druck erzeugt. Der Luftdruck spielte keine Rolle mehr, ein Kondensator war auch nicht mehr nötig.

5 Hobsbawm 2010, S. 62

6 Malm 2016, S. 22

7 Hobsbawm 2010, S. 46. So dachte James Watt, dass seine Dampfmaschinen funktionierten, weil er die Theorie der »latenten Wärme« seines Freundes Joseph Black anwenden würde. Blacks Erkenntnisse aus dem Jahr 1762 waren zwar wichtig für die Wärmelehre, spielten aber bei der Dampfmaschine keine Rolle (Allen 2009, S. 6).

8 Radkau 2008, S. 34. Smith hat damit eine Legende aufgegriffen, die zu seiner Zeit schon weit verbreitet war und sich 1713 zugetragen haben sollte. Doch das angebliche Kind – Humphrey Potter – war damals in Wahrheit schon 24 Jahre alt und ein erfahrener Ingenieur, als er die Ventile automatisierte (https://www.gracesguide.co.uk/Humphrey_Potter).

9 Phillipson, S. 131

10 Joseph Black war später einer der beiden Testamentsvollstrecker von Adam Smith. Black war es auch, der dafür sorgte, dass James Watt anfangs genügend Geld hatte, um seine Dampfmaschine zu entwickeln: Er brachte ihn mit dem Industriellen John Roebuck zusammen.

11 Zitiert nach Braudel, Volume III, S. 538 f.

12 Russell, S. 178

13 Auch viele Kritiker räumen die Segnungen des fossilen Kapitalismus ein: Monbiot, S. xi; Phillips, S. 262 f.

14 Plöger, S. 270

15 Allen 2017, S. 66 ff.

16 Hobsbawm 1994, S. 53

## 4. Jedes Land war plötzlich ein »Entwicklungsland« – auch Deutschland

1 Russell, S. 220; Allen 2011, S. 58. Vor der Industrialisierung wurden in England jährlich nur etwa drei Million Pfund an Baumwollgarn gesponnen, während es in Indien 85 Millionen Pfund waren (Allen 2009, S. 182 f.). Bis 1880 erreichten die Briten dann einen Weltmarktanteil von 30 Prozent (Allen 2017, S. 42). Dieses Kapitel deckt sich in Teilen mit Herrmann 2015, S. 51 ff.

2 Bis 1842 galt in Großbritannien ein striktes Ausfuhrverbot für Maschinen; trotzdem gelang es immer wieder, Konstruktionszeichnung außer Landes zu schmuggeln und in Kontinentaleuropa zu verkaufen.

3 Zur Wirtschaftsentwicklung in Deutschland siehe auch Herrmann 2015, S. 51 ff.

4 Radkau 2008, S. 82 f.

5 Radkau 2008, S. 82

6 Allen 2017, S. 114

7 Chang 2003, S. 17 und 24 ff. Die Frage der Zölle war ein ständiges Streitthema in den USA: Die »Fabrikstaaten« im Norden favorisierten hohe Importzölle, um ihre Betriebe vor der englischen Konkurrenz zu schützen. Die Südstaaten setzten hingegen auf Freihandel, denn ihre Agrarexporte wie Baumwolle oder Tabak benötigten keinen Protektionismus. Der amerikanische Bürgerkrieg von 1861 bis 1865 focht daher nicht nur die Frage aus, ob Sklaverei zulässig sei – ein weiteres Streitthema war die Höhe der Zölle (Chang 2003, S. 27).

8 Die Briten waren daher die Ersten, die zum Freihandel übergingen: 1848 hatte Großbritannien noch Zölle auf 1.146 verschiedene Güter erhoben, 1860 waren es nur noch 48 (Chang 2003, S. 23).

9 Wehler 1987, S. 125; Clark, S. 394

10 Radkau 2008, S. 33. Diese Angabe bezieht sich auf das Jahr 1825.

11 Wehler 1987, S. 623

12 Ziegler, S. 74 und 77 f. Von Anfang an war die Lokproduktion auf wenige Betriebe konzentriert, die zu Großkonzernen aufstiegen: Von den 729 Lokomotiven, die 1853 in Preußen fuhren, hatte Borsig 414 gebaut. Danach kam in weitem Abstand Wöhlert, ebenfalls Berlin, mit 34 Lokomotiven (Radkau 2008, S. 152).

13 Radkau 2008, S. 151

14 Wehler 1987, S. 622. Bis 1913 wurden in Deutschland 63.000 Kilometer an Eisenbahnschienen verlegt.

15 Wehler 1987, S. 97 f.

16 Hobsbawm 1997, S. 282. Werner Siemens gründete seine Fabrik 1847 und benötigte 10.000 Taler als Startkapital, was eine stattliche Summe war: Ein gelernter Arbeiter in Berlin verdiente damals höchstens 300 Taler im Jahr (Bähr, S. 106 f.).

17 Anfang 1836 wurde die Strecke von Magdeburg nach Leipzig genehmigt, deren Gründungskapital eigentlich 2,3 Millionen Taler betragen sollte, doch innerhalb von nur zwei Tagen wurden 5,2 Millionen Taler gezeichnet. Für die Linie Frankfurt/Oder nach Breslau dauerte es sogar nur einen Tag, bis sieben Millionen Taler eingetrieben waren. Als 1844 die Bahn von Köln nach Krefeld 2,4 Millionen Taler benötigte, wurden ihr sofort 53 Millionen Taler angedient. Und als die Thüringische Bahn Aktien für 16 Millionen Taler auflegte, erreichte die Nachfrage sogar 167 Millionen (Wehler 1987, S. 618 ff.).

18 Radkau 2008, S. 130

19 Das Bessemer-Verfahren war in Deutschland nicht überall anwendbar, weil es phosphorfreies Eisen erforderte. 1876/77 erfand der Brite Sidney Thomas ein Verfahren, das auch mit phosphorhaltigem Eisen funktionierte. Im Mai 1879 wurde es erstmals in England eingesetzt – und im September 1879 schon in Deutschland. Der Technologietransfer gelang immer schneller.

20 Ziegler, S. 75 f. Allerdings wurden nicht alle Bereiche technisiert: In den Kohleflözen unter Tage dominierte weiter die Handarbeit, und als Transportmittel dienten Grubenpferde, deren Zahl bis 1900 stark anwuchs (Radkau 2008, S. 132 f.).

21 Ziegler, S. 108 ff.

22 Siehe auch Herrmann 2022, S. 115.

23 Hesse, S. 29 ff.

24 Statistisches Jahrbuch 2019, S. 528

25 Radkau 2008, S. 134

26 Radkau 2008, S. 272

27 Radkau 2008, S. 176 ff.

28 Bähr, S. 76

29 Bähr, S. 240 f.

30 Radkau 2008, S. 176

31 Radkau 2008, S. 182

32 Radkau 2008, S. 142. Diese Liste entstammt einem offiziellen Bericht für das britische Parlament von 1897. Die Briten sorgten sich

damals, dass die Deutschen die englische Industrie von den Weltmärkten verdrängen könnten.

33 Radkau 2008, S. 198

34 Tooze, S. 135 ff.

35 Tooze, S. 178. Tooze nimmt an, dass ein Hof mindestens 20 Hektar haben musste, um der Armut zu entkommen.

36 Tooze, S. 138

37 Maddison, S. 132

38 Zur deutschen Wirtschaftsgeschichte ab 1945 siehe Herrmann 2022.

39 Wenzlaff, Adriana, »Made in Germany« – 125 Jahre Automobil. In: Münchner Statistik, 4. Quartalsheft, Jahrgang 2011, S. 21. Die Zahl bezieht sich auf das Jahr 1927.

40 Rahlf (Hg.), S. 231

41 Radkau 2008, S. 334

42 Statistisches Jahrbuch, S. 494. Nach Angaben des Deutschen Bauernverbands kommen derzeit auf jeden Arbeitsplatz in der Landwirtschaft etwa 600.000 Euro an Maschinen und Gebäuden – Tendenz steigend.

## 5. Auf ewig abgehängt? Warum der globale Süden kaum aufholt

1 Allen 2011, S. 50 f.

2 Der generelle Mindestlohn in Bangladesch liegt bei 1.500 Taka im Monat, in der Bekleidungsindustrie beträgt er 5.300 Taka. Ein US-Dollar ist 86,6 Taka wert (Stand vom 4.5.2022). Pro Monat verdient eine NäherIn also etwa 61 Dollar (www.minimum-wage.org/international/bangladesh).

3 Brand/Wissen, S. 54

4 Allen 2011, S. 136 ff. MITI steht für Ministry of International Trade and Industry. Der japanische Boom endete 1990, weil das Land in eine desaströse Immobilienkrise schlitterte. Allerdings war dieser Crash nur der Auslöser, nicht die Ursache für den Rückgang der Wachstumsraten. Der eigentliche Grund war, dass die Japaner nun auf dem modernsten Stand der Technik waren – und nur noch so schnell wachsen konnten, wie es der technische Fortschritt zulässt. Die Produktivität in entwickelten Staaten nimmt aber nur um maximal 1,5 Prozent pro Jahr zu.

5 Mazzucato 2021, S. 29 f.

6 Allen 2011, S. 128 f.

7 Chang 2003, S. 67

8 Allen 2009, S. 217. Die deutsche Textilindustrie war typisch für die technologischen Abkürzungen, die die Nachahmer nutzten: Bis etwa 1850 war Heimarbeit gängig, und dann setzte sich schlagartig die »voll integrierte Fabrik« durch, bei der alle Produktionsschritte mechanisch angetrieben wurden, weil die Technik nun billig genug war. Beim Übergang vom Heimgewerbe zum Großbetrieb gab es keine Zwischenstufen (Radkau 2008, S. 83).

9 Nicht einmal zwei Prozent aller Mädchen leben in Ländern wie Afghanistan oder Südsudan, wo es fast keine Schulbildung für Frauen gibt (Rosling, S. 29).

10 McAfee, S. 194; Pinker, S. 95 und 257

11 McAfee, S. 169, der hier den Luftfahrtingenieur Peter Diamandis zitiert

12 Rosling, S. 92; Klingholz, S. 272 ff.

13 Klingholz, S. 275

14 Diese Zahlen spiegeln die Kaufkraftparität wider: Es ist also bereits berücksichtigt, dass die Preise in Bangladesch deutlich niedriger liegen als in Deutschland und sich dort mit einem Dollar mehr erwerben lässt.

15 Die Länder des globalen Südens wissen, dass sie ihre Märkte vergrößern müssen. 2019 wurde daher der afrikanische Zollverein AfCFTA gegründet, um alle Handelshemmnisse innerhalb Afrikas abzubauen. Nur Eritrea beteiligt sich nicht. Dieser Ansatz ist richtig, wird aber nichts daran ändern, dass Afrika technologisch zurückbleibt. Denn für Gesamtafrika fehlt eine machtvolle Zentralregierung wie in China, die systematisch die Industrialisierung im eigenen Land steuert.

16 Osterhammel/Petersson, S. 51

17 Es wäre wichtig, dass der Mindestlohn nur für Exportprodukte wie Textilien gilt. Würde man einen generellen Mindestlohn einführen, der auch auf den Binnenmärkten des globalen Südens gilt, würde dies in sehr vielen Ländern zur Inflation führen, weil den höheren Löhnen gar kein heimisches Angebot gegenübersteht. Oder um es technisch auszudrücken: Reallöhne können nicht höher liegen als die Produktivität eines Landes.

18 Knapp 140 Staaten haben sich inzwischen auf eine globale Mindeststeuer von 15 Prozent geeinigt, die für Großunternehmen mit

einem Jahresumsatz ab 750 Millionen Euro gelten soll. Weltweit werden zusätzliche Steuereinnahmen von 150 Milliarden Euro erwartet. Das Projekt besteht aus zwei Neuerungen. Erstens: Wenn Steueroasen weniger als 15 Prozent Unternehmenssteuern verlangen, können die Gewinne am Firmensitz nachversteuert werden. Für Deutschland werden Mehreinnahmen von 1,6 bis 6,2 Milliarden Euro im Jahr erwartet (ifo-Institut, Mindeststeuer, 18.3.2022). Zweitens: Gewinne sollen dort versteuert werden, wo die Umsätze gemacht werden. Bisher zählte nur der Firmensitz. Vor allem die großen Schwellenländer dürften profitieren. Deutschland will die Mindeststeuer zum 1.1.2023 einführen (dpa, 16.1.2022). Die globale Mindeststeuer kann jedoch nicht verhindern, dass die Reichen weiterhin ihre Privateinkünfte in Steueroasen verlagern.

19 »Ziel ist Migrationsverhinderung«, Interview mit Aram Ziai, taz, 18.8.2021

20 China ist das beste Beispiel, wie sehr der Westen profitieren kann, wenn sich ein einst armes Land industrialisiert, indem es zunächst auf Protektionismus setzt. Die Volksrepublik ist inzwischen der wichtigste Handelspartner Deutschlands: 2021 wurden Güter im Wert von 141,8 Milliarden Euro aus China importiert und Waren im Wert von 103,7 Milliarden Euro dorthin exportiert (www.destatis.de/DE/Themen/Wirtschaft/Aussenhandel/handelspartner-jahr.html).

## 6. Ausbeutung und Krieg sind nicht nötig – sondern schaden dem Kapitalismus

1 Siehe etwa Phillips, S. 257 f.

2 Im antiken Griechenland kamen die meisten Sklaven aus dem Schwarzmeerraum, vom Balkan und aus Kleinasien. Meist waren sie Unterlegene in Kriegen, aber es gab auch gezielte Menschenjagden und Piraterie. Die antiken Römer versorgten sich aus denselben Gebieten, versklavten aber auch Griechen und Germanen. Wichtig war zudem der Selbstverkauf: Arme Römer boten sich als Sklaven an, um das eigene Überleben zu sichern (Eckert, S. 25 ff.).

3 Eckert, S. 11 ff.

4 Eckert, S. 41. Zwischen 1530 und 1780 wurden Hunderttausende Europäer von Nordafrikanern versklavt – und umgekehrt. Das berühmteste Opfer war Miguel de Cervantes, Autor von *Don Quijo-*

*te*, der fünf Jahre lang in Algier festsaß, bevor er wieder freigekauft wurde. Erst Mitte des 18. Jahrhunderts waren die europäischen Flotten so überlegen, dass sie sich gegen die Seeräuberstaaten Nordafrikas durchsetzen konnten.

5 Allen 2011, S. 97

6 Eckert, S. 36 ff.

7 Eckert, S. 39

8 Die afrikanische Küste eignete sich nicht für eine europäische Invasion, da die Dünung stark war und fast überall Sandbänke lauerten. Die Europäer ankerten daher meist auf hoher See und waren darauf angewiesen, von einheimischen Bootsleuten an Land gebracht zu werden. Zudem verkauften die westafrikanischen Herrscher ihre Sklaven oft gegen Waffen und konnten daher aufrüsten, sodass nicht daran zu denken war, ihre Territorien zu erobern. Die einheimischen Herrscher wurden militärisch erst geschwächt, als die Briten ab 1808 den Sklavenhandel verboten und keine Waffen mehr nach Afrika lieferten (Darwin, S. 43 f.).

9 Eine verklärte Sicht auf Afrika findet sich unter anderem bei Hasters, S. 30 und 57.

10 Eckert, S. 50. Auch in Afrika selbst gab es ungezählte Opfer durch die Menschenjagden. Denn der Sklavenhandel intensivierte und verlängerte bereits existierende Konflikte in Afrika (Eckert, S. 94).

11 Eckert, S. 51 f.

12 Eckert, S. 52. 1808 verbot England den Sklavenhandel. In den USA nahm die Zahl der Sklaven dennoch zu, weil auch ihre Kinder unfrei waren.

13 Maryland, Virginia und North Carolina waren in der Mitte des 18. Jahrhunderts die weltweit größten Tabakproduzenten und beschäftigten 145.000 Sklaven. Weiter südlich, in Georgia und South Carolina, schufteten etwa 40.000 Sklaven im Reisanbau (Eckert, S. 68 f.).

14 Eckert, S. 70 f.

15 Vries, S. 255

16 Siehe Herrmann 2018, S. 57 ff.

17 1807 erbrachte eine Baumwollplantage in Mississippi angeblich eine jährliche Rendite von 22,5 Prozent auf das investierte Kapital (Beckert, S. 124).

18 Allen 2011, S. 72

19 Auch zu Hause mussten die Briten die Erfahrung machen, dass sich

Sklavenarbeit nicht lohnte. Denn anfangs hatten Textilfabrikanten versucht, ihre Spinnereien mit entrechteten Waisenkindern zu betreiben. Diese »weiße Sklaverei« war entstanden, weil viele englische Gemeinden mit ihren Armenhäusern überlastet waren. Die Waisen wurden daher den Fabrikanten überlassen, die nur für Kost und Logis zu sorgen hatten. Doch obwohl die meisten Kinder nicht genug zu essen bekamen und lebenslange Schäden davontrugen, waren sie zu teuer: Sie versuchten immer wieder zu fliehen, waren unmotiviert und unaufmerksam. Wie die Fabrikanten erkennen mussten, war es weitaus billiger, Kinder zu beschäftigen, die bei ihren Eltern wohnten, und sie regulär zu entlohnen. Damit setzte sich die Kinderarbeit durch, nicht die Kindersklaverei (Malm 2016, S. 131 ff.).

20 Beckert, S. 12

21 Vries, S. 254

22 Marx, *Das Kapital*, S. 779. Heute ähnlich: Phillips, S. 257

23 Marx, *Das Kapital*, S. 781. Zur »ursprünglichen Akkumulation« rechnet Marx allerdings nicht nur Kolonien und Sklaverei, sondern alle Faktoren, die den Kapitalismus aus seiner Sicht erst möglich gemacht hatten. Dazu zählten bei ihm auch: die Abschaffung des Zunftzwangs, das Ende der Leibeigenschaft und die »Genesis des kapitalistischen Pächters«, die Privatisierung der Allmenden, die Verwandlung von Ackerland in Schafweide, der »kolossale Diebstahl der Kirchengüter« nach der Reformation, das »Börsenspiel und die moderne Bankokratie«, die »Gesetze zur Herabdrückung des Arbeitslohns« sowie die Staatsschulden (siehe Kapitel 24 in *Das Kapital*).

24 Marx, *Das Kapital*, S. 787. Diese Sicht findet sich auch heute noch: Beckert, S. 63.

25 Beckert, S. 63; Eckert, S. 89

26 Vries, S. 257; Eckert, S. 49

27 Vries, S. 257; Kocka, S. 58 f.

28 Siehe etwa Hasters, S. 62 f. und 170 f; Brand/Wissen, S. 74; Kleinschmidt, S. 19.

29 Zitiert nach Vries, S. 247

30 Vries, S. 249. Diese Zahlen sind sogenannte Silberäquivalente – das heißt, dass die Goldfunde ebenfalls in Silber umgerechnet wurden, um ein Gefühl für die Größenordnungen zu bekommen.

31 Vries, S. 250 ff. Auch Russen oder Araber interessierten sich nicht für europäische Waren. Von 1600 bis 1800 flossen 400 Tonnen Silber in den Nahen Osten, 459 Tonnen in die baltischen Länder und nach Russland sowie 461 Tonnen in den Fernen Osten. Ein großer Teil des Silbers blieb zudem in den Amerikas, um vor Ort die Kosten des Bergbaus und des Transports abzudecken. Daher gab es pro Kopf in Südamerika mehr Silber als in Europa – was aber nicht zu einer Industrialisierung führte, weil sich der gesamte Reichtum in den Händen weniger Großgrundbesitzer ballte (Allen 2011, S. 76 f.).

32 Vries, S. 250 ff.

33 Vries, S. 247

34 Herrmann 2018, S. 59 ff. In der Ganges-Ebene war es ab 1769 zu ausgedehnten Dürren gekommen, und der Ernteausfall war dort besonders fühlbar, weil zuvor viele Felder für die Exportwirtschaft umgenutzt worden waren: Statt Getreide anzubauen, mussten die Bauern Mohnpflanzen kultivieren und Opium produzieren, das die Britische Ostindien-Kompanie gewinnbringend nach China weiterverkaufte. Daher waren die Vorratslager leer, als die Trockenheit einsetzte. Doch statt Getreide aus anderen Landesteilen Indiens zu schicken, ignorierten die Briten den Notstand und sorgten sich nur um ihren eigenen Profit. Sie trieben die Steuern bei den Bauern umso härter ein, weil die Dürre die Opiumernte reduzierte. Bis zu einem Drittel der Bengalen verhungerte.

35 Oft genügten nur wenige Jahre in Indien, damit die entsandten Briten unfassbar reich nach England zurückkehrten. In Großbritannien bürgerte sich dafür ein eigener Begriff ein: »Nabobs«, was vom bengalischen Herrschertitel »Nawab« abgeleitet war. Diese Nabobs waren gründlich verhasst, denn sie nutzten ihre indische Beute, um alte Adelssitze zu erwerben und sich damit einen Platz als Parlamentsabgeordnete zu sichern. Sie stiegen zu einer eigenen Lobby im britischen Unterhaus auf und setzten ihre Macht ein, um die Privilegien der Ostindien-Kompanie zu erhalten.

36 Vries, S. 271. In dieser Zahl sind auch die USA und die Karibik eingerechnet – Indien allein war also noch unwichtiger. Siehe auch Osterhammel/Petersson, S. 42.

37 Chang 2003, S. 45

38 Vries, S. 271 und 301. Die europäische Getreideproduktion verdrei-

fachte sich zwischen 1815 und 1913, während sich die Bevölkerung nur verdoppelte.

39 Smith, S. 308

40 Brand/Wissen, S. 83

41 Osterhammel/Petersson, S. 71. Nicht eingerechnet sind hier die kolonialen Besitztümer Russlands und des Osmanischen Reiches.

42 Eine erste Kolonie war schon 1683 vom preußischen Kurfürsten Friedrich Wilhelm im heutigen Ghana gegründet worden. Die Kolonie hieß daher »Groß Friedrichsburg« und bestand aus einem Küstenstreifen von etwa 30 Kilometern Länge. Das ganze Unternehmen scheiterte jedoch früh und wurde 1717 offiziell aufgegeben.

43 Conrad, S. 52 f. Von den 14.000 deutschen Soldaten starben etwa 1.500 an Krankheiten und Kriegshandlungen.

44 Conrad, S. 54

45 Conrad, S. 60 f.

46 Conrad, S. 10

47 Levinson, S. 15; Conrad, S. 18

48 Bis heute hält der historische Streit an, ob allein Deutschland am Ersten Weltkrieg schuld war. Für die These der »Alleinschuld« spricht, dass die deutschen Generäle keinerlei Defensivstrategie entwickelt hatten. Stattdessen wollten sie Deutschland durch einen Angriff auf Belgien und Frankreich verteidigen. Für die Deutschen gab es also gar keine Alternative zum Krieg – während etwa die Franzosen ihre Landesverteidigung rein defensiv organisiert hatten.

49 Der englische Publizist Norman Angell hatte 1910 in seinem Buch *The Great Illusion* vorgerechnet, dass ein Krieg in Europa »kaufmännisch gesehen Selbstmord« sei. Innerhalb von nur einem Jahr wurde der Bestseller in 15 Sprachen übersetzt.

50 www.sahra-wagenknecht.de/de/article/487.kapitalismus-heisst-krieg.html

51 Bilmes, Linda/Joseph Stiglitz, The Three Trillion Dollar War. The True Cost of the Iraq Conflict (Norton 2008)

52 Im Jahr 2003 kostete ein Barrel Öl 32 Dollar. Die USA importierten damals 9,3 Millionen Barrel am Tag, sodass sie im Jahr knapp 109 Milliarden Dollar für ihre Ölimporte ausgaben. Durch den Irakkrieg wurde das Öl jedoch weltweit knapp, sodass sich der Preis mehr als verdoppelte. Wäre es tatsächlich ums Öl gegangen, hätten sich die Amerikaner also selbst geschadet.

53 Wie in der Industrie nimmt auch beim Militär der Kapitaleinsatz ständig zu. Im Koreakrieg von 1950 bis 1954 wurde für jeden getöteten Feind bereits zehnmal so viel Geld aufgewendet wie im Zweiten Weltkrieg. Allerdings lässt sich mit hohem Kapitaleinsatz nicht unbedingt ein Sieg erzwingen, wie etwa der Vietnamkrieg von 1955 bis 1975 gezeigt hat (Milward, S. 170).

54 Zu den wichtigsten Entwicklungen in der Stahlindustrie gehört das Puddelverfahren von 1784, das Bessemer-Verfahren von 1856, das Siemens-Martin-Verfahren von 1864 sowie das Linz-Donawitz-Verfahren von 1950.

55 Radkau 2008, S. 267. Die permanenten Kriege in Europa sorgten vor allem dafür, dass jedes Land bestrebt war, die technischen Neuerungen seiner Nachbarn so schnell wie möglich zu übernehmen, um militärisch nicht ins Hintertreffen zu geraten. Kriege sind also ein Grund, warum sich Innovationen in Europa schnell durchsetzten. Die militärischen Auseinandersetzungen können aber nicht erklären, wieso es überhaupt zu technischen Neuerungen kam.

### 7. Expansion oder Kollaps: warum der Kapitalismus wachsen muss

1 Das Durchschnittswachstum von 2,8 Prozent ergibt sich für die Jahre 2000 bis 2019. Die Coronapandemie sorgte 2020 für einen Einbruch von minus 3,1 Prozent.

2 Klingholz, S. 258; Raworth, S. 247 f.

3 Zitiert nach Binswanger, S. 23

4 Der Erdüberlastungstag (Earth Overshoot Day) wird jährlich von der Organisation Global Footprint Network ausgerechnet. Es ist der Tag des laufenden Jahres, an dem die Bewohner eines Landes mehr nachwachsende Rohstoffe verbraucht haben, als die Natur in diesem Jahr produzieren kann.

5 Chancel et al., S. 196

6 Brand/Wissen, S. 24

7 www.statistics.gr/en/statistics. Die griechische Wirtschaft schrumpfte bis 2016 – und hat sich auch danach kaum erholt. Die Coronakrise führte 2020 zu einem weiteren Einbruch von neun Prozent.

8 https://blogs.lse.ac.uk/greeceatlse/2021/03/10/discussing-the-brain-drain/. Zur Eurokrise siehe Herrmann 2022, S. 233 ff. Die Griechen hatten das Pech, dass die Eurozone die völlig falsche Politik verfolgte: Es gab keine Konjunkturpakete, stattdessen sollte der Staat sparen,

was die Krise noch verschärfte. Es setzte eine fatale Spirale nach unten ein. Da die Arbeitslosen nicht mehr konsumieren konnten, mussten weitere Geschäfte und Betriebe schließen. Die Nachfrage ging erneut zurück, sodass noch mehr Menschen ihren Job verloren.

9 Jackson 2021, S. xv

10 www.wu.ac.at/other/zukunftsperspektiven-nach-der-corona krise-1/corona-qa-details/detail/was-hat-corona-bis-jetzt-den-oesterreichischen-staat-gekostet. In der Zahl von 70 Milliarden Euro sind auch die Steuerausfälle durch Corona berücksichtigt.

11 www.admin.ch/gov/de/start/dokumentation/medienmitteilungen.msg-id-84265.html. Die Zahl von 40 Milliarden Franken deckt nur die Coronaausgaben ab wie etwa das Kurzarbeitergeld. Die Steuerausfälle durch die Pandemie sind nicht berücksichtigt.

12 Klingholz, S. 260; Phillips, S. 59; Kern, S. 190

13 Binswanger, S. 101 ff.

14 Für eine komplette Geschichte des Geldes siehe Herrmann 2015, S. 109 ff.

15 Mundell, S. 5

16 Van de Mieroop, S. 212

17 Schuldscheine verloren später ihren Reiz und wurden im Mittelalter durch Wechsel ersetzt, die ursprünglich von den Arabern erfunden worden waren. Die Grundidee ist einfach: Der Verkäufer einer Ware gewährt seinem Kunden einen Zahlungsaufschub, meist drei Monate – und damit einen kurzen Kredit. Dies wird auf einer Wechselurkunde dokumentiert, die der Verkäufer ausstellt und die der Käufer akzeptiert. Während der Laufzeit kann der Wechsel weitergereicht werden und als Zahlungsmittel dienen. Über die Jahrhunderte wurde das Wechselgeschäft immer raffinierter, zumal den Kaufleuten bald auffiel, dass sie doch Wechsel ausstellen könnten, ohne dass es ein Grundgeschäft gab. Statt mit Waren zu handeln, schöpften sie gleich Kredit – und damit Geld.

18 Binswanger, S. 12 und 50; Jackson 2021, S. 28 f.

19 Kennedy, S. 20

20 Kennedy, S. 22

21 Binswanger, S. 95 f.

22 Galbraith 1999, S. 217 ff.

23 Schmelzer/Vetter, S. 57; Harald Welzer über Aufhören, SZ-Interview, 13.11.2021

24 Die Weltwirtschaftskrise ab 1929 führte zu einer neuen ökonomischen Theorie, die auf den Einsichten von John Maynard Keynes beruhte. Der britische Ökonom beschrieb als Erster systematisch, wie sich Konjunkturkrisen beheben lassen, indem der Staat Schulden macht und zusätzliche Nachfrage schafft. Zur Theorie von Keynes siehe Herrmann 2018, S. 181 ff.

25 Mazzucato 2019, S. 220 f.

26 Um nur einige Vorschläge zu nennen, wie sich das BIP reformieren oder ergänzen ließe: Die Vereinten Nationen haben Sustainable Development Goals (SDG) postuliert, die 17 nachhaltige Entwicklungsziele umfassen. Dazu gehören unter anderem Geschlechtergerechtigkeit sowie Zugang zu sauberem Wasser und Sanitäreinrichtungen. Die Vereinten Nationen verwenden zudem den Index der menschlichen Entwicklung, die von dem Ökonomie-Nobelpreisträger Amartya Sen entwickelt wurde. Dieser Index misst, wie groß die Chancen des Individuums sind, seine Potenziale zu entwickeln. Die OECD wiederum veröffentlicht einen »Better Life Index«, der etwa ziviles Engagement und Work-Life-Balance berücksichtigt. Dann gibt es noch den Nationalen Wohlfahrtsindex, der auch die Einkommensungleichheit oder die Hausarbeit, aber auch die Kosten der Treibhausgase, der Verkehrsunfälle und der Luftverschmutzung misst.

27 Unter dem grünen Wirtschaftsminister Robert Habeck wurde im Januar 2022 erstmals ein Jahreswirtschaftsbericht veröffentlicht, der sich nicht nur am BIP orientiert, sondern auch soziale und ökologische Indikatoren einfließen lässt. Dazu gehören etwa Aspekte wie »Frauen in Führungspositionen«, die »Nitratverminderung im Grundwasser« oder die »Bildungsmobilität zwischen Eltern und Kindern«. Allerdings ist der Mix dieser Indikatoren noch nicht vollständig, sondern soll im nächsten Jahreswirtschaftsbericht erweitert werden. Zudem sollen diese Indikatoren das BIP nicht ersetzen, sondern ergänzen (Bundesministerium für Wirtschaft und Klimaschutz, S. 79 ff.).

## 8. Der Preis des Wohlstands: Die Welt wird zerstört

1 https://ourworldindata.org/grapher/years-of-fossil-fuel-reserves-left

2 Rahmstorf/Schellnhuber, S. 48 ff.

3 Rahmstorf/Schellnhuber, S. 47; Plöger, S. 48 f.

4 www.tagesschau.de/inland/deutschlandtrend/deutschlandtrend-1645.html. Die Zweifler finden sich vor allem bei der rechtsradikalen AfD. Von ihren Anhängern sind nur 60 Prozent überzeugt, dass der Klimawandel auf den Menschen zurückgeht.

5 Rahmstorf/Schellnhuber, S. 26

6 Latif, S. 84 f.

7 Die globalen Temperaturen schwankten in den vergangenen 10.000 Jahren nur um minus oder plus ein Grad rund um den Mittelwert von 14 Grad.

8 Manche Skeptiker behaupten, dass der Klimawandel allein einer veränderten Sonnenaktivität zu verdanken sei. Doch diese Ansicht ist eindeutig falsch, denn die Sonnenaktivität nimmt seit 40 Jahren ab. 2008 und 2018 hat die Leuchtkraft der Sonne neue Tiefststände erreicht – zeitgleich mit globalen Wärmerekorden. Daher ist das Umgekehrte wahr: Ohne die schwache Sonne wäre es auf der Erde wahrscheinlich noch heißer (Rahmstorf/Schellnhuber, S. 39 f.).

9 taz-Interview mit Anders Levermann, 29.11.2020

10 Rahmstorf/Schellnhuber, S. 25; Raworth, S. 48

11 Neubauer/Repenning, S. 60

12 Neubauer/Repenning, S. 75

13 Lomborg, S. 3. Übersetzt: »Ihr werdet an Altersschwäche sterben, ich am Klimawandel.«

14 Übersetzt: »Ich will Ihre Hoffnung nicht. Ich will, dass Sie panisch werden. Ich will, dass Sie die Angst fühlen, die ich habe. Und ich will, dass Sie handeln. Ich will, dass Sie so handeln, als ob unser Haus brennen würde. Weil es brennt.«

15 Lomborg, S. 4

16 Foer, S. 187. Ähnlich Ulrich, S. 145 f.

17 Das Weltklima gerät aus den Fugen, Spiegel, 11.8.1985, S. 122

18 Mauern gegen das Meer. Süddeutsche Zeitung, 30.10.2021. Allerdings räumt die Meteorologische Gesellschaft ein, dass eventuell auch ein Meeresanstieg von zwei Metern bis 2100 möglich sei: https://www.knmi.nl/kennis-en-datacentrum/achtergrond/knmi-klimaatsignaal-21.

19 Dem Untergang geweiht, Süddeutsche Zeitung, 13.10.2021

20 Zitiert nach Reimer/Staud, S. 169

21 Rahmstorf/Schellnhuber, S. 59

22 Dem Untergang geweiht, Süddeutsche Zeitung, 13.10.2021

23 Seit 1993 wird der Anstieg der Meeresspiegel per Satellit gemessen. In dieser Zeit wurden 42 Prozent des Anstiegs durch die thermische Ausdehnung des Wassers erzeugt, 21 Prozent stammten von den Gebirgsgletschern. Die Eisschmelze in Grönland trug 15 Prozent bei und der Eisschwund in der Antarktis acht Prozent (Rahmstorf/Schellnhuber, S. 63).

24 dpa, 5.5.2020

25 Welche Zukunft darf es sein?, Süddeutsche Zeitung, 15.11.2021

26 Monbiot, S. 9f. Die Abholzung des Amazonas-Regenwalds beschleunigt die Versteppung. Mittlerweile sind 17 Prozent der Fläche entwaldet, in Brasilien sind es schon 20 Prozent. Wenn etwa 25 Prozent der Bäume fehlen, kann der Regenwald keinen Regen mehr erzeugen und vertrocknet (Plöger, S. 227).

27 Reimer/Staud, S. 323

28 Viele Folgen des Klimawandels wurden nicht vorhergesehen oder falsch prognostiziert: So galt die Stratosphäre über der Arktis als »wirklich sauber«. Doch im Herbst 2021 wies eine Studie nach, dass sich durch die großen Waldbrände in Sibirien in sieben Kilometern Höhe massenhaft Rußpartikel angesammelt hatten, die die Ozonschicht destabilisieren könnten, sodass die gefährliche UV-Strahlung stärker zur Erde vordringt (Es qualmt über der Arktis, Süddeutsche Zeitung, 22.11.2021).

29 Wie im Sommer des Jahres 2090, Süddeutsche Zeitung, 18.6.2019

30 Rahmstorf/Schellnhuber, S. 59. 2018 gingen 76 Prozent des Klimawandels auf das $CO_2$ zurück, davon stammten 66 Prozent aus fossilen Brennstoffen und zehn Prozent aus der Land- und Forstwirtschaft. 17 Prozent wurden durch Methan verursacht, fünf Prozent durch Lachgas und zwei Prozent durch Fluorgase (Die Atmosphäre als Müllhalde, MCC-Pressemitteilung, 10.11.2021).

31 Im Sommer 2021 brannte es nicht nur in Kanada, auch in den US-Staaten Oregon, Washington, Kalifornien, Arizona, Nevada und Utah gingen Wälder in Flammen auf. Diese Brände haben so viel Kohlendioxid freigesetzt, wie die USA zuvor in der Coronazeit eingespart hatten, als das öffentliche Leben durch mehrere Lockdowns zum Stillstand gekommen war.

32 Zahlen liefern keinen Grund zur Entspannung, taz, 10.11.2021.

33 https://crowtherlab.pageflow.io/cities-of-the-future-visualizing-

climate-change-to-inspire-action?utm_source=Guardian&utm_medium=OnlineCoverage&utm_campaign=Cities2050#213121

34 Im trockenen Jahr 2020 fielen in Brandenburg nur 511,4 Liter Niederschläge pro Quadratmeter, in Sachsen-Anhalt waren es 499,9 Liter. Bayern hingegen kam auf 861 Liter und Baden-Württemberg auf 816 Liter. 2021 fiel mehr Regen, aber das Muster war das gleiche: Brandenburg kam auf 600,6 Liter, Sachsen-Anhalt auf 582,4 Liter. In Bayern waren es 962,8 Liter und in Baden-Württemberg 980,9 Liter (Deutscher Wetterdienst, Klimastatusbericht Deutschland).

35 Rahmstorf/Schellnhuber, S. 53

36 Deutscher Wetterdienst, Faktenpapier Extremwetterkongress (Oktober 2021), S. 10

37 Latif, S. 40 f.

38 Interview mit dem Hydrologen Dietrich Borchardt, taz, 6.7.2020

39 Büscher, S. 117

40 Schon 1833 wusste man, dass Fichtenmonokulturen den Borkenkäfer anziehen: Damals warnte der Hannoveraner Förster Wächter, dass ein »Heer von Insekten« einfallen würde (Radkau 2000, S. 247).

41 Angriff auf den Wald, Süddeutsche Zeitung, 7.8.2021

42 »Das Problem ist, dass wir Holz verschwenden«, Süddeutsche Zeitung, 2.10.2020

43 Deutscher Bundestag, S. 19

## II. »GRÜNES WACHSTUM« GIBT ES NICHT

### 9. Das $CO_2$ wird nicht verschwinden

1 420 $CO_2$-Moleküle in einer Million Luftpartikel wurden im April 2022 gemessen. Dieser Wert ist der bisherige Rekord, denn im April sind die $CO_2$-Konzentrationen stets am höchsten, weil die Jahreszeiten eine große Rolle spielen. Pflanzen verwandeln $CO_2$ in Sauerstoff, aber im Winter sind die Laubbäume kahl. Da die Vegetation auf der Nordhalbkugel den größten Teil der weltweiten Pflanzenmasse ausmacht, fallen die nördlichen Jahreszeiten sehr stark ins Gewicht. Im September liegen die $CO_2$-Werte daher stets am niedrigsten: 2021 betrug der Wert rund 413 $CO_2$-Moleküle auf eine Million Luftpartikel.

2 www.umweltbundesamt.de/sites/default/files/medien/publikation/long/3447.pdf, S. 6

3 www.umweltbundesamt.de/themen/wasser/gewaesser/grundwasser/nutzung-belastungen/carbon-capture-storage#positionspapiere-des-umweltbundesamts

4 Quaschning, S. 123

5 Bisher ist nur eine einzige Möglichkeit denkbar, die energieintensive $CO_2$-Abscheidung wirtschaftlich zu betreiben: Das Kohlendioxid ließe sich für die »tertiäre Ölgewinnung« nutzen. Diese Technik wird in den USA bereits seit fast 50 Jahren genutzt. Kohlendioxid wird in die Ölfelder gepumpt, um restliches Öl herauszupressen, das mit konventionellen Bohrmethoden nicht erreichbar ist. Bisher wird Kohlendioxid aus natürlichen Quellen verwendet, das aber durch $CO_2$ aus fossilen Kraftwerken ersetzt werden könnte. Allerdings würde damit das $CO_2$ in der Atmosphäre nicht reduziert. Im Gegenteil: Das zusätzlich geförderte Öl würde ja verbrannt und weitere Treibhausgase erzeugen (Deutscher Bundestag, S. 11 und 25).

6 Abscheidung und Speicherung von $CO_2$, Geoengineeringmonitor.org

7 Deutscher Bundestag, S. 49

8 Göpel, S. 110; Wallace-Wells, S. 169

9 Deutscher Bundestag, S. 9 f. Die Universität Freiburg hat jüngst berechnet, wie viel Energie benötigt wird, um $CO_2$ direkt aus der Luft entfernen. Dabei wurde auch der gesamte Lebenszyklus der Filter von der Herstellung bis zur Verschrottung berücksichtigt. Werden die Anlagen mit Erdgas betrieben, entstehen 0,3 Tonnen $CO_2$-Äquivalente, um eine Tonne $CO_2$ einzufangen. Da ist es momentan effizienter, von vornherein auf die Emission von $CO_2$ zu verzichten (idw, 29.10.2021).

10 Berechnungen von Jörgen Pisarz

11 Zitiert nach Sinn, S. 299 f. In alten Gas- und Ölfeldern ließen sich weltweit maximal 900 Gigatonnen $CO_2$ lagern. In ehemaligen Kohleminen könnten 200 Gigatonnen $CO_2$ gebunkert werden, was zusammen 1.100 Gigatonnen $CO_2$ ergibt.

12 Hier handelt es sich wieder um $CO_2$-Äquivalente. Methan, Lachgas und fluorierte Treibhausgase wurden – je nach Klimawirkung – in $CO_2$ umgerechnet.

13 Da Druck und Wärme im Erdinneren steigen, wird $CO_2$ automatisch komprimiert, wenn es in der Tiefe gelagert wird. Optimal ist eine Tiefe von mindestens 800 Metern (www.bgr.bund.de/DE/

Themen/Nutzung_tieferer_Untergrund_$CO_2$Speicherung/$CO_2$Speicherung/FAQ/).

14 Deutscher Bundestag, S. 13

15 Deutscher Bundestag, S. 14

16 www.bgr.bund.de/DE/Themen/Nutzung_tieferer_Untergrund_$CO_2$Speicherung/$CO_2$Speicherung/FAQ/faq_inhalt.html?nn=1547466#speichermoeglichkeiten. Erschöpfte Gasfelder könnten in Deutschland etwa 2,7 Milliarden Tonnen $CO_2$ aufnehmen. Ehemalige Erdöllagerstätten spielen hingegen kaum eine Rolle. Ihr Speicherpotenzial beläuft sich auf ganze 130 Millionen Tonnen $CO_2$.

17 https://www.umweltbundesamt.de/daten/klima/treibhausgas-emissionen-in-deutschland/kohlendioxid-emissionen#kohlendioxid-emissionen-im-vergleich-zu-anderen-treibhausgasen. Hierbei handelt es sich um CO-Äquivalente. Lachgas und Methan wurden – abhängig von ihrer Klimagefahr – in $CO_2$ umgerechnet.

18 www.lbeg.niedersachsen.de/energie_rohstoffe/co2speicherung. Die Sorge ist nicht unberechtigt, dass salzhaltiges Wasser aufsteigen könnte, wenn man $CO_2$ in die Aquifere presst. Ein ähnlicher Vorgang wurde in Nordhessen bereits beobachtet. Durch den dortigen Kalibergbau entstehen Laugen, die im Landkreis Fulda in einen Plattendolomit in 400 bis 500 Metern Tiefe gepumpt wurden. Das dort vorhandene Salzwasser wurde verdrängt, stieg nach oben – und belastet jetzt die örtlichen Trinkwasserbrunnen (Deutscher Bundestag, S. 15).

19 Sinn, S. 301

20 Pötter 2021, S. 214. In Ketzin wurden in einem salinaren Aquifer zwischen dem 20.6.2008 und dem 29.8.2013 insgesamt 67.271 Tonnen $CO_2$ gespeichert (Deutscher Bundestag, S. 11). Das Projekt wurde vom Deutschen Geoforschungszentrum in Potsdam betreut. Ursprünglich gab es noch drei weitere Projekte in Deutschland, die aber schon früh wieder aufgegeben wurden, ohne dass $CO_2$ in den Untergrund gepumpt worden wäre. Der Energiekonzern RWE wurde in Nordfriesland aktiv, Vattenfall in Ostbrandenburg, und in der Altmark in Sachsen-Anhalt gab es das Verbundforschungsprojekt CLEAN, an dem unter anderen die Energiekonzerne GDF SUEZ und Vattenfall beteiligt waren. Alle drei scheiterten am Widerstand der örtlichen Bevölkerung (Deutscher Bundestag, S. 6).

21 Deutscher Bundestag, S. 23. Sleipner befindet sich 260 Kilometer westlich der norwegischen Küste, etwa auf der Höhe von Stavanger.

22 Geoengineeringmonitor.org. Die deutsche Forschungsmission CDRmare versucht derzeit zu erkunden, wie dicht die Lagerstätten unter dem Meeresboden tatsächlich sind (Der Ozean als $CO_2$-Schlucker, Süddeutsche Zeitung, 29.3.2022).

23 Weg mit dem Klimakiller, Süddeutsche Zeitung, 10.12.2021. Unter der gesamten Nordsee werden sogar Speicherkapazitäten für 200 Milliarden Tonnen $CO_2$ vermutet (Pötter 2021, S. 222).

24 Orca ist ein Joint Venture: Die Schweizer Firma Climeworks filtert das $CO_2$ aus der Luft, während das isländische Unternehmen Carbfix die Technik entwickelt hat, das $CO_2$ in das Basaltgestein zu pressen.

25 Deutscher Bundestag, S. 14

26 Begraben in der Tiefe des Gesteins, taz, 23.10.2021

27 Way et al., S. 9. Die Suche nach neuen $CO_2$-Speichermethoden ist aber noch lange nicht beendet. Die deutsche Forschungsmission CDRmare untersucht derzeit, ob man Nord- und Ostsee kalken könnte, damit das Meerwasser mehr $CO_2$ aus der Atmosphäre aufnehmen kann. Für eine Tonne $CO_2$ wären rund fünf Tonnen Kalk nötig. Allerdings ist noch nicht geklärt, ob der Kalk später wieder ausfällt. Überlegt wird auch, die Ozeane zu düngen, sodass mehr Plankton und Algen entstehen, die dann $CO_2$ binden. Ein erster Versuch im Südpolarmeer erwies sich allerdings als zwiespältig: Dabei gedieh eine Algenart, die unter bestimmten Umständen toxisch sein kann (Der Ozean als $CO_2$-Schlucker, Süddeutsche Zeitung, 29.3.2022).

## 10. Die Atomenergie bleibt ein Irrtum

1 dpa, 19.10.2021. Gleichzeitig sind 48 Prozent der Meinung, dass der Ausstieg richtig war. Dabei zeigen sich starke Abweichungen je nach Parteipräferenz: 59 Prozent der Unions- und FDP-Wähler sowie 91 Prozent der AfD-Wähler sind gegen den Atomausstieg. Umgekehrt befürworten ihn 79 Prozent der Grünen-Wähler, 64 Prozent der Linken-Wähler und 62 Prozent der SPD-Wähler.

2 Ein erster Atomausstieg wurde im Jahr 2000 von der rot-grünen Regierung Schröder beschlossen. 2003 ging das AKW Stade vom Netz, 2005 folgte der Reaktor in Obrigheim. Alle anderen Kernkraftwerke

erhielten Reststrommengen, sodass sie zwischen 2015 bis 2020 abgeschaltet worden wären. Die schwarz-gelbe Regierung Merkel nahm diese Beschlüsse zurück und verlängerte am 28.10.2010 die Laufzeiten um acht bis 14 Jahre. Nach der Havarie in Fukushima folgte die abrupte Kehrtwende: Noch im Jahr 2011 wurden acht AKW vom Netz genommen, die restlichen neun Reaktoren bis Ende 2022 stufenweise abgeschaltet.

3 https://www.infratest-dimap.de/fileadmin/_migrated/content_uploads/dt1106_bericht.pdf, S. 11. Deutschland ist nicht gänzlich aus der Atomkraft ausgestiegen: Es gibt noch einen Forschungsreaktor in Garching bei München, eine Brennelementefabrik in Lingen sowie eine Urananreicherungsanlage in Gronau, die alle drei unbefristete Betriebsgenehmigungen besitzen.

4 Auch Atomkraftwerke sind nicht gänzlich klimaneutral, weil bei der Vorbereitung der Brennstäbe und bei der Entsorgung des Mülls $CO_2$ anfällt. Pro Kilowattstunde Strom waren das bei den deutschen Atomkraftwerken etwa 32 Gramm. Zum Vergleich: Braunkohle verursacht bis zu 1.100 Gramm (Pötter 2020, S. 58).

5 Flassbeck, S. 116 f.; Sinn, S. 252 ff.; Pinker, S. 146 f.; McAfee, S. 110; Phillips, S. 199 ff.; Stelter, S. 226

6 Das Atomministerium wurde 1962 zum Ministerium für wissenschaftliche Forschung und 1969 zum Ministerium für Bildung und Wissenschaft.

7 Brüggemeier 2017, S. 7

8 Bundesministerium für Wirtschaft und Energie, Energiedaten: Gesamtausgabe (Berlin 2019), S. 14. Hier handelt es sich um den Primärenergieverbrauch.

9 Wealer et al., S. 515

10 Neue Atomkraft mit grünem Segen, taz, 3.2.2022

11 Ungeachtet der hohen Kosten für das neue AKW Flamanville plant Frankreich sechs weitere Reaktoren dieses Typs, wie Präsident Macron im Februar 2022 bekannt gab. Dennoch wird die Bedeutung der Atomkraft auch in Frankreich abnehmen: Momentan hat das Land 56 Reaktoren in Betrieb, von denen ein Drittel älter als 40 Jahre ist und sich dem Ende ihrer Laufzeit nähert (Vive l'Atomkraft!, Süddeutsche Zeitung, 11.2.2022). Ein weiterer Europäischer Druckwasserreaktor wird im britischen Atomkraftwerk Hinkley Point errichtet, der im Sommer 2026 ans Netz gehen soll. 2016 wurden

die Kosten auf 21,5 Milliarden Euro geschätzt – inzwischen sind es schon 27 Milliarden. Das Projekt ist nur rentabel, weil der britische Staat eine Einspeisevergütung von 10,5 Cent pro Kilowattstunde garantiert, was deutlich über den Marktpreisen für Strom liegt (Britischer Meiler kostet mehr, Frankfurter Rundschau, 3.2.2021). Zwei europäische Druckwasserreaktoren stehen auch im chinesischen Taishan, die 2018 und 2019 in Betrieb gingen. Taishan-1 wurde im Juli 2021 schon wieder abgeschaltet, weil es Vibrationen gab und radioaktive Gase austraten (Neue Atomkraft mit grünem Segen, taz, 3.2.2022).

12 Zwischen 2010 und 2019 ist der Preis für eine Megawattstunde Solarstrom von 378 auf 68 US-Dollar gefallen. In derselben Zeit wurde Atomstrom um 59 Dollar teurer – der Preis stieg von 96 auf 155 US-Dollar (Ritchie/Roser, S. 14).

13 Wirth, S. 19

14 Weltweit gingen 2020 Reaktoren mit einer Gesamtleistung von sechs Gigawatt ans Netz, während 5,4 Gigawatt abgeschaltet wurden, weil alte Meiler das Ende ihrer Laufzeit erreicht hatten. Insgesamt lag die globale Kapazität bei 415 Gigawatt (www.iea.org/reports/nuclear-power).

15 https://www.iea.org/reports/key-world-energy-statistics-2021/supply. Dies sind die Angaben für das Jahr 2019, sie beziehen sich auf den Primärenergieverbrauch.

16 https://pris.iaea.org/pris/

17 Derzeit sind weltweit gut 50 Atomkraftwerke im Bau; etwa die Hälfte wird vom russischen Staatskonzern Rosatom errichtet. Die meisten Bauprojekte sind in den roten Zahlen. Dazu gehören auch vier Meiler in der Türkei, die einen Verlust von geschätzten 22 Milliarden Euro für Rosatom bedeuten (Kernenergie auf Pump, Süddeutsche Zeitung, 22.12.2021).

18 www.iea.org/reports/world-energy-investment-2021/executive-summary

19 Wirth, S. 19

20 Minireaktoren will unter anderem der britische Technologiekonzern Rolls-Royce bauen, der dafür eigene Mittel in Höhe von 195 Millionen Pfund einplant und staatliche Zuschüsse von 210 Millionen Pfund erhält. Ein erstes Modell soll in zehn Jahren fertig sein und Strom für eine Million Haushalte produzieren (dpa, 9.11.2021).

Ein weiterer Minireaktor soll in Rumänien entstehen und von der US-Firma NuScale gebaut werden. Dies wäre ein Leichtwasserreaktor (dpa, 5.11.2021).

21 Gates, S. 86 f.; Pinker, S. 330

22 Radkau 2008, S. 11

23 Radkau 2008, S. 366

24 Radkau 2008, S. 367. Im Mittel kamen die AKW auf eine Leistung von knapp 1.000 Megawatt.

25 The controversial future of nuclear power in the US, National Geographic, 4.5.2021

26 Schwimmendes Atomkraftwerk nimmt Betrieb auf, Spiegel Online, 22.5.2020

27 Quaschning, S. 108. Diese Rechnung umfasst Reserven und Ressourcen – also alle denkbaren Uranlagerstätten. Zudem wird angenommen, dass die Atomkraft nur 50 Prozent des weltweiten Energiebedarfs decken würde. Bei einem höheren Anteil der Kernkraft wären die Vorkommen noch schneller erschöpft und würden keine zehn Jahre reichen.

## II. Leider nicht verlässlich: Sonne und Wind

1 Latif, S. 26

2 Plöger, S. 260

3 Berg, S. 61 f.

4 Malm 2016, S. 159

5 Radkau 2008, S. 232 f.

6 Seba, S. 173

7 Umweltbundesamt, Erneuerbare Energien in Zahlen (15.11.2021)

8 Als Alternative zum Solarstrom wurde zunächst die Kernenergie diskutiert. Doch konnte sich der Atomstrom in der Raumfahrt nie durchsetzen; es wurden nur wenige nuklear betriebene Satelliten gebaut (Radkau 2008, S. 411).

9 http://californiasolarcenter.org/old-pages-with-inbound-links/history-pv/

10 Seba, S. 25; Ritchie/Roser, S. 14

11 Obama auf Jimmy Carters Spuren, Süddeutsche Zeitung, 11.10.2010. Nachfolger Ronald Reagan ließ diese Anlage allerdings sofort wieder abschrauben.

12 Jensen, S. 41

13 Pötter 2020, S. 95 f.

14 Die EEG-Umlage traf die Haushalte besonders stark, weil ungefähr 2.000 energieintensive Industriebetriebe teils oder ganz davon ausgenommen waren, damit sie ihre Wettbewerbsfähigkeit nicht verloren. Dazu gehörten Aluminiumhütten, aber auch Nahverkehrsbetriebe oder der Wetterdienst, der stromintensive Rechner einsetzt. Diese Industriebetriebe machten nur vier Prozent aller Firmen aus, verbrauchten aber 20 Prozent des gesamten Stroms (Brüggemeier 2017, S. 24). Ein beliebter Trick der Unternehmen war auch, einfach die Kraftwerke zu kaufen, die sie bis dahin mit Strom versorgt hatten, sodass die Elektrizität anschließend firmenintern erzeugt wurde – und damit nicht mehr der EEG-Umlage unterlag (Kreutzfeldt, S. 49).

15 Bach/Harnisch/Isaak, S. 16

16 Wirth, S. 22

17 Wirth, S. 20

18 Bundeszentrale, S. 246

19 Umweltbundesamt 2019, S. 32 und 38. Die Ampelkoalition hat die Energiesteuern inzwischen reformiert: Die EEG-Umlage entfiel Mitte 2022, was durch die steigende $CO_2$-Steuer finanziert wird. An der sozialen Schieflage ändert dies jedoch nichts, da auch die $CO_2$-Steuer eine Konsumsteuer ist und damit die einkommensschwachen Haushalte am stärksten belastet.

20 Kleine Fotovoltaikanlagen auf Privatdächern liefern in Süddeutschland eine Kilowattstunde für 5,81 bis 8,04 Cent, während es in Norddeutschland mit 7,96 bis 11,01 Cent etwas teurer ist (Fraunhofer ISE, S. 17). Private Solaranlagen sind damit ungefähr so billig wie konventioneller Strom: 2021 musste ein deutscher Haushalt im Durchschnitt 7,93 Cent pro Kilowattstunde zahlen – wenn man nur den reinen Strompreis nimmt. In der Endabrechnung wurden zwar 32,16 Cent fällig, aber der große Rest waren Steuern, Gebühren und Netzentgelte (Bundesverband der Energie- und Wasserwirtschaft, Strompreisanalyse 2021, 15.11.2021).

21 Fraunhofer ISE, S. 17. Die Kosten für Solarpaneele sind auch deswegen so stark gefallen, weil sie technisch relativ einfach herzustellen sind. Genau deswegen findet die Produktion aber auch nicht mehr in Deutschland statt, sondern ist vor allem nach China abgewandert.

22 Wirth, S. 43. Die Einstrahlungssumme erhöht sich auf 3,5 Kilowattstunden pro Tag und Quadratmeter, wenn die Solarpaneele nach Süden zeigen und um 30 Prozent schräg zur Horizontalen montiert werden.

23 Wirth, S. 40. Der nominelle Wirkungsgrad von kommerziellen Solarpaneelen liegt inzwischen bei 20 Prozent, aber im Betrieb treten Verluste auf – etwa durch Verschmutzung, Leitungswiderstände und die nötige Umwandlung von Gleichstrom in Wechselstrom.

24 www.ise.fraunhofer.de/de/leitthemen/integrierte-photovoltaik/schwimmende-photovoltaik-fpv.html

25 www.ise.fraunhofer.de/de/leitthemen/integrierte-photovoltaik/bauwerkintegrierte-photovoltaik-bipv.html

26 Himbeeren und Sonne auf knappen Flächen, taz, 25.6.2020

27 Deutscher Wetterdienst, Aktueller Jahresgang der Globalstrahlung 2021. Allerdings gibt es nicht nur saisonale Unterschiede zwischen Sommer und Winter; auch von Jahr zu Jahr kommt es zu Abweichungen, denn das Wetter ist ja nicht immer gleich. Im Januar, Mai, Juli, August und November 2021 wurde in Deutschland weniger Globalstrahlung gemessen als im langjährigen Mittel, dafür kam es in den anderen Monaten zu Überschüssen. Nur der Dezember 2021 wies die gleiche Menge aus wie der Vorjahresmonat.

28 Jensen, S. 40 f.

29 https://strom-report.de/windenergie/

30 www.destatis.de/DE/Presse/Pressemitteilungen/2022/03/PD22_116_43312.html

31 Umweltbundesamt, Erneuerbare Energien in Zahlen (15.11.2021). Solarpaneele können genutzt werden, um Wärme oder Strom zu erzeugen. 2020 deckte die Solarthermie 0,384 Prozent des deutschen Endenergieverbrauchs ab, die Fotovoltaik kam auf 1,92 Prozent.

32 www.umweltbundesamt.de/themen/klima-energie/erneuerbare-energien/erneuerbare-energien-in-zahlen#uberblick

33 »Wir überwinden alte Vorurteile«. Interview mit Robert Habeck, Süddeutsche Zeitung, 25.11.2021

34 Pötter 2021, S. 63

35 Das novellierte EEG vom 27.7.2021 sieht in § 6 vor, dass Kommunen im Umkreis von 2,5 Kilometern rund um eine Windkraftanlage jährlich einen Betrag von 0,2 Cent pro eingespeister Kilowattstunde erhalten. Der Ertrag ist also abhängig vom Flächenanteil

der Kommune an diesem Radius – und vom Windpotenzial eines Gebiets. Im Durchschnitt kann eine Kommune aber mit 25.000 bis 30.000 Euro rechnen. Auch bisher waren Windräder für viele Gemeinden schon ein einträgliches Geschäft, weil sie Pachten für Wege, Kabel und auch Grundstücke kassieren.

36 Bundesministerium für Wirtschaft und Klimaschutz, Eröffnungsbilanz Klimaschutz (11.1.2022), S. 14

37 Mit dem 2-Prozent-Ziel zum 1,5-Grad-Ziel, taz, 15.1.2022

38 www.dwd.de/DE/leistungen/windkarten/deutschland_und_bundeslaender.html

39 Göke et al., S. 511

40 Natur- und Landschaftsschutz würden es erlauben, dass in Sachsen 2,7 Prozent und in Bayern 1,5 Prozent der Landesfläche für Windenergie genutzt werden. In ganz Deutschland würden sich etwa 3,6 Prozent der Fläche eignen (Bundesamt für Naturschutz, S. 6).

41 Kampf gegen Windmühlen, Süddeutsche Zeitung, 16.2.2022

42 Kompetenzzentrum Naturschutz und Energiewende, Flächenverfügbarkeit für die Energiewende (Berlin, 17.3.2020). Die Zahl der Windräder bleibt mit 37.000 bis 67.000 insgesamt übersichtlich, weil ihre Leistungsstärke zunimmt. Die Studien gehen davon aus, dass die Rotoren künftig eine durchschnittliche Leistung von 3,5 Megawatt haben.

43 Auch bei der Fotovoltaik geben die diversen Studien sehr unterschiedliche Ausbauziele für 2045 an. Die Spanne reicht von etwa 240 bis 510 Gigawatt. Die meisten Studien rechnen mit einer installierten Leistung von 300 bis 450 Gigawatt (Wirth, S. 5 f.).

44 An Land kostet eine Kilowattstunde Windstrom derzeit 3,94 bis 8,29 Cent; im Meer kommen Offshoreanlagen auf 7,23 bis 12,13 Cent (Fraunhofer ISE, S. 4).

45 Wirth, S. 44. Fotovoltaik auf freier Fläche kommt auf 980 Volllaststunden, eine Dachanlage auf 910.

46 Momentan stehen etwa 1.500 Offshorewindräder in der deutschen Nord- und Ostsee, die eine installierte Leistung von knapp acht Gigawatt aufweisen. Möglich wären 7.000 Windräder mit einer installierten Leistung von 70 Gigawatt. Damit könnte man maximal 15 Prozent des künftigen Gesamtenergiebedarfs decken (Quaschning, S. 87).

47 https://www.agora-energiewende.de/service/agorameter/chart/power_generation/01.01.2017/01.02.2018/today/

48 Wirth, S. 53
49 Reimer/Staud, S. 274
50 Manche Autoren setzen nicht so sehr auf Wüstenstrom, sondern eher auf Windkraft aus der Ferne. Die beiden Klimaforscher Rahmstorf und Schellnhuber träumen von einem »transeuropäischen Verbund«, der die Küsten Schottlands, Norwegens, Marokkos und Mauretaniens sowie das nördliche Russland und Kasachstan miteinander verbindet, wo vielerorts an Land (und in dünn besiedelten Gebieten) über 3.000 Volllaststunden möglich sind. Die Kosten würden bei weniger als fünf Cent pro Kilowattstunde liegen – und da seien die Leitungen schon eingerechnet (Rahmstorf/Schellnhuber, S. 106).
51 Quaschning, S. 141 ff.
52 Quaschning, S. 147, geht bei dieser Rechnung davon aus, dass ein Kabel eine Übertragungsleistung von zwei Gigawatt hat, aber im Durchschnitt nur zu 70 Prozent ausgelastet werden kann. Gleichzeitig nimmt er an, dass die Energienachfrage in Deutschland stark zurückgeht – sonst müssten noch weit mehr als 100 Kabel installiert werden.
53 Der weltweite erste Wasserstofftanker heißt »Suiso Frontier« und wurde vom japanischen Mischkonzern Kawasaki gebaut. Das Projekt ist Teil eines staatlichen Forschungsvorhabens, das erkunden soll, wie sich künftig große Mengen grünen Wasserstoffs aus Australien nach Japan importieren lassen.
54 Momentan gibt es Erdgasleitungen von Algerien und Marokko nach Spanien sowie von Tunesien und Libyen nach Italien.
55 Alternativ wäre es auch möglich, den Wasserstoff direkt zu nutzen und ihn beispielsweise in Brennstoffzellen in Autos zu verfeuern. Dort wären die Wirkungsgrade aber ebenfalls sehr gering.
56 Franz Alt, Nur Glück gehabt, taz, 22.1.2022

### 12. Das Problem der Speicher

1 Fraunhofer ISE, Stromgestehungskosten, S. 2
2 Noch fehlt die technische Infrastruktur, damit Akkus von E-Autos das Stromangebot stabilisieren können. Denn Akkus funktionieren mit Gleichstrom, das Stromnetz aber mit Wechselstrom.
3 Gates, S. 79
4 In Atdorf im Südschwarzwald sollte das größte Pumpspeicherwerk

Europas entstehen, doch 2017 wurde das Projekt wieder fallen gelassen.

5 Holler et al., S. 141 f. Inzwischen wird an Alternativen zu Pumpspeicherwerken geforscht, die nach den gleichen Prinzipien funktionieren. Eine Idee ist, hohle Betonkugeln im Meer zu versenken. Wenn Strommangel herrscht, laufen die Kugeln voll, wobei eine Turbine angetrieben wird. Ist Strom im Überfluss vorhanden, wird das Wasser wieder aus der Kugel herausgepumpt. Eine weitere Variante sind Kranspeicher, bei denen viele Betonklötze um einen Kran herumstehen. Gibt es zu viel Strom, werden die Klötze mit einem Elektromotor übereinandergestapelt, bis hohe Türme entstehen. Fehlt Strom, werden die Klötze wieder zu Boden gelassen. Der Motor arbeitet dann wie ein Generator und verwandelt die freigesetzte Energie in Strom.

6 Afp, 27.5.2021

7 dpa, 1.10.2021

8 Edenhofer/Jakob, S. 111; Wirth, S. 65 f.

9 Quaschning, S. 94

10 Wirth, S. 65 f.

11 Quaschning, S. 91

12 Wirth, S. 58

13 Deutscher Wetterdienst, Wetterbedingte Risiken der Stromproduktion aus erneuerbaren Energien durch kombinierten Einsatz von Windkraft und Photovoltaik reduzieren, Pressemitteilung vom 6.3.2018. Genauere Analysen ergaben dann, dass sich Dunkelflauten fast immer im November, Dezember oder Januar ereignen und dass in 30 bis 40 Prozent aller Fälle gleich mehrere Länder in Europa betroffen sind, weil es sich um großflächige Hochdruckgebiete handelt (Li et al., S. 9).

14 Energy Brainpool, S. 9.

15 Elektrolyseure haben im besten Fall einen Wirkungsgrad von 70 bis 80 Prozent (Quaschning, S. 129). Es gehen also 20 bis 30 Prozent des Ökostroms verloren, um den grünen Wasserstoff zu produzieren. Um ihn überhaupt lagern zu können, muss er verdichtet werden, was Verluste von rund 10 Prozent bedeutet. Zudem kommt es zu Lagerverlusten, die erheblich sein können. (Oeko-Institut, S. 33). Wenn der Wasserstoff dann in Gaskraftwerken wieder zu Strom wird, um Dunkelflauten zu überbrücken, sind die Verluste

erneut enorm, weil reine Gasturbinen nur einen Wirkungsgrad von 30 Prozent haben. Bei einem Gas-und-Dampf-Kraftwerk sind es immerhin 50 Prozent. Aber diese GuD-Kraftwerke wären deutlich teurer – was sich nicht rentiert, da diese Kraftwerke nur an wenigen Tagen laufen sollen. Jedenfalls ist damit zu rechnen, dass mindestens 65 Prozent des Stroms verloren gehen, wenn er als Wasserstoff zwischengespeichert werden soll. Auch die Elektrolyseure selbst würden dazu beitragen, dass Ökostrom ungenutzt bleibt und der Wirkungsgrad sinkt. Prinzipiell sind nämlich zwei Szenarien denkbar. Erstens: Es gibt nur wenig Elektrolyseure. Dann müsste es aber mehr Windräder und Solaranlagen geben, damit diese Elektrolyseure möglichst gut ausgelastet sind. Zweitens: Es gibt viele Elektrolyseure. Dann sind weniger Überkapazitäten bei Windrädern und Solaranlagen nötig. Das optimale System liegt zwischen diesen beiden Polen, sodass etwa 5,4 Prozent des Ökostroms ungenutzt bliebe (Energy Brainpool, S. 21).

16 Im Rahmen der »Nationalen Wasserstoffstrategie« will die Bundesregierung erreichen, dass die Elektrolysekapazitäten für grünen Wasserstoff bis 2030 auf fünf Gigawatt steigen, bis 2035 sollen es zehn Gigawatt sein. Dafür sind vorerst Fördergelder von sieben Milliarden Euro vorgesehen.

17 Quaschning, S. 127

18 Aktuell beläuft sich die installierte Leistung der konventionellen Kraftwerke auf rund 85 Gigawatt. Künftig wären regelbare Gaskraftwerke von 100 bis 160 Gigawatt nötig (Fraunhofer ISE, Wege zu einem klimaneutralen Energiesystem, S. 28).

19 Eine interessante Frage ist, wer die Gaskraftwerke finanzieren soll, die fast nie laufen. Die Deutsche Umwelthilfe setzt auf den Markt: In einer Dunkelflaute wäre Strom so knapp, dass die Energiepreise in extreme Höhen schießen – die Gasversorger würden also in diesen kurzen Phasen enorme Umsätze machen, mit denen sich dann die Kraftwerke finanzieren ließen (Deutsche Umwelthilfe, S. 3 ff. und 20). Theoretisch mag diese Analyse richtig sein, aber sie geht an den praktischen Realitäten der Energieversorgung völlig vorbei. Da sich Dunkelflauten nicht kalkulieren lassen, wüsste ein Gasversorger nicht, wann mit Einnahmen zu rechnen ist. Bleiben Dunkelflauten zufällig längere Zeit aus, würde dem Unternehmen sofort eine Liquiditätskrise drohen. Umgekehrt ist es auch realitätsfern zu glau-

ben, dass Stromkunden ganz plötzlich extrem hohe Energiepreise schultern könnten. Vielen Unternehmen dürfte die Insolvenz drohen, sodass sie im Zweifel gar keinen Strom mehr abnehmen – und der Gasversorger auf seinen Kosten sitzen bleibt, während gleichzeitig die Wirtschaft zusammenbricht. Die einzige Möglichkeit ist daher, dass der Staat den Gasversorgern fixe Einnahmen zusichert, wenn sie ein Kraftwerk bauen. Entlohnt wird also nicht mehr der Strom – sondern nur noch die Bereitstellung von Kapazitäten.

20 Deutschland brauchte Batteriekapazitäten von 50 bis 400 Gigawattstunden; bei den Elektrolyseuren wären es 50 bis 130 Gigawatt installierte Leistung (Fraunhofer ISE, Wege zu einem klimaneutralen Energiesystem, S. 28 f.). Die Bedarfe schwanken, weil entscheidend ist, ob es zu Verhaltensänderungen kommt – also zu Verzicht.

21 Hentschel, S. 64. Ähnlich: Energy Brainpool, S. 22 f.

## 13. Die Energiewende wird teuer, nicht billig

1 Skidelsky/Skidelsky, S. 128

2 Way et al., S. 1

3 Fraunhofer ISE, Wege zu einem klimaneutralen Energiesystem, S. 53. (Die Angaben beziehen sich auf das Szenario »Referenz«, das davon ausgeht, dass sich das Konsumverhalten der BürgerInnen nicht ändert.) Der Ökonom Daniel Stelter hat zu Recht darauf hingewiesen, dass man nicht davon ausgehen dürfe, dass zu Weihnachten nur Luxusartikel verschenkt würden. In vielen Familien handelt es sich um notwendige Ausgaben, etwa für Kleider (Stelter, S. 236).

4 Ritchie/Roser, S. 15

5 Way et al., S. 3. Ausgewertet wurden 2.905 verschiedene Prognosen für die Jahre 2010 bis 2020. Richtig lagen nur Studien, die auf eigene Annahmen verzichtet und den Trend fortgeschrieben hatten.

6 Bei Solarpaneelen, Windrädern und Batterien sinken nur die Produktionskosten – ihr Wirkungsgrad hingegen steigt fast gar nicht. Das unterscheidet sie von Computern, die bei stark fallenden Preisen auch deutlich mehr Leistung bringen. In Fachkreisen hat es sich eingebürgert, diese unterschiedlichen Phänomene mit »Moore's Law« und »Wright's Law« zu bezeichnen. Der US-amerikanische Luftfahrtingenieur Theodore Paul Wright beschrieb 1936 das Phänomen, dass Produkte immer billiger werden, je mehr Exemplare davon hergestellt werden – aufgrund des steigenden Erfahrungs-

wissens. Diese »Lernkurven« wurden bei insgesamt 66 verschiedenen Technologien beobachtet und gelten auch für Solarpaneele oder Batterien (Ritchie/Roser, S. 10). Intel-Mitgründer Gordon Moore formulierte dann 1965 das »Gesetz«, dass sich die Prozessorleistung von Computern jährlich verdoppelt (inzwischen gilt eine Spanne von 18 Monaten bis zwei Jahren). Dieses Phänomen ist nur bei integrierten Schaltkreisen zu beobachten, wie Microsoft-Gründer Bill Gates betont: Ein moderner Computerchip sei eine Million Mal leistungsstärker als ein Chip von 1970 – in der gleichen Zeit sei bei der Solarenergie der Wirkungsgrad aber nur von 15 auf 25 Prozent umgewandelter Sonnenenergie gestiegen (Gates, S. 45 f.).

7 Ein Modell T von Ford kostete im Jahr 1914 glatte 370 Dollar. Dies wären heute etwa 9.750 Dollar, wenn die Inflation berücksichtigt wird. Ein VW-Golf GTD ist derzeit für 40.815 Euro zu haben.

8 www.iea.org/reports/key-world-energy-statistics-2021/supply. 2019 wurden weltweit 1.427 Terawattstunden an Windstrom und 681 Terawattstunden an Solarstrom erzeugt. Dies entspricht 7,6 Exajoule. Insgesamt wurden global 606 Exajoule an Energie verbraucht.

9 www.iea.org/reports/electric-vehicles. Weltweit gab es 2019 etwa zehn Millionen E-Autos.

10 International Energy Agency, S. 5 f.

11 International Energy Agency, S. 8 f. Auch die IEA kann nur mit Szenarien arbeiten, die zu unterschiedlichen Ergebnissen kommen. Die Unsicherheiten werden am Beispiel von Kobalt illustriert: Der weltweite Bedarf könnte bis 2040 um das Achtfache, aber auch um das 30-Fache zunehmen, wenn alle Länder auf klimaneutrale Energien umsteigen.

12 International Energy Agency, S. 11 f.

13 Die größten Lithiumreserven sind in den Salzseen von Bolivien, Argentinien und Chile zu finden. Das salzhaltige Wasser wird an die Oberfläche gepumpt und verdunstet dort. Für die eigentliche Förderung ist also kein Süßwasser nötig. Durch das Abpumpen entsteht allerdings ein Unterdruck, sodass die Gefahr besteht, dass Süßwasser nachfließt – und sich der Wassermangel in diesen sehr trockenen Gebieten weiter verschärft. Allerdings wäre es unfair, allein dem Lithiumabbau vorzuwerfen, dass er die Umwelt ruiniert. Fast alle Rohstoffe weisen bedenkliche Ökobilanzen auf. Ganz besonders gilt dies für die fossilen Brennstoffe.

14 International Energy Agency, S. 12. Im Jahr 1930 enthielt Kupfererz im Durchschnitt noch 1,8 Prozent des Metalls. Heute sind es im weltweiten Mittel nur noch 0,5 Prozent. Es muss also dreimal mehr Masse gefördert werden, um die gleiche Menge an Kupfer zu erhalten wie 1930 (Parrique et al., S. 35).
15 Seba, S. 2 ff.
16 Meadows et al., S. 46 f.
17 McAfee, S. 120
18 International Energy Agency, S. 14
19 Fücks, S. 97; statista, reserves of copper worldwide 2010 to 2020; www.usgs.gov/centers/national-minerals-information-center/historical-statistics-mineral-and-material-commodities
20 Quaschning, S. 169 f.; Fücks, S. 109; McAfee, S. 107 f.
21 statista, Statistiken zu seltenen Erden
22 www.bgr.bund.de/DE/Gemeinsames/Produkte/Downloads/Informationen_Nachhaltigkeit/seltene_erden.pdf;jsessionid=F9734E8CEC5D06008C7EE846C8BFE4E5.1_cid321?__blob=publicationFile&v=3
23 https://selteneerden.de/preis-charts/
24 https://germanlithium.com/preisentwicklung-lithium/
25 www.deraktionaer.de/artikel/gold-rohstoffe/lithium-blick-auf-2022–20243369.html
26 www.boerse.de/historische-kurse/Kupfer/XC0005705501
27 Parrique et al., S. 20. In diese UN-Statistik gehen alle Rohstoffe ein, also auch Wasser oder Agrarprodukte.
28 Quaschning, S. 172; www.heraeus.com/de/hpm/hpm_news/2020_hpm_news/09_milestone_for_green_hydrogen.html
29 Die deutsche Firma Duesenfeld gibt an, dass sie bereits heute 91 Prozent der Batteriezellen recyceln kann (www.duesenfeld.com/recycling.html).
30 Stahl wird heute schon zu 62 Prozent recycelt, was den Verbrauch aber kaum senkt: Da hochwertiger Stahl derzeit maximal ein Drittel alten Schrott enthalten kann, ohne seine Qualität zu verlieren, kann Recycling die vorhandenen Reserven nur um sieben bis zwölf Jahre strecken (Parrique et al., S. 48).
31 Wertvolle Metalle werden bereits recycelt. Bei Gold beträgt die globale Quote 85 Prozent, bei Platin 60 Prozent, bei Nickel 60 Prozent, bei Silber 50 Prozent, bei Kupfer 45 Prozent, bei Aluminium

42 Prozent, bei Chrom 37 Prozent, bei Zink 36 Prozent, bei Kobalt 36 Prozent. Lithium und seltene Erden werden hingegen bisher kaum wiederverwertet, dort liegt die Quote bei unter einem Prozent (International Energy Agency, S. 34). Vor allem Batterien werden bisher nur mangelhaft recycelt, was die EU mit einer Richtlinie ändern will. Vorgesehen ist, dass ab 2026 Kobalt, Kupfer und Nickel zu 90 Prozent sowie Lithium zu 35 Prozent wiederverwertet werden.

32 International Energy Agency, S. 15

33 International Energy Agency, S. 11. Es ist bemerkenswert, dass Technikoptimisten die Rohstoffpreise ignorieren, wenn es um die Energiewende geht. Denn bei den fossilen Kraftstoffen argumentieren sie gern mit den Förderkosten für Kohle oder Gas, um zu erklären, warum dort die Gestehungspreise nicht fallen (Way et al., S. 2 ff.; Ritchie/Roser, S. 12 f.).

34 Arbeitskräftemangel im Klimaschutz, Frankfurter Allgemeine Zeitung, 21.5.2021

35 Umweltbundesamt 2021, S. 33; Wirth, S. 51; Quaschning, S. 200 f.

36 https://pvcycle.de/reuse/. In vielen Studien wird allzu optimistisch angenommen, dass Solarmodule im Schnitt 30 Jahre halten würden (Wirth, S. 6). Doch in der Praxis verschleißen die Paneele schon nach 20 Jahren (Mehr Solarstrom, mehr Solarmüll, taz, 26.2.2022).

37 Umweltbundesamt 2021, S. 35. Je nach Standort amortisieren sich Windräder energetisch nach 2,5 bis elf Monaten.

## 14. Der Traum von der »Entkopplung« funktioniert nicht

1 Der deutsche Primärenergieverbrauch setzt sich zusammen aus: Verbrauch fossiler Kohlenstoffe in der chemischen Industrie in Höhe von 776 Petajoule, Umwandlungsverluste in den Kraftwerken von 2.404 Petajoule sowie Verbrauch in den Energiesektoren von 569 Petajoule. Als Endenergieverbrauch verbleiben also 9.056 Petajoule. Davon benötigten die Industrie 2.536 Petajoule, der Verkehr 2.770 Petajoule, die Haushalte 2.408 Petajoule sowie Gewerbe, Handel und Dienstleistungen 1.342 Petajoule (Wirth, S. 54). Dies sind die Zahlen für 2019, um die Sondereffekte der Coronakrise ab 2020 herauszurechnen.

2 Dieser Vergleich stammt – leicht variiert – aus Wikipedia, »Liste der Größenordnungen der Energie«.

3 Agora Energiewende et al. 2021, S. 21; Göke et al., S. 509 f.; Wuppertal Institut, S. 33

4 Agora Energiewende et al. 2020, S. 10 f.

5 Berechnet auf Basis der Zahlen von Wirth, S. 54 – siehe Anmerkung 1.

6 Bisher decken Solarthermie, Umweltwärme und Geothermie nur ganze 3,3 Prozent des Energieverbrauchs der deutschen Haushalte ab (Energieverbrauch privater Haushalte für Wohnen 2019 weiter gestiegen, destatis, 13.8.2021).

7 Fußbodenheizungen sind besonders effizient, weil große Flächen zur Verfügung stehen, um die Räume zu erwärmen. Also kann das Heizwasser kühler sein. Weniger effizient sind die bisher üblichen Heizkörper, auch »Radiatoren« genannt, die eher klein sind und deswegen sehr heißes Wasser benötigen, damit die Räume überhaupt warm werden.

8 Auch die Kanalisation könnte genutzt werden, um Wärmepumpen zu betreiben. Die Berliner Wasserwerke haben bereits mehrere Versuchsprojekte gestartet, denn Abwasser kann bis zu 20 Grad warm sein. Geeignet wären rund 580 Kilometer des Berliner Kanalsystems. Der Stromkonzern Eon schätzt, dass bundesweit bis zu 14 Prozent der benötigten Wärme durchs Abwasser gewonnen werden können (Wärme aus der Kanalisation, Süddeutsche Zeitung, 12.7.2021).

9 Agora Energiewende et al. 2020, S. 83; Göke et al., S. 509. Allerdings bleibt eine Tücke: Wärmepumpen verbrauchen normalerweise wenig Strom – aber ausgerechnet an sehr kalten Tagen sind sie Energiefresser. Denn die neue Technik beruht ja darauf, die Wärme der Umgebungsluft oder des Bodens zu nutzen. Wenn aber draußen Kälte herrscht, heizt am Ende allein der Strom, der im Winter knapp und teuer ist. Da sich die Wärme im Boden länger hält, raten Energieexperten, vor allem Bodenpumpen zu installieren und auf Luftwärmepumpen zu verzichten.

10 Berechnet auf Basis von Anmerkung 1.

11 www.tuev-nord.de/de/privatkunden/verkehr/auto-motorrad-caravan/elektromobilitaet/wirkungsgrad. Diese guten Wirkungsgrade gelten nur für Batteriefahrzeuge. Wasserstoffautos sind extrem ineffizient und benötigen bis zu dreimal so viel Strom. Dies liegt an den Umwandlungsverlusten: 20 bis 30 Prozent des Stroms gehen verloren, um Wasserstoff zu erzeugen; weitere 25 Prozent werden benötigt, um den Wasserstoff zu komprimieren und zu transportieren. Im Auto wandelt eine Brennstoffzelle den Wasserstoff wieder in Strom

um, wobei noch einmal 40 Prozent der Energie abhandenkommen (Quaschning, S. 129 f.). Die Ineffizienz der Wasserstoffautos beruht auf physikalischen Gesetzen und lässt sich nicht beheben. Dennoch wurde diese technische Sackgasse mit Hunderten von Millionen Euro staatlich gefördert. Aus öffentlichen Innovationsprogrammen flossen 212 Millionen, zudem erhielten die deutschen Autokonzerne noch einmal 187 Millionen. Das Resultat war mager: Im Juni 2021 gab es in ganz Deutschland nur 1.261 Autos mit Brennstoffzelle (Zähe Zelle, Süddeutsche Zeitung, 2.8.2021). Dieser Förderirrsinn ist damit zu erklären, dass die Brennstoffzelle dem Verbrennermotor ähnelt – die deutschen Autohersteller also hofften, weiterhin hohe Gewinne mit ihrer gewohnten Technologie einfahren zu können.

12 Klingholz, S. 189 f.; Seba, S. 104 ff.; Holler et al., S. 27

13 So effizient E-Autos eigentlich sind: Ausgerechnet im Winter, wenn Energie sowieso knapp ist, schwächeln sie, weil bei Kälte die elektrische Leitfähigkeit der Batterien sinkt. Also müssen die Akkus gewärmt werden, was zusätzliche Energie kostet. Auch der Innenraum muss extra beheizt werden, damit die FahrerInnen nicht frieren, weil anders als bei einem Verbrennermotor keine Abwärme entsteht. Im Winter sinken die Reichweiten eines E-Autos daher um etwa 20 Prozent, wie der ADAC errechnet hat. E-Autos sind dann nicht mehr viel effizienter als ein Diesel (Wenn der Akku dauerfröstelt, Süddeutsche Zeitung, 29.1.2022).

14 Gates, S. 135

15 Göpel, S. 106

16 Plöger, S. 275

17 Ein weiteres Problem bei E-Autos: Auch sie benötigen Reifen. Der Abrieb beträgt jährlich etwa 500 Gramm pro Rad und erzeugt Mikroplastik (v. Hirschhausen, S. 228).

18 Wuppertal Institut, S. 80; Quaschning, S. 174; Agora Energiewende et al. 2020, S. 93

19 Agora Energiewende et al. 2020, S. 88. Für diese flexible Pkw-Mobilität gibt es verschiedene Modelle. Beim »Carsharing« wird ein Fahrzeug von mehreren Parteien zu unterschiedlichen Zeiten genutzt. Beim »Ridesharing« fahren mehrere Personen zu einem gemeinsamen Ziel. Und beim »Ridepooling« wird ein Fahrzeug von mehreren Personen zur selben Zeit genutzt, die aber an unterschiedlichen Orten ein- und aussteigen.

20 www.destatis.de/DE/Presse/Pressemitteilungen/2019/04/PD19_139_811.html

21 Auf einen steigenden Pkw-Export hofft etwa die Agora Energiewende et al. (2020, S. 60).

22 Quaschning, S. 182; Plöger, S. 279

23 www.zukunft-mobilitaet.net/172138/flugverkehr/flugreisen-haushalte-personen-einkommen-oekonomischer-status-haeufigkeit/

24 Gössling/Humpe, S. 1

25 https://co2.myclimate.org/de/portfolios?calculation_id=4623051

26 Göpel, S. 156 ff.

27 Gates, S. 14 f. und 59. Kerosin kostete in den USA in den vergangenen Jahren im Durchschnitt 2,22 US-Dollar pro Gallone, während es bei Agro-Kerosin 5,35 US-Dollar waren. Eine Gallone entspricht 3,785 Litern.

28 Fücks, S. 201

29 Technisch machbar, aber noch teuer, taz, 1.7.2021

30 Quaschning, S. 189

31 Schulte, S. 189

32 Quaschning, S. 190 ff. An der Universität Stanford ist es gelungen, einen Katalysator zu entwickeln, der die Effizienz tausendfach gesteigert hat, mit der $CO_2$-Moleküle aufgespalten und zu synthetischem Benzin umgebaut werden können. Dieser Katalysator besteht aus Ruthenium, das mit porösem Plastik überzogen ist (Stanford engineers create a catalyst that can turn carbon dioxide into gasoline 1.000 times more efficiently, Stanford News Service, 9.2.2022). Aber auch dieses neue Verfahren ist energieintensiv und würde zudem nichts daran ändern, dass es sehr aufwendig ist, das $CO_2$ aus der Luft zu filtern.

33 Die Flugzeuge müssten tiefer fliegen, denn je dichter die Atmosphäre ist, desto mehr Wasserdampf kann sie aufnehmen und desto weniger eisige Cirruswolken bilden sich. Allerdings ist der Luftwiderstand höher, sodass Reisezeit und Treibstoffbedarf zunehmen (Quaschning, S. 190 f.).

34 Reiner Wasserstoff wäre eine denkbare Alternative zu synthetischem Kerosin. Airbus will bis 2035 ein Flugzeug herausbringen, das mit flüssigem Wasserstoff angetrieben wird. Die Tanks benötigen allerdings so viel Platz, dass sie ein Drittel des Flugzeugs füllen. Zudem würde weiterhin Wasserdampf entstehen, der klimaschädliche Kondensstreifen erzeugt.

35 Pinzler/Wessel, S. 82

36 www.lufthansagroup.com/de/themen/klimaschutzziele.html

37 Sofern Klimastudien überhaupt auf den Flugverkehr eingehen, verwickeln sie sich meist in Widersprüche. Ein exemplarisches Beispiel ist das Szenario der Stiftung Klimaneutralität. Einerseits weist der Text explizit darauf hin, dass »sogenannte Nicht-$CO_2$-Effekte« wie etwa die Kondensstreifen ein bisher unlösbares Problem darstellen: »Hervorzuheben ist, dass, auch wenn $CO_2$-freie Kraftstoffe eingesetzt werden, dieser Klimaeffekt bestehen bleibt.« (2020, S. 99) Dennoch wird davon ausgegangen, dass es mit dem Klimaschutz vereinbar sei, dass die Zahl der deutschen Flugpassagiere bis 2040 um jährlich ein Prozent steigt – um dann ab 2040 bis 2050 um zwei Prozent pro Jahr zu sinken, weil Flüge durch das grüne Kerosin um 50 Prozent teurer werden (2020, S. 91). Wenn diese Projektionen stimmten, würde der deutsche Flugverkehr bis 2050 insgesamt um vier Prozent zunehmen.

38 www.bdl.aero/de/themen-positionen/bedeutung-des-luftverkehrs/luftfahrt-sichert-mehr-als-800–000-arbeitsplaetze-in-deutschland/

39 www.oecd-ilibrary.org/sites/508bfb5b-en/index.html?itemId=/content/component/508bfb5b-en. 2018 wurden 1.992 Milliarden Tonnen Rohöl verschifft, 1.292 Milliarden Tonnen Kohle, 1.023 Milliarden Tonnen veredelte Ölprodukte sowie 461 Millionen Tonnen Gas. Insgesamt werden jährlich elf Milliarden Tonnen an Gütern über die Weltmeere transportiert, was 1,5 Tonnen pro Erdbewohner bedeutet.

40 Für eine ausführliche Geschichte der Globalisierung siehe Herrmann 2015, S. 97 ff. Die Globalisierung begann nicht mit dem Container, sondern reicht ins 15. Jahrhundert zurück, als die ersten hochseetauglichen Segelschiffe entwickelt wurden.

41 www.fraunhofer.de/de/forschung/aktuelles-aus-der-forschung/wasserstoff-so-bleiben-wir-mobil/eignung-wasserstoff-fuer-lkw-schiff-zug-flugzeug.html

42 Die weltgrößte Reederei Mærsk ist jetzt vorgeprescht und hat acht Containerschiffe in Korea bestellt, die sowohl mit herkömmlichem Treibstoff als auch mit Methanol fahren können. Ungeklärt ist noch, wo das grüne Methanol herkommen soll. Das Unternehmen setzt dabei auf seine Marktmacht: »Wir glauben, dass wir durch die Bestellung der Schiffe das Henne-Ei-Problem durchbrechen können«

(Warum sich die Schifffahrt so schwer damit tut, grüner zu werden, Süddeutsche Zeitung, 7.9.2021).

43 Hentschel, S. 84

44 Agora Energiewende et al., S. 65. Um die Stahlwerke klimaneutral umzurüsten, wären etwa 30 Milliarden Euro nötig (Bundesministerium für Wirtschaft und Energie, Handlungskonzept Stahl, Berlin 2020, S. 6). Die deutsche Stahlindustrie kam 2019 auf einen Umsatz von 32,8 Milliarden Euro. Die Konzerne müssten also jährlich etwa vier Prozent ihres Umsatzes in Ökotechnik investieren, wenn sie bis 2045 klimaneutral sein wollen. Dies dürfte ohne staatliche Hilfe nicht zu schaffen sein, denn die Hochöfen sind ja nur ein Teil der gesamten Technikkette in der Stahlindustrie. Zum Vergleich: Der deutsche Maschinenbau, bekannt für seine Innovationskraft, investiert etwa 3,6 Prozent seines Umsatzes.

45 Wuppertal Institut, S. 70. Ein Auto mit dem Gewicht von einer Tonne enthält 600 Kilo Stahl, zehn Kilo Gusseisen, 90 Kilo Aluminium, 100 Kilo Kunststoff sowie 1,6 Kilometer Kabel (www.automotive.at/automotive/woraus-besteht-eigentlich-ein-auto-45022).

46 Dechema/FutureCamp (Hg.), S. 9. Es würde etwa 68 Milliarden Euro kosten, die Chemieindustrie umzurüsten (S. 77). Die Chemieindustrie verbraucht nicht nur sehr viel Energie für die eigentliche Produktion – zugleich muss sie den fossilen Kohlenstoff als Grundstoff ersetzen. So wurde bisher leichtes Rohöl namens Naphtha genutzt, um daraus Kunststoffe, Lacke, Lösungsmittel oder Herbizide herzustellen. Als Ersatz wäre synthetisches Naphtha denkbar. Wieder würde grüner Wasserstoff mit $CO_2$ kombiniert, was aber sehr energieaufwendig wäre. Chemisch würde es grünem Kerosin oder Methan ähneln, nur dass die Molekülstruktur weitaus komplexer wäre.

47 Agora Energiewende et al. 2020, S. 71

48 Agora Energiewende et al. 2020, S. 70, Fußnote 13. Trotzdem gelingt es der Studie nicht, restlos aufzuklären, warum sie den Energiebedarf der Chemieindustrie so viel niedriger ansetzt als die Chemiebranche selbst. Denn es finden sich Rechenfehler. Einerseits wird der Energiebedarf für das importierte grüne Naphtha herausgerechnet (S. 70, Fußnote 13) und damit die Differenz zu den Schätzungen der Chemieindustrie erklärt, andererseits wird der benötigte Strom für die Naphtha-Importe ausdrücklich beim Gesamtbedarf

von 372 Terawattstunden berücksichtigt (S. 71). Dieser Widerspruch findet sich auch in der aktualisierten Studie von 2021 (Klimaneutrales Deutschland 2045), allerdings auf S. 54, Fußnote 13, und S. 55.

49 Wuppertal Institut, S. 66 und 68

50 Dechema/FutureCamp (Hg.), S. 74

51 Die Möglichkeiten einer Kreislaufwirtschaft werden derzeit vom Verband der Chemischen Industrie (VCI) näher erforscht, der das Projekt »Chemistry4Climate« aufgelegt hat. Erste Ergebnisse werden im Sommer 2022 erwartet.

52 Gates, S. 99 f.

53 Die $CO_2$-Emissionen der Zementindustrie gehen zu etwa 60 Prozent auf die »Kalzinierung« zurück, die aus Kalk Zement macht. Die restlichen 40 Prozent entstehen durch den Hitzebedarf.

54 Rahmstorf/Schellnhuber, S. 130; Holthaus, S. 142

55 Seit 2019 hat sich der Holzpreis vervierfacht (Stand 5.3.2022).

56 Seit 1990 sind weltweit 178 Millionen Hektar Wald verloren gegangen. Das entspricht fünfmal der Größe Deutschlands und beläuft sich auf 4,4 Prozent der gesamten Waldfläche (FAO, S. 7 und 12). Gesundheitsminister Karl Lauterbach setzt dennoch auf Holz, um künftig Gebäude zu errichten. Sein Argument: Wenn wir weniger Fleisch essen würden, würden weniger Futtermittel gebraucht, und es gäbe mehr Agrarflächen für Bäume (S. 159). Das mag stimmen. Aber diese Bäume müssten erst noch 100 Jahre wachsen, bevor sie als Bauholz infrage kommen.

57 Bisher lassen sich Lehmhäuser in einer Höhe von 13 Metern bauen.

58 Fücks, S. 176

59 Um die Emissionen der Zementindustrie zu reduzieren, ließe sich das Verfahren nutzen, aus $CO_2$ Stein zu machen und dauerhaft zu binden. Diese Magnesium- oder Kalziumsilikate könnten dann dem Zement beigemischt werden. Allerdings ließen sich die Emissionen nur um acht bis 33 Prozent mindern; zudem müssten die Anlagen staatlich subventioniert werden (Geschäftsmodelle für die $CO_2$-Mineralisierung, idw, 15.3.2022).

60 Fuhrhop, S. 75

61 Reimer/Staud, S. 238 f.

62 »Sie sorgen für Zersiedelung«, Interview mit Anton Hofreiter, Spiegel, 13.2.2021

63 dpa, 15.2.2021

64 Fuhrhop, S. 44

65 Fuhrhop, S. 45. Er zitiert hier den Architekten Günther Moewes.

66 Fuhrhop, S. 95f. Der sanierte Altbau verbraucht 95,8 Kilowattstunden pro Jahr und Quadratmeter; ein Passivhaus benötigt mindestens 100 Kilowattstunden. Es können aber auch 112,3 Kilowattstunden sein, wenn das Passivhaus auf der grünen Wiese errichtet wurde – und nun längere Fahrten zum Arbeitsplatz und zum Einkaufen nötig werden. Bei diesen Rechnungen wurden sowohl die Sanierung/der Neubau wie der Betrieb der Häuser berücksichtigt.

67 Statistisches Bundesamt 2021, S. 6

68 www.destatis.de/DE/Themen/Gesellschaft-Umwelt/Bevoelkerung/Haushalte-Familien/Tabellen/1-2-privathaushalte-bundeslaender.html

69 Die letzte Gebäude- und Wohnungszählung fand 2011 statt. Damals standen 1,83 Millionen Wohnungen leer (www.bbsr.bund.de/BBSR/DE/forschung/fachbeitraege/wohnen-immobilien/immobilienmarkt-beobachtung/Wohnungsleerstand/wohnungsleerstand.html).

70 In Berlin wird eine Zweitwohnungssteuer von 15 Prozent der Nettokaltmiete erhoben. 2017 waren 17.000 Zweitwohnungsnutzer steuerpflichtig. Allerdings fällt diese Steuer nicht für Ausländer an, sodass die Statistik lückenhaft ist. Die anekdotische Evidenz besagt nämlich, dass es in anderen EU-Staaten lange Zeit sehr populär war, Wohnungen in Berlin zu erwerben, weil sie als billig galten.

71 Fuhrhop, S. 110

72 www.umweltbundesamt.de/daten/private-haushalte-konsum/wohnen/wohnflaeche#zahl-der-wohnungen-gestiegen. Die Flächen in leer stehenden Wohnungen sind dabei nicht berücksichtigt.

73 www.handelsblatt.com/politik/deutschland/mieter-und-eigentuemer-wohnraum-in-deutschland-so-gross-ist-ihre-wohnung-im-vergleich/26929832.html

74 www.destatis.de/DE/Themen/Branchen-Unternehmen/Bauen/

75 Bisher wird jährlich nur ein Prozent der Gebäude gedämmt – es müssten aber jährlich vier Prozent sein, wenn Deutschland bis 2045 klimaneutral sein will.

76 Agora Energiewende et al. 2020, S. 12

77 Edenhofer/Jakob, S. 56. Rahmstorff/Schellnhuber rechnen ähnlich: Das jährliche globale Wirtschaftswachstum von 1,9 bis 3,8 Prozent

soll sich durch den Umbau auf Ökoenergie im Mittel nur um jährlich 0,06 Prozent abschwächen (S. 103).

**78** Agora Energiewende et al. 2020, S. 15. Um die optimistischen Wachstumsprognosen abzustützen, wird auf die BDI-Studie *Klimapfade für Deutschland* aus dem Jahr 2018 verwiesen. Dort wird in der Tat angenommen, dass mit einem zusätzlichen Wachstum von kumuliert 0,9 Prozent zu rechnen wäre, wenn bis 2050 die emittierten Treibhausgase um 95 Prozent reduziert würden (S. 102). Allerdings ist die Studie im Detail extrem widersprüchlich. So soll die Automobilindustrie dank des Klimaschutzes um 0,4 Prozent zulegen (S. 104). Allerdings bleibt völlig unklar, woher dieses Plus kommen soll. Denn an anderer Stelle wird davon ausgegangen, dass bis 2050 die Zahl der Autos in Deutschland um elf Prozent sinken muss – auf dann 41 Millionen (S. 179). Selbst diese Annahme ist noch extrem optimistisch, weil die meisten Studien davon ausgehen, dass der Ökostrom für maximal 30 Millionen Autos reicht.

**79** Fraunhofer ISE, November 2021, S. 55

**80** Fücks, S. 36

**81** Umweltbundesamt 2018, S. 39

**82** Wuppertal Institut, S. 58

## 15. Warum technische Innovationen und Digitalisierung das Klima nicht retten können

**1** Verfallstheorien sind älter als der Kapitalismus. Schon immer war dem Menschen die eigene Hybris unheimlich. Die Bibel berichtet vom gescheiterten Turmbau zu Babel, und die antiken Griechen erzählten sich vom Absturz des fliegenden Ikarus.

**2** Zitiert nach McAfee, S. 180. Bis heute hat sich nichts daran geändert, dass sich schlechte Nachrichten besonders gut verkaufen. Der Datenanalyst Kalev Leetaru hat alle Artikel in der *New York Times* sowie Zeitungsarchive aus weiteren 130 Ländern für die Jahre 1945 bis 2005 ausgewertet und dabei festgestellt, dass der Grundton der Texte immer negativer wurde (Pinker, S. 50 f.).

**3** Marx' Werk lässt sich in zwei Phasen einteilen. Der junge Marx war Philosoph und Revolutionär, der auf einen politischen Umsturz hoffte. In diesem Geist hat er das *Kommunistische Manifest* von 1848 verfasst. Doch die Revolution scheiterte in Deutschland und ganz Europa. Nirgendwo kam es zu einer echten parlamentarischen

Demokratie, sondern spätestens ab Juli 1849 saßen die Monarchen überall wieder fest auf ihrem Thron. Erst durch diese Enttäuschung wandelte sich Marx zum Ökonomen. Nun suchte er nach Widersprüchen im Kapitalismus selbst, die dieses Wirtschaftssystem zu Fall bringen würden. So beschrieb er – völlig richtig – das »Zwangsgesetz der Konkurrenz«: Für jeden einzelnen Unternehmer ist es attraktiv, neue Maschinen anzuschaffen, die produktiver sind als die Anlagen der Wettbewerber. Denn sobald ein Fabrikant seine Waren billiger herstellt, kann er sie auch billiger verkaufen und einen Extraprofit erwirtschaften. Die Konkurrenten müssen jedoch sofort nachziehen, wenn sie nicht vom Markt verdrängt werden wollen. Also investieren auch sie in neue Maschinen. Irgendwann sind die meisten Märkte gesättigt und können die zusätzlichen Waren nicht mehr aufnehmen. Den Verdrängungswettbewerb überleben nur jene Firmen, die am billigsten produzieren können. Dies sind meist die Großkonzerne, denn sie profitieren von einem Phänomen, das die Ökonomen heute »steigende Skalenerträge« nennen. Je größer die Stückzahlen sind, desto billiger wird die eingesetzte Technik pro Stück. Marx war der erste Ökonom, der klar beschrieb, dass der Kapitalismus zum Oligopol neigt: Die kleinen Firmen werden verdrängt, bis nur noch wenige Großkonzerne eine ganze Branche beherrschen. Marx sah diese Konzentrationsprozesse mit Freude. Er hoffte, dass der Kapitalismus von selbst untergehen würde – indem sich die Kapitalisten gegenseitig enteigneten, bis nur noch wenige Unternehmer übrig wären. »Je ein Kapitalist schlägt viele tot«, was die Revolution vereinfachen würde: Am Ende müsste die »Volksmasse« nur noch »wenige Usurpatoren« entfernen. »Die Expropriateurs werden expropriiert.« Bekanntlich kam es anders. Marx hat zwar das Oligopol der Großkonzerne zutreffend vorhergesehen – aber zusammengebrochen ist der Kapitalismus deswegen nicht (für eine Gesamtdarstellung der Marx'schen Theorie siehe auch Herrmann 2018, S. 106 ff. und 125 ff.).

4 Zitiert nach Herrmann 2018, S. 128

5 Wehler 1995, S. 84

6 Zitiert nach McAfee, S. 58

7 Zitiert nach McAfee, S. 61

8 Zitiert nach Gates, S. 113 f. Ähnlich Lomborg, S. 168

9 Gates, S. 114. Obwohl es genug Nahrungsmittel gibt, hungern noch

immer Menschen in Indien. Von den 1,4 Milliarden Einwohnern sind etwa 189 Millionen unterernährt. Denn die untersten Kasten und die indigene Urbevölkerung werden weiterhin ausgegrenzt und ausgebeutet.

10 Lomborg, S. 168 f. Berühmt wurde Ehrlich auch durch eine Wette, die er krachend verlor. Der US-amerikanische Ökonom Julian Simon hatte ihn aufgefordert, fünf Metalle im Gesamtwert von 1.000 Dollar zu nennen, die in absehbarer Zeit knapp würden und damit auch deutliche Preissteigerungen zu erwarten hätten. Ehrlich wählte Chrom, Kupfer, Nickel, Zinn und Wolfram. Die Wette galt von 1980 bis 1990. Am Ende waren die inflationsbereinigten Preise all dieser Metalle gefallen, und Ehrlich zahlte Simon den Differenzbetrag von 576,07 Dollar. Ehrlich hätte auch verloren, wenn er Benzin, Zucker, Kaffee, Baumwolle, Wolle oder Phosphate gewählt hätte. Sämtliche Rohstoffe waren billiger geworden, obwohl in denselben zehn Jahren die Weltbevölkerung um 800 Millionen Menschen zugenommen hatte (Fücks, S. 111 f.). Später stellte sich heraus, dass Ehrlich nur zufällig verloren hatte. In den meisten anderen Zehnjahresperioden wären die Rohstoffpreise gestiegen (Jackson, S. 13 f.). Seit dem Jahr 2000 haben sich die Rohstoffpreise verdreifacht, um sich dann durch die Lieferkettenprobleme nach der Coronakrise 2021 sogar zu verfünffachen (BGR-Preisindex metallische Rohstoffe).

11 Der Club of Rome wurde 1968 gegründet, um die Zukunftsfragen der Menschheit interdisziplinär zu erforschen. Die Idee stammte von dem italienischen Industriellen Aurelio Peccei und dem schottischen OECD-Direktor Alexander King. Die Studie *Grenzen des Wachstums* wurde am MIT-Institut für Systemdynamik unter der Leitung des berühmten Informatikers Jay W. Forrester durchgeführt. Die Finanzierung von einer Million D-Mark stammte von der Volkswagenstiftung.

12 Meadows et al., S. 17

13 »Grenzen des Wachstums« gehört zurück ins Bücherregal, Süddeutsche Zeitung, 14.3.2022

14 Meadows et al., S. 46 ff.

15 Meadows et al., S. 128

16 Das Buch *Grenzen des Wachstums* prognostizierte, dass im Jahr 2000 der $CO_2$-Anteil in der Atmosphäre bei 380 Molekülen pro

Million Luftpartikel liegen würde (Meadows et al., S. 60 f.). Dieser Wert wurde 2005 erreicht.

17 Meadows et al., S. 69. Damals herrschte die große Sorge, dass sich die Welt auch durch die Abwärme von Industrieanlagen, Kraftwerken und Häusern unkontrolliert aufheizen könnte. Dieser Effekt wurde als etwa gleichrangig mit den Treibhausgasen eingeschätzt. Inzwischen hat sich herausgestellt, dass die Abwärme nur etwa drei Prozent zum Klimawandel beiträgt (www.n-tv.de/wissen/Abwaerme-veraendert-Klima-article10020821.html).

18 Meadows et al., S. 131 f.

19 Radkau 2008, S. 186 f.

20 Seba, S. 129

21 Radkau 2008, S. 208. Die Hochschule lehnte es 1893 ab, einen Lehrstuhl für Landtechnik einzurichten.

22 Seba, S. 101

23 Ritchie/Roser, S. 10; Radkau 2008, S. 406

24 Radkau 2008, S. 406

25 Levinson, S. xiiif

26 Seba, S. 38 f.

27 Süddeutsche Zeitung, 5.5.2021

28 Radkau 2008, S. 429

29 Seba, S. 39. Um die sanitären Missstände zu bekämpfen, hat die UNO den 19. November zum »Welttoilettentag« erklärt.

30 Pinker, S. 331

31 Daly, S. 28

32 Paech, S. 54

33 Daly, S. 42. Die Konfusion rund um das »qualitative Wachstum« entsteht auch durch die Art, wie das BIP konstruiert ist. Die Wirtschaftsleistung wird in Preisen gemessen; die stoffliche Basis kommt nicht vor, was zu dem Fehlschluss verleitet, sie sei nicht wichtig. Da nur die Geldflüsse zählen, können zwei unterschiedliche Phänomene das BIP erhöhen: Entweder es werden mehr Produkte hergestellt – oder die Qualität von Waren verbessert sich, sodass die Hersteller höhere Preise verlangen können. Steigende Qualität kann also das BIP erhöhen, daraus folgt umgekehrt aber nicht, dass es rein qualitatives Wachstum gäbe (Daly, S. 28).

34 Pinker, S. 135

35 Plöger, S. 263; Parrique et al., S. 45. Wie immer handelt es sich um

$CO_2$-Äquivalente, die Treibhauswirkung anderer Gase wurde also in $CO_2$ umgerechnet.

36 Plöger, S. 265

37 Die Forschung unterscheidet inzwischen verschiedene Arten des Rebound-Effekts. Erstens: Beim »direkten Rebound-Effekt« führen Rohstoffersparnisse dazu, dass mehr vom gleichen Produkt konsumiert wird. Dies ist etwa beim Autoverkehr zu beobachten. Die Motoren sind effizienter geworden, dafür wird aber weiter und schneller gefahren. Zweitens: Beim »Einkommenseffekt« werden die Ersparnisse bei einem Produkt genutzt, um zusätzlich noch andere Güter anzuschaffen. Drittens: »Volkswirtschaftliche Effekte« sind zu verzeichnen, wenn etwa Maschinen so billig werden, dass sie sich für eine breite Palette von Produkten nutzen lassen. Dies galt etwa für die Dampfmaschine, aber auch für Roboter oder die Digitalisierung (Parrique et al., S. 36 ff.).

38 Wir sehen uns beim Yottabyte, taz, 20.3.2021

39 Klingholz, S. 247 f.

40 Wuppertal Institut, S. 75

41 Deutsche Flugzeuge benötigen heute im Durchschnitt weniger als vier Liter Kerosin pro 100 Kilometer und Passagier. Das sind 30 Prozent weniger Treibstoff als noch Mitte der 1990er-Jahre. Im selben Zeitraum sank der Benzinverbrauch der Pkw nur um 13 Prozent (www.bdf.aero/themen/klima-umwelt/).

42 Gössling/Humpe, S. 1

43 Stimpel, S. 111 f.

44 Flughafen München, Statistischer Jahresbericht 2021 (München 2022), S. 5

45 Helfen Videokonferenzen dem Klima?, Süddeutsche Zeitung, 4.12.2021

46 Quaschning, S. 163; Lauterbach, S. 22

47 Stimpel, S. 152 f.

48 Umweltbundesamt 2018, S. 90

49 Wuppertal Institut, S. 58, Fußnote 42

50 Neubauer/Repenning, S. 230

51 Paech, S. 87 f.

52 Paech, S. 9

53 Wie viel $CO_2$ verbrauchen Bühnen, Museen und Bibliotheken?, Tagesspiegel, 24.2.2022

## III. DAS ENDE DES KAPITALISMUS

### 16. Grünes Schrumpfen: wenn die Wirtschaft zusammenbricht

1 Quaschning, S. 10
2 Statistisches Bundesamt, Volkswirtschaftliche Gesamtrechnungen. Inlandsproduktberechnung. Lange Reihen ab 1970 (Wiesbaden 2022), S. 14
3 Welzer, S. 66 ff.
4 »Bullshit-Jobs« sind zu unterscheiden von »Shit-Jobs« wie etwa bei McDonald's: Sie sind wichtig, aber schlecht bezahlt. Bei Bullshit-Jobs ist es genau andersherum (Graeber, S. 14 f.).
5 Graeber, S. xxii und 14. Während 37 Prozent der befragten Briten ihre Berufstätigkeit überflüssig fanden, meinten 50 Prozent, dass ihre Beschäftigung sinnvoll sei. 13 Prozent waren sich unsicher.
6 Recycling klingt zunächst, als ließen sich alle Abfälle zu 100 Prozent wiederverwerten. Der Grüne Toni Hofreiter hat diese Illusion wunderbar auf den Punkt gebracht: »Ein Kupferatom geht nicht kaputt. Das können Sie zehn Millionen Mal hintereinander in einen Elektromotor einbauen.« (Schulte, S. 195) Richtig ist, dass sich Kupfer extrem gut recyceln lässt und auch nach mehreren Durchgängen keine Qualitätseinbußen aufweist. Aber leider gilt dies nicht für alle Materialien. So können Kunststoffe nach dem Recycling nur noch für minderwertige Produkte verwendet werden; und auch Papier lässt sich höchstens drei- bis sechsmal wiederverwerten, bevor es erst zu Pappe und dann zu Biosprit wird (Parrique et al., S. 46). Zudem benötigt jedes Recycling zusätzliche Energie. Eine perfekte Kreislaufwirtschaft kann es also nicht geben: Auch sie verbraucht neue Rohstoffe, allerdings weit weniger als das herkömmliche »Ex und hopp«.
7 Pettifor, S. 67
8 Schor, S. x; Raworth, S. 264; Paech, S. 120 f.
9 Schor, S. 119
10 Schor, S. 151
11 Schor, S. x
12 Von Rädern und Büchern, taz, 25.9.2021
13 Schor, S. 13
14 Ekardt, S. 128 f.
15 Welzer, S. 78

16 Die Basis aller Spekulationsgeschäfte ist das Derivat. Das Grundprinzip wurde schon in der Antike erfunden und ist eigentlich sinnvoll: Mit diesen Papieren lassen sich künftige Zahlungsströme sicher planen. Ein gutes Beispiel sind Fluggesellschaften. Sie verkaufen ihre Tickets weit im Voraus, und der Preis richtet sich natürlich auch nach den Kosten. Ein wichtiger Posten ist das Kerosin. Allerdings weiß heute niemand, wie teuer Öl in Zukunft sein wird, das zudem in Dollar abgerechnet wird. Der künftige Dollarkurs ist jedoch ebenfalls unbekannt. Also kaufen die Fluggesellschaften Öl- und Devisenderivate, um schon jetzt einen Preis festzulegen und jedes Risiko auszuschließen. Die Tücke ist allerdings, dass sich Derivate auch nutzen lassen, um zu spekulieren, ohne dass überhaupt Grundgeschäfte wie etwa Flugreisen vorliegen. Die reine Wette ist heute der Normalfall, wie sich klar aus der Statistik ergibt: Im ersten Halbjahr 2021 lag der Nominalwert aller außerbörslich gehandelten Derivate weltweit bei 610 Billionen Dollar (Bank für Internationalen Zahlungsausgleich, Tabelle D5.1: Global OTC derivatives market). Die globale Wirtschaftsleistung betrug 2021 jedoch nur 85 Billionen Dollar. Es gibt also viel mehr Derivate als Güter auf dieser Welt. (Für eine ausführliche Geschichte der Finanzspekulation siehe Herrmann 2015, S. 142 ff.)

17 McKinsey, S. 6

18 Deutsches Aktieninstitut, Aktionärszahlen 2021 (19.1.2022). Menschen mit einem monatlichen Nettoeinkommen von über 4.000 Euro halten zu 46,6 Prozent Aktien. Allerdings ist die Spreizung auch bei den Wohlhabenden sehr hoch. Allein das reichste eine Prozent der deutschen Bevölkerung besitzt etwa 36 Prozent des gesamten Volksvermögens – dies sind vor allem Unternehmensanteile (Bach/Thiemann/Zucco, S. 21).

19 Allein Sparkonten und Bargeld summieren sich in Deutschland auf rund drei Billionen Euro. Insgesamt beträgt das Geldvermögen etwa 7,8 Billionen Euro. Darin enthalten sind unter anderem auch Aktien, festverzinsliche Wertpapiere und Lebensversicherungen.

20 Fücks, S. 30. Er zitiert hier Martin Jänicke, den langjährigen Leiter der Forschungsstelle Umweltpolitik an der FU Berlin.

21 Schneidewind, S. 161 f.

22 Neubauer/Repenning, S. 235

23 Jackson 2020, S. 174. Ähnlich Ekardt, S. 34 und 133

### 17. Das Versagen der Ökonomen

1 Henderson, S. 36 und 222

2 Für eine ausführlichere Darstellung von Keynes' Theorien siehe Herrmann 2018, S. 181 ff.

3 Keynes selbst hat einmal prognostiziert, dass die Produktivität im Jahr 2030 so hoch sein würde, dass die Einwohner der westlichen Industriestaaten nur noch 15 Stunden in der Woche arbeiten müssten (Keynes 1930, S. 369). In der Degrowth-Szene wird dies manchmal so gedeutet, als hätte Keynes einen Weg aufgezeigt, wie sich der Kapitalismus beenden lässt, indem die Arbeitszeit reduziert wird. Diese Interpretation gibt der kurze Text jedoch nicht her. Keynes beschreibt dort weder ein Ende des Wachstums noch der Industrialisierung. Er verfasste diesen Aufsatz im Jahr 1930 und damit mitten in der Weltwirtschaftskrise: Mit einem Ausblick auf die nächsten 100 Jahre wollte er seinen Zeitgenossen Mut machen, dass das Wachstum schon bald zurückkehren würde. Die Enkelkinder wären dann 2030 so reich, dass sie kaum noch arbeiten müssten, sondern sich vor allem um ihre Freizeit kümmern könnten. Die Wachstumsraten hat Keynes richtig vorausgesehen, allerdings wurde die Arbeitszeit nicht so stark reduziert, wie dies möglich gewesen wäre. Stattdessen wurden viele überflüssige Tätigkeiten ersonnen – unter anderem die schon erwähnten »Bullshit-Jobs«.

4 Für eine ausführlichere Darstellung der neoklassischen Theorie siehe Herrmann 2018, S. 139 ff. und 205 ff.

5 Die beste Kritik an der Neoklassik stammt immer noch von Joseph Schumpeter (1883–1950), der selbst ein konservativer Ökonom war. Für eine ausführliche Darstellung siehe Herrmann 2018, S. 146 ff.

6 Die $CO_2$-Steuer ist eine Variante der Ökosteuer. Jede emittierte Tonne $CO_2$ erhält einen Preis, der langsam, aber stetig steigen soll. In Deutschland wird neuerdings eine $CO_2$-Steuer auf Heiz- und Kraftstoffe erhoben, die 2022 bei 30 Euro pro Tonne $CO_2$ liegt und bis 2025 auf 55 Euro angehoben wird. Ab 2026 wird der $CO_2$-Preis durch Versteigerungen ermittelt, wobei für 2026 noch ein Preiskorridor von 55 bis 65 Euro gelten soll. Damit hat sich Deutschland nicht für eine reine $CO_2$-Steuer entschieden, sondern ist zugleich in einen nationalen Zertifikatehandel eingestiegen. $CO_2$-Zertifikate sind Verschmutzungsrechte. Zunächst wird staatlich festgelegt, welche Menge an Gesamtemissionen jährlich erlaubt sein soll. Ent-

sprechend viele Zertifikate gibt es dann. Wollen Unternehmen $CO_2$ emittieren, müssen sie ein entsprechendes Zertifikat besitzen oder an der Börse kaufen. Die $CO_2$-Preise werden also nicht staatlich vorgegeben, sondern bilden sich am Markt. Um einen Innovationsdruck aufzubauen, sinkt die erlaubte Emissionsmenge stetig, sodass die Zertifikate knapper werden. Die EU hat 2005 einen Zertifikatehandel für die Emissionen von Kraftwerken und einigen Industrieanlagen eingeführt. Seit 2012 gilt das System auch für innereuropäische Flüge. Allerdings wurden nur 45 Prozent aller Treibhausgase abgedeckt, da der Straßenverkehr, viele Firmen, aber auch Immobilien ausgenommen blieben. Zudem gab es zunächst ein Überangebot an Zertifikaten, sodass der $CO_2$-Preis noch 2017 bei lächerlichen fünf Euro pro Tonne lag und keinerlei Wirkung entfaltete. Nach Reformen stiegen die EU-weiten $CO_2$-Preise jedoch deutlich und liegen jetzt bei knapp 89 Euro (Stand: 5.5.2022). Der Zertifikatehandel hat jedoch den Nachteil, dass die $CO_2$-Preise an der Börse stark schwanken – je nach Konjunktur. Zudem sind Spekulanten in großem Stil eingestiegen. Bereits 2012 war das Gesamtvolumen der $CO_2$-Transaktionen über 33-mal größer als der Zertifikatebedarf der Unternehmen (Schulmeister, S. 813). Da zugleich auch die Preise für Öl und Gas stark schwanken, können Firmen in der Summe nicht verlässlich berechnen, wie teuer der Verbrauch von fossiler Energie künftig sein wird und ob es sich überhaupt lohnt, in klimaneutrale Technik zu investieren. Daher wird als dritte Variante vorgeschlagen, dass der Staat nicht das $CO_2$ verteuert – sondern direkt einen Preispfad für Öl, Gas und Kohle vorgibt. Ein hypothetisches Beispiel: Die EU könnte festlegen, dass der Preis für ein Barrel Öl bis 2030 auf 200 Euro steigen soll. Liegt der Preis auf den internationalen Ölmärkten nur bei 100 Euro, würde die Differenz von 100 Euro von der EU einkassiert. Damit die europäischen Firmen im internationalen Wettbewerb nicht benachteiligt werden, gäbe es einen Grenzausgleich: Exporte würden von diesem Preissystem nicht belastet, Importe müssten diese Energiesteuern ebenfalls zahlen. Dieser Grenzausgleich müsste nicht neu erfunden werden, sondern wird bei der Mehrwertsteuer schon praktiziert (Schulmeister, S. 813 f.).

**7** Stelter, S. 216; Schularick, S. 97; Edenhofer/Jakob, S. 70 ff.; Lomborg, S. 154 f.; Pinzler/Wessel, S. 278; Flassbeck, S. 82 ff.; Fücks, S. 177 f.;

Raworth, S. 213; Neubauer/Repenning, S. 151 f.; Henderson, S. 222; McAfee, S. 249 f.; Plöger, S. 223; Richters/Siemoneit, S. 112

8 Edenhofer/Jakob, S. 70 ff.

9 Welzer, S. 235

10 Plöger, S. 68; Latif, S. 168. Die Schweizer $CO_2$-Abgabe wird nicht auf Diesel oder Benzin erhoben, sondern betrifft nur die Wärmeerzeugung in Haushalten, in der Industrie und bei der Stromproduktion. Hinzu kommt noch eine VOC-Abgabe, die für flüchtige organische Verbindungen fällig wird, die in Farben, Lacken und Reinigungsmitteln enthalten sind. Die staatlichen Einnahmen werden zu einem Drittel für die Sanierung von Gebäuden verwendet, der Rest wird an die Eidgenossen wieder ausgeschüttet. Im Jahr 2022 waren dies 88,20 Franken pro Versichertem (www.bafu.admin.ch/bafu/de/home/themen/klima/fachinformationen/verminderungsmassnahmen/co2-abgabe/rueckverteilung/umweltabgabe-rueckverteilung-2021.html).

11 www.government.se/government-policy/swedens-carbon-tax/swedens-carbon-tax/. In Schweden wird die $CO_2$-Steuer auf alle fossilen Energieträger erhoben. Dies gilt auch für die Industrie, die seit 2018 den gleichen Steuersatz zahlt wie die Haushalte. Die $CO_2$-Steuer fließt in den allgemeinen Staatshaushalt – wird also, anders als in der Schweiz, nicht an die Bürger zurückverteilt.

12 Vergleiche zwischen Ländern sind sehr schwierig, weil ganz unterschiedliche Daten herangezogen werden. Beim »ökologischen Fußabdruck« kommt heraus, dass die Schweden pro Person 6,3 »globale Hektar« verbrauchen, die Schweizer 4,3 globale Hektar und die Deutschen 4,7 globale Hektar. Nachhaltig wären aber nur maximal 1,6 globale Hektar pro Kopf (https://data.footprintnetwork.org/#/). Anders sind die Resultate, wenn die $CO_2$-Emissionen betrachtet werden, die in den konsumierten Gütern enthalten sind (die Importe werden also berücksichtigt, die Exporte ausgeschlossen). Dann schneiden die Schweizer am schlechtesten ab, die auf 13,5 Tonnen $CO_2$ pro Kopf kommen. Bei den Deutschen sind es knapp zehn Tonnen und bei den Schweden nur 6,8 Tonnen (https://ourworldindata.org/co2/country/sweden?country=SWE~DEU~CHE).

13 Zudem wird bei den $CO_2$-Abgaben ziemlich getrickst – vor allem in Schweden. Offiziell liegt der Steuersatz bei 114 Euro pro Tonne Kohlendioxid, aber es gibt so viele Ausnahmen, dass die durchschnitt-

liche Belastung faktisch bei unter 30 Euro pro Tonne liegt (https://www.oecd.org/tax/tax-policy/brochure-taxing-energy-use-2019.pdf, S. 6).

14 www.bundesfinanzministerium.de/Content/DE/Standardartikel/Themen/Steuern/2022-03-14-zusammensetzung-der-spritpreise.html

15 Der ADAC erstellt regelmäßig Übersichten über die Spritpreise in Europa: www.adac.de/verkehr/tanken-kraftstoff-antrieb/ausland/spritpreise-ausland/ (Stand: 6.5.2022). Dabei zeigt sich, dass die Spritpreise überall sehr hoch sind. Zudem ist zu beachten, dass die Beschäftigten in vielen Ländern weniger verdienen als in Deutschland. Wird die Kaufkraft berücksichtigt, sind die Spritpreise in Bulgarien, Rumänien, Lettland und Kroatien am höchsten (www.focus.de/finanzen/news/benzinpreise/deutschlands-problem-sind-nicht-die-spritkosten-8–05-euro-pro-liter-wen-die-benzinpreise-in-europa-wirklich-erdruecken_id_72883068.html).

16 Angestellte müssen Dienstwagen monatlich mit einem Prozent ihres Listenpreises versteuern. Ein Rechenbeispiel: Ein Porsche Cayenne kostet 74.828 Euro. Dies entspricht also pro Monat einem geldwerten Vorteil von 748,28 Euro. Falls die Angestellten den Spitzensteuersatz von 42 Prozent zahlen, fallen reale Kosten von 314,28 Euro im Monat an (www.germanwatch.org/sites/default/files/announcement/6388.pdf).

17 Umweltbundesamt 2021, S. 66

18 Zwischen den einzelnen EU-Staaten gibt es keine sensationellen Unterschiede, was den $CO_2$-Ausstoß von fossilen Neuwagen angeht. Differenzen erklären sich vor allem durch die unterschiedlichen Quoten bei den Elektroautos (https://teslamag.de/news/marktforscher-elektroautos-co2-emissionen-eu-geringer-sechs-laender-unter-100-gkm-37251).

19 Ein echtes Energiegeld konnte sich in Deutschland bisher nicht durchsetzen. Stattdessen wurde eine Energieabgabe durch eine andere ersetzt: Die EEG-Umlage entfällt ab Juli 2022; dafür finanzieren jetzt die $CO_2$-Preise die Subventionen für den Ökostrom. Dieses System hat den Nachteil, dass es nicht zu einer sozialen Umverteilung kommt, sondern die unteren Schichten durch die Abgaben auf Energie weiterhin am stärksten belastet werden. Die Ärmsten geben zwar insgesamt wenig Geld für Energie aus, da aber ihr Einkommen

so gering ist, machen Strom- und Heizungskosten einen relativ hohen Anteil aus.

20 Schor, S. 3; Pettifor, S. 152; Berg, S. 91; Richters/Siemoneit, S. 111; Pötter 2020, S. 88; Seba, S. 181; Wirth, S. 18; Hirschhausen, S. 287; Malm 2016, S. 369; Latif, S. 27; Monbiot 2006, S. 55; Edenhofer/Jakob, S. 87

21 Parry et al., S. 2

22 Parry et al., S. 7

23 Auch das Umweltbundesamt findet die IWF-Definition problematisch. Denn der Begriff »Subvention« meint eigentlich, dass einzelne Gruppen durch das staatliche Finanzsystem gezielt begünstigt werden. Dieser Aspekt geht verloren, wenn summarisch alle Umweltkosten berechnet und auf die Gesamtgesellschaft umgelegt werden (Umweltbundesamt 2021, S. 18 f.).

24 Zudem gibt es auch noch die Kfz-Steuer, die jährlich etwa 9,4 Milliarden Euro einbringt. Umgekehrt wurden für den Straßenbau rund 14 Milliarden Euro ausgegeben. Der Autoverkehr generiert also weit mehr Staatseinnahmen, als er an Kosten verursacht.

25 Allerdings gibt es Subventionen, die die Gesamteinnahmen des Staates aus der Besteuerung des Verkehrs wieder mindern. Dazu gehört vorneweg das Dienstwagenprivileg, das – wie im Text erwähnt – zu einem Steuerausfall von 3,1 Milliarden Euro führt. Hinzu kommt die Entfernungspauschale, die 2018 etwa sechs Milliarden Euro gekostet hat (Umweltbundesamt 2021, S. 63).

26 Umweltbundesamt 2021, S. 60 f.

27 Gelegentlich glauben Umweltschützer, die Ökoenergie sei bisher gar nicht subventioniert worden, weil das Geld bis 2021 nicht direkt vom Staat kam, sondern über die EEG-Umlage von den Stromkunden finanziert wurde (Wirth, S. 17). Aber diese rein technische Unterscheidung ist ökonomisch sinnlos. In beiden Fällen handelt es sich um eine Subvention, denn für die BürgerInnen ist es egal, ob sie Steuern oder eine EEG-Umlage zahlen müssen: Ihr Nettoeinkommen sinkt, weil der Staat die Besitzer von Windrädern oder Solarpaneelen gezielt unterstützen möchte.

28 Schink, S. 57 f.

### 18. Ein Vorbild: die britische Kriegswirtschaft ab 1939

1 McKibben 2016

2 Malm 2020, S. 6 ff.; Jeder kämpft für sich allein, taz, 7.4.2020

3 Wallace-Wells, S. 169
4 Malm 2020, S. 12
5 McKibben 2016
6 Foer, S. 8
7 McKibben 2016; Monbiot 2006, S. 98; Foer, S. 8
8 Monbiot 2021
9 McKibben 2016
10 Delina, S. 3. Ähnlich auch Pettifor, S. 98 ff.
11 Foer, S. 9. Die Deutschen essen derzeit im Durchschnitt 57 Kilo Fleisch pro Kopf und Jahr.
12 Delina, S. 79
13 www.statista.com/statistics/1031678/gdp-and-real-gdp-united-states-1930-2019/. Hier wurde der Zuwachs zwischen 1939 und 1945 genommen, obwohl die USA erst im Dezember 1941 in den Krieg eingetreten sind, um die Zahlen mit Großbritannien vergleichbar zu machen.
14 Delina, S. 79; Tooze, S. 406
15 Broadberry, S. 30
16 Der Anteil der Militärausgaben an der britischen Wirtschaftsleistung machte zwischen 1940 und 1945 im Durchschnitt 53 Prozent aus. Die Importe von Militärgütern beliefen sich in dieser Zeit im Mittel auf zwölf Prozent (Tooze, S. 406). Die Menge der Einfuhren war schon deswegen limitiert, weil es gar nicht genug Schiffe gab.
17 »Hoffnung heißt Handeln«, Interview mit Jane Goodall, Süddeutsche Zeitung, 22.12.2021
18 Bouverie, S. xi. Die Franzosen hatten im Ersten Weltkrieg 1,7 Millionen Menschen verloren, die Russen 1,8 Millionen und die Deutschen über zwei Millionen.
19 Bouverie, S. 35
20 Bouverie, S. 51 f.
21 Bouverie, S. 103
22 Bouverie, S. 116
23 Bouverie, S. 89
24 Bouverie, S. 182 ff.
25 Bouverie, S. 223. In den Sudetengebieten lebten 2,8 Millionen Deutschsprachige, aber auch 800.000 Tschechen. Zudem wollten keineswegs alle Deutschsprachigen »heim ins Reich«, dazu gehörten Sozialdemokraten und Juden.

26 Bouverie, S. 324
27 Bouverie, S. 253
28 Neitzel, S. 127; Tooze, S. 454
29 Edgerton 2012, S. 2. Pro Kopf waren die Briten 1939 etwa 40 Prozent reicher als die Deutschen (Tooze, S. 136 f.).
30 Edgerton 2012, S. xvi und 67 ff.
31 Edgerton 2012, S. 70
32 Broadberry, S. 34
33 Milward, S. 42; Broadberry, S. 34
34 Milward, S. 121 und 234
35 Milward, S. 127
36 Die Arbeiten an volkswirtschaftlichen Gesamtrechnungen begannen etwa gleichzeitig in den USA und Großbritannien nach der Weltwirtschaftskrise ab 1929. Durch die schwere Rezession kamen plötzlich Fragen auf, die bis dahin niemanden interessiert hatten: Wie viele Arbeitslose gab es eigentlich? Hatten die Menschen noch genug Geld, um zu überleben? Wie stark war die Produktion gesunken? Und in welchen Branchen? Im Auftrag des US-Senats machte sich der spätere Ökonomie-Nobelpreisträger Simon Kuznets an die Arbeit und berechnete das amerikanische Volkseinkommen für 1929 bis 1932. Ergebnis: Es war um die Hälfte gesunken. Die Industrie war sogar um 70 Prozent eingebrochen, die Baubranche um 80 Prozent. Nur der öffentliche Sektor hatte zugelegt. Keynes kannte diese Berechnungen, hielt sie aber zunächst für uninteressant. Noch 1936 schrieb er in seiner *Allgemeinen Theorie,* dass die Kalkulation des Volkseinkommens lediglich dazu diene, »eine historische Neugier zu befriedigen«. Doch als der Zweite Weltkrieg ausbrach, stellten sich ähnliche Fragen wie in der Weltwirtschaftskrise ab 1929, und auch die Briten mussten ihr Volkseinkommen berechnen. Allerdings nahm Keynes eine entscheidende Veränderung an der Methode vor: Er verschob den Fokus auf die Produktion. Das moderne BIP war geboren (siehe Lepenies, S. 49 ff.; Mazzucato 2019, S. 81 ff.).
37 Milward, S. 233 f. Während des Krieges war etwa eine Million Menschen weniger in den zivilen Wirtschaftszweigen beschäftigt als zu Friedenszeiten (Edgerton 2012, S. 296).
38 Die Kriegszerstörungen in Großbritannien betrugen insgesamt 6,9 Prozent des Kapitalvermögens. Dies schließt versenkte Frachtschiffe und ihre Ladung ein (Edgerton 2012, S. 297).

39 Zweiniger-Bargielowska, S. 78 f. Durch ihren U-Boot-Krieg im Atlantik versuchten die Deutschen, die britischen Importe zu stoppen. Dies ist nicht gelungen. 1941 konnten fünf Prozent der britischen Einfuhren versenkt werden, 1944 waren es nur noch 0,4 Prozent.

40 Edgerton, S. 159. Im Vergleich zu 1938 nahmen die zivilen Importe 1942 um 30 Prozent, 1943 um 23 Prozent und 1944 um 20 Prozent ab.

41 Milward, S. 250

42 Zweiniger-Bargielowska, S. 79

43 Zweiniger-Bargielowska, S. 80. Um mehr Nahrungsmittel in Großbritannien anzubauen, wurden viele Weiden zu Äckern: Die Anbauflächen nahmen zwischen 1939 und 1944 um 66 Prozent zu. Daher wurden 31 Prozent weniger Fleisch produziert – aber 200 Prozent mehr Getreide (Milward, S. 252).

44 Diese Angaben gelten für Frauen und Männer im Alter von 24 bis 51 Jahren (www.tk.de/techniker/magazin/ernaehrung/uebergewicht-und-diaet/wie-viele-kalorien-pro-tag-2006758). Allerdings sind inzwischen 67 Prozent der Männer und 53 Prozent der Frauen in Deutschland übergewichtig; im Durchschnitt werden 3.500 Kalorien pro Tag verzehrt.

45 Edgerton, S. 171

46 Allerdings gab es nur noch Vollkornbrot, gegen das die Briten eine bleibende Abneigung entwickelten, die bis heute anhält. Das begehrte Weißbrot hingegen war verboten, um das knappe Getreide besser zu verwerten. Nach dem Krieg wurde dann auch Brot rationiert, weil die Briten zusätzlich noch ihre Besatzungszone in Westdeutschland zu versorgen hatten – wo die Not extrem war. Im Ruhrgebiet standen zeitweise nur 900 Kalorien pro Person und Tag zur Verfügung.

47 Zweiniger-Bargielowska, S. 77 ff. Der Schwarzmarkt spielte fast keine Rolle, da die Briten genug zu essen hatten. Zudem war es für die Regierung einfach, den Strom der Lebensmittel zu kontrollieren, da der überwiegende Teil weiterhin eingeführt wurde und in den Häfen genau erfasst werden konnte. Im Krieg lag der Importanteil immer noch bei 59 Prozent. Das britische Ernährungsministerium war also nicht mit dem Problem konfrontiert, dass es zahllose Kleinbauern abklappern musste, um versteckte Ernten aufzuspüren. Nur frische Eier waren ein Problem, da sie gänzlich aus heimischer Produktion stammten: Mehr als die Hälfte »verschwand« auf dem Weg zu den offiziellen Ausgabestellen.

48 Zweiniger-Bargielowska, S. 89. Zwischen 1939 und 1945 fiel die Müttersterblichkeit von 3,13 auf 1,8 pro 1.000 Geburten, die Todesrate bei den Neugeborenen sank von 51 auf 46. Allerdings starben die Babys aus den ärmsten Schichten immer noch doppelt so häufig wie die Kinder der Eliten.

49 Die Restaurantbesuche sorgten für einen derartigen Unmut in der breiten Bevölkerung, dass die Mahlzeiten auf drei Gänge beschränkt wurden und nur maximal fünf Schilling kosten durften (Zweiniger-Bargielowska, S. 84).

50 Jeder kämpft für sich allein, taz, 7.4.2020

51 Broadberry, S. 30. Mit einem Konsumeinbruch von über 30 Prozent waren die Einschnitte im Zweiten Weltkrieg noch härter als im Ersten: Zwischen 1913 und 1917 fiel der Konsum »nur« um 22 Prozent.

52 Deutsche Bundesbank, Lange Zeitreihen. Zur Wirtschaftsentwicklung in Deutschland (März 2022), S. 4. Vergleiche mit der frühen Bundesrepublik können immer nur Näherungswerte ergeben, da die DDR in der Statistik nicht enthalten war – seit 1990 die »fünf neuen Bundesländer« aber mitgezählt werden.

53 »Sie können Schweinebraten essen«, Interview mit Anton Hofreiter, taz, 10.6.2021

54 Großunternehmen planen konsequent und überlassen nichts dem Zufall. Intern wird eine »vertikale Integration« angestrebt: Von den Rohstoffen bis zum Absatz versuchen die Konzerne, sämtliche Arbeitsschritte zu kontrollieren. Nicht immer produzieren sie alles selbst; oft wird auch »outgesourct«, wie es auf Neudeutsch heißt. Aber diese scheinbar selbstständigen Zulieferer werden gnadenlos gegängelt und den Konzerninteressen unterworfen. Der Ökonomie-Nobelpreisträger Herbert Simon hat sich einmal gefragt, wie wohl ein ahnungsloser Marsmensch unsere Wirtschaft beschreiben würde: »Würde er annehmen, dass die Erdbewohner in einer Marktwirtschaft leben? Wohl nicht. Stattdessen dürfte er zu dem Schluss kommen, dass die Erdbewohner eine organisierte Wirtschaft betreiben, bei der der größte Teil der wirtschaftlichen Aktivitäten innerhalb der Grenzen von Firmen koordiniert wird – anstatt durch Marktbeziehungen zwischen diesen Firmen« (siehe auch Herrmann 2015, S. 65 ff.).

## 19. Wie wir in Zukunft leben

1 Sogar Keynesianer glauben gelegentlich, dass nur private Unternehmen innovativ seien: Flassbeck, S. 38.

2 Mazzucato 2014, S. 95

3 Gates, S. 185

4 Mazzucato 2021, S. 55

5 Radkau 2008, S. 164

6 Mazzucato 2021, S. 34; Radkau 2008, S. 366; Edgerton 2019, S. 116

7 Hier zeigt sich eine weitere Schwäche der BIP-Berechnung: Es wird so getan, als würde der Staat vor allem Kosten verursachen. Dass er große Teile der Wirtschaftstätigkeit erst ermöglicht, kommt in den Zahlen kaum vor. (Für eine ausführliche Kritik siehe Mazzucato 2019, S. 85 ff. und 241 ff.)

8 Rosling, S. 198; Deaton, S. 67

9 Deaton, S. 122 f.

10 So weist etwa die Internationale Energie Agentur darauf hin, dass der Staat klare Vorgaben für die Energiewende machen muss, damit rechtzeitig neue Minen entstehen, um etwa Lithium abzubauen (IEA, S. 14).

11 Der Ansatz eines $CO_2$-Budgets wirkt hypermodern. Aber ähnliche Ideen wurden schon im 18. Jahrhundert gehegt – als in Deutschland die Angst umging, dass das Holz knapp werden könnte. Es entstanden Visionen von einem »totalen Holzstaat«: Das gesamte Leben sollte den verfügbaren Holzmengen unterworfen werden (Radkau 2000, S. 232). Bald stellte sich jedoch heraus, dass es genug Holz gab, und die Energiesorgen verflogen wieder.

12 »Wir brauchen radikale Maßnahmen«, Interview mit Volker Quaschning, taz, 11.11.2021

13 https://data.worldbank.org/indicator/EN.ATM.CO2E.PC

14 https://data.worldbank.org/indicator/EN.ATM.CO2E.PC

15 Die Weltbevölkerung wird demnächst ihren Zenit erreichen, denn die weltweite Geburtenrate liegt derzeit bei weniger als 2,5 Kindern pro Frau. 1965 wurden weltweit noch fünf Kinder pro Frau geboren. Die Kinderzahl sinkt, weil kaum noch Säuglinge sterben. Dies ist nur scheinbar ein Paradox: Wenn Eltern erleben, dass Neugeborene verlässlich das Erwachsenenalter erreichen, betreiben sie Familienplanung. Sie müssen nicht mehr möglichst viel Nachwuchs in die Welt setzen, damit wenigstens einige Kinder durchkommen. Für

die Familienplanung ist zudem entscheidend, dass auch die Mütter Schulbildung besitzen. Obwohl die Geburtenrate jetzt so niedrig liegt, wird die Weltbevölkerung noch einige Zeit wachsen – weil die schon geborenen Kinder lange leben werden (Rosling, S. 79 ff.).

16 Ulrich, S. 192

17 Chancel et al., S. 18

18 Chancel et al., S. 27

19 Chancel et al., S. 195

20 Chancel et al., S. 196

21 Umweltbundesamt 2016, S. 16

22 Pinzler/Wessel, S. 282

23 Zitiert nach Monbiot 2006, S. 43

24 Lauterbach, S. 165

25 www.mpg.de/15510963/lachgas-landwirtschaft-klimawandel

26 Settele, S. 66 ff. Der Insektenschwund ist für Deutschland gut dokumentiert: Von 1989 bis 2016 haben Krefelder Insektenkundler in 63 deutschen Schutzgebieten die örtlichen Vorkommen gezählt.

27 Settele, S. 19 f. Im Frühling 2018 wollte ein Supermarkt in Hannover einmal zeigen, wie unersetzlich die Insekten sind, und nahm daher alle Produkte aus dem Sortiment, die es ohne Bestäubung nicht gäbe: Äpfel, Kaffee, Schokolade, Orangen- und Multivitaminsaft, Fruchtjoghurt, Marmelade, Fertiggerichte, Tiefkühlpizza, Eissorten, Kosmetika, getrocknete Früchte und Kleidung auf Baumwollbasis. Etwa 60 Prozent der Waren fehlten plötzlich. »Biene weg, Regal leer« hieß die Aktion. Selbst Gummibärchen gab es nicht mehr zu kaufen, denn sie sind mit Bienenwachs überzogen, damit sie nicht zusammenkleben.

28 Settele, S. 151 ff.

29 Settele, S. 69

30 Settele, S. 254

31 Wilkinson/Pickett, S. 81 ff.

32 Der Philosoph Richard David Precht schlägt 1.400 bis 1.500 Euro im Monat vor. Dieses Anrecht soll für jeden Bundesbürger gelten, der älter als 18 Jahre ist (Precht, S. 391 ff.). Precht beruft sich ausdrücklich auf den Schweizer Ökonomen Thomas Straubhaar (Precht, S. 397). Bei Straubhaar soll das bedingungslose Grundeinkommen allerdings nur 1.000 Euro im Monat betragen. Dafür soll es auch für Kinder gelten, also vom »Säugling bis zum Greis« (Straubhaar,

S. 25 ff.). Klimaschutzaktivistin Luisa Neubauer stellt sich ebenfalls ein Grundeinkommen von 1.500 Euro im Monat vor; allerdings bleibt unklar, ob dieses Geld an jede Deutsche oder nur an Erwachsene ausgeschüttet würde (Neubauer/Repenning, S. 229).

33 Precht, S. 402

34 Bei einer Neuauflage der britischen Kriegswirtschaft würde zwar der Kapitalismus enden, weil es ums organisierte Schrumpfen ginge – aber das private Eigentum bliebe erhalten. Eine Reihe von Autoren setzt hingegen auf Varianten eines Klimasozialismus. So propagiert der schwedische Marxist Andreas Malm einen »ökologischen Kriegskommunismus«, der demokratisch sein soll, sich ökonomisch aber an der Sowjetunion orientiert – also eine Art Leninismus ohne Lenin (Malm 2020, S. 167). Die Schwäche dieses Ansatzes ist, dass es bisher noch nie eine »zentrale Planwirtschaft sowjetischen Typs« gegeben hat, die zugleich demokratisch gewesen wäre. Es handelte sich immer um Diktaturen. Zudem zeichnete sich die sowjetische Planwirtschaft dadurch aus, dass die Umweltzerstörung dort noch größer war als im Kapitalismus. Und schließlich kam es – jenseits des Militärs – zu keinerlei technologischen Innovationen, weil die umfassende Staatskontrolle sämtliche Eigeninitiative abwürgte. Im Kampf gegen die Klimakrise werden aber auch künftig Innovationen nötig sein. Der Soziologe Klaus Dörre schlägt daher einen »demokratisch-nachhaltigen Sozialismus« vor, der vor allem aus selbst verwalteten Genossenschaften besteht. Allerdings gab es auch diese Gesellschaftsform bisher nirgends. Zudem geht Dörre von weiterem Wachstum aus. Er sieht zwar »Transformationskonflikte«, aber nur für einzelne, fossile Branchen wie etwa den Braunkohletagebau. Für die Gesamtwirtschaft glaubt er, dass die »Nachhaltigkeitsrevolution […] vergleichbar mit der ersten industriellen Revolution« sei (Dörre, S. 109). Dörres Modell bietet daher keinerlei Ansatz, um eine schrumpfende Wirtschaft zu steuern. Die beiden kanadischen Sozialisten Leigh Phillips und Michal Rozworski propagieren einen demokratischen Sozialismus, der sich an den internen Planungsprozessen der gigantischen US-Einzelhändler Walmart und Amazon orientiert. Dieser Ansatz hat die Schwäche, dass Betriebs- und Volkswirtschaft verwechselt werden. Vor allem aber gehen auch Phillips und Rozworski davon aus, dass Wachstum weiterhin möglich sei. Die Klimakatastrophe kommt bei ihnen nur

am Rande vor. Einzig der österreichische Sozialist Bruno Kern beschreibt klar, dass die Wirtschaft künftig schrumpfen muss – und propagiert deswegen einen »Ökosozialismus«. Kern setzt auf starke staatliche Planung und ist zudem davon überzeugt, dass Klimaschutz nur gelingt, wenn das Privateigentum radikal eingeschränkt wird. Nur noch »einzelne Selbstständige [...] Familienbetriebe und [...] Kooperativen« sind bei ihm gestattet, Angestellte sind nicht mehr erlaubt (Kern, S. 176 f.). Auch für diese Art des Sozialismus gibt es kein historisches Vorbild, das funktioniert hätte. Vor allem aber wäre damit zu rechnen, dass die massive Enteignungswelle einen derartigen Widerstand hervorruft, dass an Klimaschutz gar nicht mehr zu denken wäre.

### Schluss: Die »Überlebenswirtschaft« hat schon längst begonnen

1 Lauterbach, S. 154

2 Zitiert nach Schulte, S. 159 f.

3 Der Streit ums Wasser ist nicht neu, sondern so alt wie die Sesshaftigkeit: »Der Rivale« meinte ursprünglich den Bachanrainer (Radkau 2000, S. 109).

4 www.bmuv.de/fileadmin/Daten_BMU/Download_PDF/Binnengewaesser/kurzfassung_wasserstrategie_bf.pdf, S. 5

5 www.rbb24.de/studiofrankfurt/wirtschaft/tesla/wse-strausberg-erkner-rationiert-wasser.html

6 www.destatis.de/DE/Presse/Pressemitteilungen/Zahl-der-Woche/2022/PD22_12_p002.html

7 Lauterbach, S. 194 f.

8 Reimer/Staud, S. 255; Lauterbach, S. 164

9 www.bzfe.de/nachhaltiger-konsum/lagern-kochen-essen-teilen/planetary-health-diet/

10 https://www.rki.de/DE/Content/Gesundheitsmonitoring/Themen/Uebergewicht_Adipositas/Uebergewicht_Adipositas_node.html

11 https://ourworldindata.org/obesity

Die Quandts, die Flicks, die von Fincks, die Porsche-Piëchs, die Oetkers und die Reimanns zählen zu den reichsten deutschen Unternehmerdynastien.

David de Jong erzählt, woher ihr Wohlstand kommt, auf welche Weise sie sich im Nationalsozialismus bereichert haben, wie die Alliierten darauf nach 1945 reagierten – und was das für ihre Imperien in der Nachkriegszeit bedeutete. Und er fragt, welche Verantwortung für ihre Geschichte die Familien heute übernehmen.